YINGKE® 盈科

盈科全国业务指导委员会系列丛书·2024

# 金融机构信贷法律风险防范实操指引

盈科律师事务所／编
张志伟／主编
孟晓娟／副主编

法律出版社 LAW PRESS·CHINA
北京

# 图书在版编目（CIP）数据

金融机构信贷法律风险防范实操指引 / 盈科律师事务所编；张志伟主编；孟晓娟副主编. -- 北京：法律出版社，2025. -- ISBN 978-7-5197-9787-4

Ⅰ. D922.282.5

中国国家版本馆 CIP 数据核字第 2025TL9965 号

| | | | |
|---|---|---|---|
| 金融机构信贷法律风险防范实操指引<br>JINRONG JIGOU XINDAI FALÜ FENGXIAN<br>FANGFAN SHICAO ZHIYIN | 盈科律师事务所　编<br>张志伟　主　编<br>孟晓娟　副主编 | 策划编辑　朱海波　杨雨晴<br>责任编辑　朱海波　杨雨晴<br>装帧设计　汪奇峰　臧晓飞 | |

出版发行　法律出版社　　　　　　　　　　开本　710 毫米 × 1000 毫米　1/16
编辑统筹　法律应用出版分社　　　　　　　印张　22.25　　　字数　360 千
责任校对　蒋　橙　　　　　　　　　　　　版本　2025 年 1 月第 1 版
责任印制　刘晓伟　　　　　　　　　　　　印次　2025 年 1 月第 1 次印刷
经　　销　新华书店　　　　　　　　　　　印刷　固安华明印业有限公司

地址:北京市丰台区莲花池西里 7 号(100073)
网址:www.lawpress.com.cn　　　　　　　　销售电话:010-83938349
投稿邮箱:info@lawpress.com.cn　　　　　　客服电话:010-83938350
举报盗版邮箱:jbwq@lawpress.com.cn　　　　咨询电话:010-63939796
版权所有·侵权必究

书号:ISBN 978-7-5197-9787-4　　　　　　　定价:88.00 元

凡购买本社图书,如有印装错误,我社负责退换。电话:010-83938349

## 盈科全国业务指导委员会系列丛书编委会

**总 主 编**

李 华

**副总主编**

罗 勇 陈 浩 周 彦 杜 芹

**出版统筹**

郭 琪 丁 萌 冯 玥 张静彤

## 本书编委会

**主 编**

张志伟

**副 主 编**

孟晓娟

# 序言

在金融行业波澜壮阔的发展历程中,法律始终如同一座坚实的灯塔,为金融机构的稳健运行和从业人员的规范操作指引着方向。信贷法律风险防范已成为金融机构从业人员必须具备的核心技能之一,本书是为金融机构从业人员量身打造的信贷法律风险防范宝典。

2021年1月1日,《民法典》正式开始施行,这部法典的出台是我国法治建设进程中的重大里程碑。伴随《民法典》的施行,一系列相关司法解释也配套出台,比如《最高人民法院关于适用〈中华人民共和国民法典〉担保制度的解释》自2021年1月1日起施行,《最高人民法院关于适用〈中华人民共和国民法典〉物权编的解释(一)》自2021年1月1日起施行,《最高人民法院关于适用〈中华人民共和国民法典〉总则编若干问题的解释》自2022年3月1日起施行,《最高人民法院关于适用〈中华人民共和国民法典〉合同编通则若干问题的解释》自2023年12月5日起正式实施等。2023年12月29日,第十四届全国人民代表大会常务委员会第七次会议表决通过新修订的《公司法》,新《公司法》自2024年7月1日起施行。

为进一步促进银行业金融机构提升信贷管理能力和金融服务质效,国家金融监管总局对《固定资产贷款管理暂行办法》(中国银行业监督管理委员会令2009年第2号)、《流动资金贷款管理暂行办法》(中国银行业监督管理委员会令2010年第1号)、《个人贷款管理暂行办法》(中国银行业监督管理委员会令2010年第2号)和《项目融资业务指引》(银监发〔2009〕71号)进行了修订,形成《固定资产贷款管理办法》《流动资金贷款管理办法》《个人贷款管理办法》(以下简称三个办法),三个办法自2024年7月1日起施行。

随着《民法典》及相关司法解释、新《公司法》、三个办法等一系列新法的陆续出台,金融领域迎来了新的变革与挑战,尤其对金融机构从业人员的信贷法律风险防范工作产生了巨大而深远的影响。金融机构从业人员必须与时俱进，不断提升自身法律素养和风险防范意识，准确把握法律风险点，以更加专业、严谨的态度开展信贷工作。本书正是在这样的背景下应运而生，旨在深入剖析这些新法对信贷法律风险防范工作的影响，希望读者可以通过对本书的学习更为全面地掌握与信贷担保有关的最新的法律知识体系。

本书共设置六章，分别为：第一章"对借款主体的合法性审查"；第二章"担保的一般规定"；第三章"保证"；第四章"抵押"；第五章"质押担保"；第六章"与授信业务相关的犯罪行为的识别与防范"。

本书内容的特点：

**1. 专门为金融机构从业人员精心打造的专业书籍。**

本书充分考虑金融机构从业人员的实际工作需求和专业背景，深入剖析《民法典》及相关司法解释、新《公司法》、三个办法等新法对信贷法律风险防范的影响，通过通俗易懂的语言为金融机构从业人员提供切实可行的法律风险防范策略。

**2. 格式新颖、重点突出。**

本书将信贷担保知识点通过一个个具体问题的方式呈现。本书在对每个具体的知识点进行讲解时，将重点内容进行提炼和总结，以便让读者快速掌握每个知识点的重点内容。

**3. 注重知识点之间的关联。**

在信贷担保法律领域中，很多知识点之间具有相互关联性，因此，我们在编写过程中写到某个知识点时，会将与该知识点具有关联性的其他知识点进行总结，以便读者在头脑中可以快速建立与此相关的知识体系图。

**4. 新旧对照，法条更新。**

《民法典》实施后，《担保法》《物权法》等法律同步废止。与被废止的法律规定相比，《民法典》中的许多条款内容进行了实质性修订。这些修订内容是读者需要重点学习的部分。鉴于此，在本书中，我们将《民法典》的实质性修订条款以表格对比的方式呈现给读者，以便读者能够快速掌握实质性修订内容。同时在编写本书时,我们对每个知识点所对应的相关法律规定都进行了及时更新,以便读者查阅。

最后,鉴于笔者学识水平存在一定局限性,书中或许存在错误或疏漏之处,恳请读者朋友予以批评指正。读者在阅读本书的过程中,若对某一问题的解析持有不同观点,可以将自身观点通过邮件发送至笔者邮箱,以便进行交流与探讨。(笔者邮箱:38634294@qq.com)

主编张志伟

2024 年 9 月 24 日

# 缩略语表

| 全称 | 简称 |
| --- | --- |
| 《中华人民共和国民法典》 | 《民法典》 |
| 《最高人民法院关于适用〈中华人民共和国民法典〉有关担保制度的解释》 | 《民法典担保制度解释》 |
| 《全国法院民商事审判工作会议纪要》(法〔2019〕254号) | 《九民会议纪要》 |
| 《最高人民法院关于适用〈中华人民共和国民法典〉物权编的解释(一)》 | 《民法典物权编解释(一)》 |
| 《最高人民法院关于适用〈中华人民共和国民法典〉总则编若干问题的解释》 | 《民法典总则编解释》 |
| 《最高人民法院关于适用〈中华人民共和国民法典〉合同编通则若干问题的解释》 | 《民法典合同编通则解释》 |
| 《中华人民共和国公司法》(2023年修订) | 新《公司法》 |
| 《中华人民共和国物权法》 | 《物权法》 |
| 《中华人民共和国担保法》 | 《担保法》 |
| 《最高人民法院关于适用〈中华人民共和国担保法〉若干问题的解释》 | 《担保法解释》 |
| 《中华人民共和国企业破产法》 | 《企业破产法》 |
| 《最高人民法院关于适用〈中华人民共和国企业破产法〉若干问题的规定(二)》 | 《企业破产法规定(二)》 |
| 《最高人民法院关于适用〈中华人民共和国企业破产法〉若干问题的规定(三)》 | 《企业破产法规定(三)》 |
| 《中华人民共和国商业银行法》 | 《商业银行法》 |
| 《中华人民共和国民事诉讼法》(2023年修正) | 《民事诉讼法》(2023年修正) |

续表

| 全称 | 简称 |
| --- | --- |
| 《最高人民法院关于适用〈中华人民共和国民事诉讼法〉的解释》（2022年修正） | 《民事诉讼法司法解释》（2022年修正） |
| 《中华人民共和国票据法》 | 《票据法》 |
| 《中华人民共和国城市房地产管理法》 | 《城市房地产管理法》 |
| 《上市公司监管指引第8号——上市公司资金往来、对外担保的监管要求》 | 《上市公司监管指引第8号》 |
| 《国务院关于实施〈中华人民共和国公司法〉注册资本登记管理制度的规定》 | 《注册资本登记管理规定》 |

# CHAPTER 1 对借款主体的合法性审查

**专题1：对自然人借款主体的合法性审查** …………… 003

    1. 自然人向商业银行申请个人贷款应具备哪些条件？ …… 003

    2. 商业银行对个人贷款的贷款有哪些调查方式和调查内容？ ………… 008

    3. 关于夫妻共同债务如何认定？ ……………………… 010

**专题2：对个体工商户及其他经济组织借款主体的合法性审查** …… 013

    4. 如何对个体工商户借款主体的合法性审查？ …………… 013

    5. 如何对个人独资企业借款主体的合法性审查？ ………… 015

    6. 如何对合伙企业借款主体的合法性审查？ …………… 017

**专题3：新《公司法》背景下对公司借款主体的合法性审查** ………… 021

    7. 根据《民法典》的规定，法人分为哪几大类？ ………… 021

    8. 依据新《公司法》，公司对外公示的信息主要包括哪些？ ………… 022

    9. 商业银行如何对公司营业执照进行调查分析？ ………… 026

    10. 商业银行如何对公司法定代表人进行调查分析？ …… 027

    11. 商业银行如何对公司注册资本以及股东实缴出资情况进行调查分析？ ………… 028

    12. 商业银行如何对公司章程进行调查分析？ …………… 031

# CHAPTER 2 担保的一般规定

**专题1：担保的从属性** ······················································· 037
    13. 如何理解担保合同效力的从属性？ ··························· 037
    14. 如何理解担保范围的从属性？ ·································· 040
    15. 如何理解担保人承担担保责任后向债务人追偿范围
        具有从属性？ ····················································· 042

**专题2：机关法人、居民委员会、村民委员会提供担保** ············· 043
    16. 机关法人能否提供担保？ ······································· 043
    17. 居民委员会能否提供担保？ ···································· 044
    18. 村民委员会能否提供担保？ ···································· 045

**专题3：学校、幼儿园、医疗机构、养老机构提供担保** ············· 048
    19. 以公益为目的的非营利性学校、幼儿园、医疗机构、
        养老机构提供担保的一般规定是什么？ ·················· 048
    20. 以公益为目的的非营利性学校、幼儿园、医疗机构、
        养老机构，以公益设施以外的不动产、动产或者财产
        权利设立的担保物权是否有效？ ·························· 051
    21. 登记为营利法人的学校、幼儿园、医疗机构、养老
        机构提供担保的法律要点是什么？ ······················· 053

**专题4：公司对外提供担保** ················································· 054
    22. 新《公司法》关于公司对外提供担保的具体规定
        是什么？ ··························································· 054
    23. 公司的法定代表人越权担保所签订的担保合同
        是否发生法律效力？ ··········································· 056
    24. 公司对外提供担保时，无须公司机关决议的情形都包括
        什么？ ······························································ 061
    25. 公司的分支机构对外提供担保的法律要点是什么？ ······ 063
    26. 一人公司为其股东提供担保的法律要点是什么？ ········· 066
    27. 上市公司对外提供担保的法律要点是什么？ ··············· 067

**专题5：担保合同无效** ······················································· 073
    28. 担保合同被确认无效后，担保人该如何承担责任？ ······ 073

29. 担保合同被认定无效的主要事由都包括什么? ············ 075

**专题6：共同担保** ············ 079
  30. 在共同担保中，担保人之间是否相互享有追偿权? ······ 079
  31. 在共同担保中，如果某个担保人向债权人受让债权后，如何认定该担保人与其他担保人之间的关系? ······ 081
  32. 同一债权既有债务人自己提供的物的担保，又有第三人提供的担保，如何处理债权人、债务人以及第三人之间的关系? ············ 082

**专题7：债务加入** ············ 086
  33. 什么是"债务加入"? ············ 086
  34. 法定代表人以公司名义加入债务有哪些法律问题? ······ 087
  35. 债务加入与债务转移有何区别? ············ 088
  36. 债务加入与保证有何区别? ············ 089

**专题8：借新还旧对担保效力的影响** ············ 091
  37. "借新还旧"的法律性质是什么? ············ 091
  38. 以新贷偿还旧贷，担保人该如何承担担保责任? ······ 092

# CHAPTER 3 保证

**专题1：关于保证的一般规定** ············ 097
  39.《民法典》关于保证合同的定义是什么? ············ 097
  40. 保证合同的内容一般包括哪些条款? ············ 098
  41. 关于保证合同订立的具体方式包括什么? ············ 099

**专题2：保证方式** ············ 101
  42. 什么是"一般保证"? ············ 101
  43. 当事人对保证方式没有约定或者约定不明确的，应认定为何种保证方式? ············ 102
  44. 什么是"连带责任保证"? ············ 104

**专题3：保证责任的承担** ············ 106
  45. 债务人逾期后，如果一般保证的保证人向债权人提供了债务人的财产信息，其保证责任是否可以免除? ······ 106

46. 在一般保证情形下,当债务人逾期后,债权人是先以债务人为被告,还是将债务人和保证人同时列为被告? ...... 107

47. 如果主债权债务合同内容发生变更,对保证人的保证责任会产生什么影响? ...... 109

48. 如果债权人转让全部或者部分债权,对保证人的保证责任会产生什么影响? ...... 110

49. 债务人转移全部或者部分债务,对保证人的保证责任会产生什么影响? ...... 111

50. 第三人加入债务的,对保证人的保证责任产生什么影响? ...... 112

51. 如果夫妻一方对外提供保证担保,由此产生的保证债务能否认定为夫妻共同债务? ...... 113

## 专题4:保证人的追偿权 ...... 115

52. 什么是"保证人的追偿权"? ...... 115

53. 如何理解保证人行使追偿权的范围? ...... 116

54. 主债权的诉讼时效期间届满后,如果保证人仍然向债权人提供保证或者承担保证责任,这会对保证人的追偿权产生什么法律后果? ...... 120

## 专题5:保证期间与保证债务诉讼时效 ...... 122

55. 什么是"保证期间"? ...... 122

56. 如何确定"保证期间的起算日"? ...... 124

57. 对于最高额保证,如何确定保证期间的起算日? ...... 125

58. 如果保证合同被认定无效,还能否适用保证期间制度? ...... 127

59. 人民法院在审理保证合同纠纷案件时,是否应当将"与保证期间有关的事实"作为案件基本事实予以查明? ...... 127

60. 债权人在保证期间内未依法行使权利,保证期间届满后,如果保证人在催款通知书上签章的,则保证人是否仍需要承担保证责任? ...... 128

61. 如何理解一般保证的债权人在保证期间内对债务人提起诉讼(或申请仲裁)的重要性? ………………………… 129

62. 一般保证的债权人,如果在保证期间内对债务人提起诉讼(或申请仲裁)后,又撤回起诉(或仲裁)申请,会产生什么法律后果? ………………………………………… 130

63. 一般保证的债权人在保证期间依据公证债权文书对债务人申请强制执行,对保证人会产生什么法律效力? …… 131

64. 一般保证的债权人,在保证期间届满前对债务人提起诉讼(或申请仲裁),从何时开始计算保证债务的诉讼时效?即一般保证的保证期间与保证债务的诉讼时效之间如何衔接? ………………………………………………… 132

65. 连带责任保证的债权人,如果未在保证期间请求保证人承担保证责任的,保证人是否还需要承担保证责任? …… 135

66. 连带责任保证的债权人,如果在保证期间届满前请求保证人承担保证责任的,从何时开始计算保证债务的诉讼时效?连带责任保证的保证期间与保证债务的诉讼时效之间如何衔接? …………………………………………… 136

67. 连带责任保证的债权人,如果在保证期间内对保证人提起诉讼(或申请仲裁),又撤回起诉(或仲裁申请),会产生什么法律后果? ……………………………………… 137

68. 同一债务有两个以上保证人的,如果债权人在保证期间内仅向部分保证人行使权利,会有什么法律风险? …… 139

69. 如何理解"保证期间"与"保证债务的诉讼时效期间"的区别? ……………………………………………… 140

# CHAPTER 4 抵押

**专题1：关于抵押的一般规定** ·················· 145

70. 什么是"抵押权"？ ·················· 145
71. 如果登记的抵押权人与实际的抵押权人不一致，谁有权主张行使抵押权？ ·················· 146
72. 什么是"抵押合同"？ ·················· 150
73. 《民法典》对抵押合同中的"流抵条款"是如何规定的？ ·················· 151

**专题2：抵押财产** ·················· 154

74. 《民法典》对"可作为抵押财产的范围"是如何规定的？ ·················· 154
75. 《民法典》对"禁止抵押的财产范围"是如何规定的？ ·················· 155
76. 抵押权的效力范围是否及于抵押财产的"孳息"？ ·················· 157
77. 抵押权的效力是否及于抵押财产的"从物"？ ·················· 159
78. 抵押权的效力是否及于抵押财产的"添附物"？ ·················· 161
79. 以所有权、使用权不明或者有争议的财产设立抵押的法律效力是什么？ ·················· 163
80. 夫妻关系存续期间购买的登记在夫妻一方名下的房屋，未经配偶同意设定抵押，抵押权是否有效？ ·················· 165
81. 以依法被查封、扣押或监管的财产设立抵押的法律效力是什么？ ·················· 166
82. 如果抵押人的行为足以使得抵押财产价值减少的（或已经使抵押财产价值减少的），抵押权人可采取什么保全措施？ ·················· 168

**专题3：不动产抵押权** ·················· 169

83. 如何理解不动产抵押权自登记时设立？ ·················· 169
84. 如何理解"不动产登记簿"对不动产抵押权设立的重要影响？ ·················· 170
85. 当事人申请办理抵押登记，因登记机构的过错致使其不能办理抵押登记或者因登记机构的过错导致登记错误的，登记机构应当承担什么责任？ ·················· 171

86. 不动产抵押合同签订后,如果抵押人未配合办理抵押登记,抵押权人有何救济措施? …… 172

**专题4：在建建筑物抵押权** …… 175

87. 什么是"在建建筑物抵押权"? …… 175
88. 以正在建造的建筑物抵押,抵押权的效力范围是否及于之后建造的部分? …… 177

**专题5：不动产抵押权预告登记制度** …… 179

89. 什么是"预告登记制度"? …… 179
90. 什么是"以预购商品房设定抵押预告登记"? …… 181
91. "不动产抵押预告登记"是否具有优先受偿的效力? …… 182
92. 在抵押人破产的情况下,抵押预告登记权利人是否可主张就抵押财产优先受偿? …… 183

**专题6：抵押权与房地一体原则** …… 185

93. 如何理解"房随地走、地随房走"的房地一体原则? …… 185
94. 什么是"房地一体化抵押"? …… 186
95. 仅以建设用地使用权抵押的,抵押权的效力是否及于正在建造的建筑物的续建部分以及新增建筑物? …… 188
96. 在房地一体化原则之下,如果出现房、地分别抵押给不同的债权人,该如何确定清偿顺序? …… 189

**专题7：建设用地使用权抵押权** …… 191

97. 什么是"建设用地使用权"? …… 191
98. 以划拨方式取得的建设用地使用权设立抵押,是否需要办理审批手续? …… 193
99. 以划拨方式取得的建设用地使用权设立抵押,抵押权在实现时是否需要补缴建设用地使用权出让金? …… 194
100. 以划拨建设用地上的建筑物设立抵押是否合法有效? …… 195

**专题8：动产抵押权** …… 197

101. 关于"动产抵押权"的一般规则是什么? …… 197
102. 办理动产抵押的登记机构是什么? …… 199

103. 在动产抵押中，抵押权人能否对抗正常经营活动中的买受人？ …… 202

104. 什么是"动产浮动抵押权"？ …… 205

## 专题9：抵押财产的转让 …… 208

105. 民法典关于"抵押财产转让"的一般规则是什么？ …… 208

106. 抵押权人将"禁止或者限制抵押物转让的约定"进行登记后产生的法律效果是什么？ …… 210

107. 开发商出售的房产如已在先抵押给银行，则商品房消费者的权利能否对抗抵押权人？ …… 212

108. 动产抵押中，抵押物转让涉及哪些法律问题？ …… 217

## 专题10：抵押权的权利冲突 …… 220

109. 同一财产向两个以上债权人抵押的，拍卖、变卖抵押财产所得的价款，按照什么顺序进行清偿？ …… 220

110. 在同一财产上既设立抵押权又设立质权的，拍卖、变卖该财产所得的价款，在不同权利人之间应按照什么顺序进行清偿？ …… 222

111. 在同一财产上存在抵押权和租赁权，承租人的权利能否对抗抵押权人的权利？ …… 224

## 专题11：价款超级优先权 …… 227

112. 什么是"价款抵押权"？ …… 227

113. 如何理解《民法典担保制度解释》第57条规定的"价款超级优先权"？ …… 229

## 专题12：最高额抵押权 …… 233

114. 什么是最高额抵押权？ …… 233

115. 最高额抵押权设立前已经存在的债权，是否可以转入最高额抵押担保的债权范围？ …… 235

116. 最高额抵押权的首次登记、变更登记、确定登记、转移登记等相关规定是什么？ …… 237

117. 如何理解最高额抵押担保中的"最高债权额"？如何区分"债权最高限额说"和"本金最高限额说"？ …… 239

118. 在最高额抵押担保中,如果登记的最高债权额与合同约定的最高债权额不一致的,该如何确定债权人优先受偿范围? ……………………… 241

119. 最高额抵押担保中,如果主债权发生全部或部分转让,对最高额抵押权会产生什么影响? ……………… 243

120. 抵押权人与抵押人协议变更最高额抵押有关内容的限制和影响是什么? ………………………………… 244

121. 最高额抵押权所担保债权的确定事由包括什么? …… 245

122. 最高额抵押权存续期间抵押财产被查封后发放的贷款是否在担保债权范围内? ……………………………… 247

## CHAPTER 5 质押担保

**第一节 动产质权** …………………………………………… 251

**专题1:动产质权的一般规定** ……………………………… 253

123. 什么是动产质权? ……………………………………… 253

124. 质押合同的订立形式和具体内容是什么? …………… 255

125. 动产质押合同中如果约定了"流质条款",是否具有法律效力? …………………………………………… 257

126. 动产质权与动产抵押权之间的区别与联系? ………… 258

**专题2:动产质权的法律效力** ……………………………… 260

127. 动产质权的效力是否及于孳息? ……………………… 260

128. 在动产质权存续中,质权人擅自使用、处分质押财产的法律后果是什么? ……………………………… 261

129. 在动产质押中,如何理解质权人负有妥善保管质押财产的义务? ……………………………………… 262

130. 在动产质权存续期间,质权人是否有权"转质"? ……… 262

131. 如果某项债权既有以债务人自己的财产质押担保,又有第三人提供担保的,如果质权人放弃对债务人享有的质权,会产生什么法律后果? ………………………… 263

## 专题3：动产质权的实现 ········································· 265

132. 当出现债务人不履行到期债务的情形时，质权人如何
实现质权？ ··············································· 265

### 第二节　权利质权 ················································ 267

133. 可以出质的权利范围包括什么？ ······················· 269

## 专题4：有价证券质权 ············································· 271

134. 可作为权利质权标的的"有价证券"包括什么？设立
有价证券质权的一般规则是什么？ ····················· 271

135. 以汇票出质的法律要点是什么？ ······················· 272

136. 以仓单出质的法律要点是什么？ ······················· 273

137. 有价证券质权设立后，如果汇票、本票、支票、债券、
存款单、仓单、提单的兑现日期或者提货日期先于
主债权到期的，质权人如何行使权利？ ················ 275

## 专题5：基金份额、股权质权 ······································ 276

138. 以基金份额出质的法律要点是什么？ ·················· 276

139. 以股权出质的法律要点是什么？ ······················· 277

## 专题6：知识产权质权 ············································· 280

140. 以知识产权出质的一般规定是什么？ ·················· 280

141. 以"注册商标专用权"出质设立质权的法律要点是
什么？ ···················································· 282

142. 以"专利权"出质设立质权的法律要点是什么？ ······ 283

143. 以"著作权"出质设立质权的法律要点是什么？ ······ 286

## 专题7：应收账款质权 ············································· 289

144. 关于应收账款质权的一般规定是什么？ ··············· 289

145. 以现有的应收账款出质，应收账款债务人确认应收账
款真实性的法律责任是什么？ ··························· 291

146. 以"将有的应收账款"设立质权的法律要点是什么？ ······ 293

# CHAPTER 6 与授信业务相关的犯罪行为的识别与防范

147. 违法发放贷款罪的相关规定有哪些？ ………… 297
148. 非国家工作人员受贿罪的相关规定有哪些？ ………… 302
149. 违规出具金融票证罪的相关规定有哪些？ ………… 304
150. 违法票据承兑、付款、保证罪的相关规定有哪些？ …… 305
151. 洗钱罪的相关规定有哪些？ ………… 307
152. 挪用资金罪的相关规定有哪些？ ………… 311
153. 职务侵占罪的相关规定有哪些？ ………… 313
154. 吸收客户资金不入帐罪的相关规定有哪些？ ………… 315
155. 贷款诈骗罪的相关规定有哪些？ ………… 316
156. 骗取贷款、票据承兑、金融票证罪的相关规定有哪些？ …… 318
157. 票据诈骗罪、金融凭证诈骗罪的相关规定有哪些？ ………… 320
158. 信用证诈骗罪的相关规定有哪些？ ………… 322
159. 信用卡诈骗罪的相关规定有哪些？ ………… 324
160. 高利转贷罪的相关规定有哪些？ ………… 326
161. 虚假诉讼罪的相关规定有哪些？ ………… 327
162. 虚假破产罪的相关规定有哪些？ ………… 330
163. 妨害清算罪的相关规定有哪些？ ………… 332
164. 合同诈骗罪的相关规定有哪些？ ………… 334

CHAPTER

第一章

# 对借款主体的合法性审查

## 专题 1

# 对自然人借款主体的合法性审查

## 1. 自然人向商业银行申请个人贷款应具备哪些条件？

**要点解答**

为进一步促进银行业金融机构提升信贷管理能力和金融服务质效，国家金融监管总局对《固定资产贷款管理暂行办法》（中国银行业监督管理委员会令 2009 年第 2 号）、《流动资金贷款管理暂行办法》（中国银行业监督管理委员会令 2010 年第 1 号）、《个人贷款管理暂行办法》（中国银行业监督管理委员会令 2010 年第 2 号）和《项目融资业务指引》（银监发〔2009〕71 号）等信贷管理制度（以下简称"三个办法一个指引"）进行了修订，形成三个办法，三个办法自 2024 年 7 月 1 日起施行。

2024 年新《个人贷款管理办法》第 12 条规定："个人贷款申请应具备以下条件：（一）借款人为具有完全民事行为能力的中华人民共和国公民或符合国家有关规定的境外自然人；（二）借款用途明确合法；（三）贷款申请数额、期限和币种合理；（四）借款人具备还款意愿和还款能力；（五）借款人信用状况良好；（六）贷款人要求的其他条件。"

依据 2024 年新《个人贷款管理办法》第 12 条的规定，对于申请个人贷款应具备的条件，贷款人应重点关注以下几点内容：

1. 借款人应具有完全民事行为能力。

《民法典》第17条规定："十八周岁以上的自然人为成年人。"第18条规定："成年人为完全民事行为能力人，可以独立实施民事法律行为。十六周岁以上的未成年人，以自己的劳动收入为主要生活来源的，视为完全民事行为能力人。"第21条第1款规定："不能辨认自己行为的成年人为无民事行为能力人，由其法定代理人代理实施民事法律行为。"

根据《民法典》上述规定，自然人具有完全民事行为能力的需要同时满足以下条件：

一是年龄标准。年满18周岁（或者对于16周岁以上不满18周岁的自然人，以自己的劳动收入为主要生活来源的）。

二是精神状况标准。除年龄标准外，自然人的精神状况也是认定完全民事行为能力的重要因素，能够完全辨认自己行为的成年人是完全民事行为能力人。

> **关联知识点**
>
> ▶ 借款人为外国人及港、澳、台居民的相关规定
>
> 原中国银行业监督管理委员会2007年发布的《个人定期存单质押贷款办法》[①]（中国银行业监督管理委员会令2007年第4号）第2条规定："个人定期存单质押贷款（以下统称存单质押贷款）是指借款人以未到期的个人定期存单作质押，从商业银行（以下简称贷款人）取得一定金额的人民币贷款，到期由借款人偿还本息的贷款业务。"第3条第2款规定："外国人、无国籍人以及港、澳、台居民为借款人的，应在中华人民共和国境内居住满一年并有固定居所和职业。"
>
> 《汽车贷款管理办法》（2017年修订）第9条规定："借款人申请个人汽车贷款，应当同时符合以下条件：（一）是中华人民共和国公民，

---

① 该法规被《中国银保监会关于清理规章规范性文件的决定》（2021年6月21日发布；2021年6月21日实施）修订。

> 或在中华人民共和国境内连续居住一年(含一年)以上的港、澳、台居民及外国人;(二)具有有效身份证明、固定和详细住址且具有完全民事行为能力;(三)具有稳定的合法收入或足够偿还贷款本息的个人合法资产;(四)个人信用良好;(五)能够支付规定的首期付款;(六)贷款人要求的其他条件。"

2.借款用途明确合法。

2024年新《个人贷款管理办法》第3条规定:"本办法所称个人贷款,是指贷款人向符合条件的自然人发放的用于个人消费、生产经营等用途的本外币贷款。"

《个人贷款管理办法》将个人贷款明确分为用于个人消费和生产经营等用途。

"贷款人不得发放无指定用途的个人贷款"是个人贷款管理中的一项重要原则。《个人贷款管理办法》第7条第1款规定:"个人贷款用途应符合法律法规规定和国家有关政策,贷款人不得发放无指定用途的个人贷款。"借款人在申请个人贷款时,必须明确贷款的具体用途,且该用途要符合国家法律法规的规定和国家有关政策。

对于借款人申请消费类贷款,贷款人往往会要求借款人提供符合条件的消费用途证明或书面用途声明。对于申请经营类贷款,借款人需要提供合理的生产经营计划,所从事的经营活动合法合规,符合国家产业、行业、环保政策和社会发展规划要求,符合银行行业管理政策。

另外,一些地方金融监管部门也会出台一些相关文件,对个人贷款用途作出禁止性规定。

例如,2019年中国银保监会浙江监管局曾下发了《关于进一步规范个人消费贷款有关问题的通知》(浙银保监办发〔2019〕213号)。该文件要求银行机构加强个人消费贷款用途管控,确保用途与合同约定一致,严禁贷款资金违规流入股市、楼市以及其他投资性领域,主要重申了以下禁止性领域:一是严禁用于支付购房首付款或偿还首付款借贷资金;二是严禁流入股市、债市、金市、期市等交易市场;三是严禁用于购买银行理财、信托计划以及其他各类资产管理产品;四是严禁用于民间借贷、P2P网络借贷以及其他禁止性领域等。

例如,2020年中国银保监会江西监管局曾下发了《关于进一步加强个人贷款风险管理的通知》(赣银保监办发〔2020〕91号)。该文件规定,个人经营性贷款和个人综合消费贷款要重点强化客户身份和贷款用途真实性审查。禁止向公职人员等不符合条件的客户发放个人经营性贷款,禁止发放无指定用途或实质无指定用途的个人消费贷款;严格贷款资金流向的跟踪和管控,严禁贷款资金流入股市、债市或违规进入房市,严禁用于购买银行理财、信托计划以及民间借贷等禁止性领域。

因此,商业银行应高度关注并遵守当地金融监管部门关于借款用途作出的禁止性规定,否则可能会面临法律风险和监管处罚。

3. 个人贷款的贷款期限合理。

为填补关于贷款期限的制度空缺,并有效防范贷款期限错配产生的风险,进一步优化贷款结构,2024年7月1日起实施的《个人贷款管理办法》第8条明确规定:用于个人消费的贷款期限不得超过5年。用于生产经营的贷款期限一般不超过5年,对于贷款用途对应的经营现金流回收周期较长的,可适当延长贷款期限,最长不超过10年。

另外,《个人贷款管理办法》第49条规定:"国家金融监督管理总局对互联网、个人住房、个人助学、个人汽车等其他特殊类贷款另有规定的,从其规定。银行业金融机构发放给农户用于生产性贷款等国家有专门政策规定的特殊类个人贷款,暂不执行本办法。信用卡透支不适用本办法。"因此,对互联网、个人住房、个人助学、个人汽车等其他特殊类贷款的贷款期限另有规定的,从其规定。

关于个人贷款的借款人申请贷款展期的,2024年新《个人贷款管理办法》第43条明确规定,贷款人应审慎评估展期原因和后续还款安排的可行性。同意展期的,应根据还款来源等情况,合理确定展期期限,并加强对贷款的后续管理,按照实质风险状况进行风险分类。其中对于期限1年以内的个人贷款展期期限累计不得超过原贷款期限;期限超过1年的贷款展期期限累计不得超过原贷款期限的一半。

4. 借款人信用状况良好。

2024年7月1日起实施的《个人贷款管理办法》与2010年发布的《个人贷款管理暂行办法》相比,在借款申请条件方面,关于"借款人信用记录"的表述发生了变化。2010 年发布的《个人贷款管理暂行办法》要求"借款人信用状况良好,无重大不良信用记录";而 2024 年新《个人贷款管理办法》只保留了"借款人信用状况良好"的表述,删掉了"无重大不良信用记录"。这一变化意味着贷款人在审批贷款时,对借款人信用状况的评估将更加综合和细致。

为了更准确地评估借款人的信用状况,贷款人需要建立更加完善的信用风险评价体系,同时贷款人可能会加大对金融科技的应用,从多方面、多角度去评判借款人的信用状况。

表 1-1　申请个人贷款相关规定对比

| 《个人贷款管理办法》(2024 年 7 月 1 日实施) | 《个人贷款管理暂行办法》(已失效) |
| --- | --- |
| 第 12 条<br>　　个人贷款申请应具备以下条件:<br>　　(一)借款人为具有完全民事行为能力的中华人民共和国公民或符合国家有关规定的境外自然人;<br>　　(二)借款用途明确合法;<br>　　(三)贷款申请数额、期限和币种合理;<br>　　(四)借款人具备还款意愿和还款能力;<br>　　(五)借款人信用状况良好;<br>　　(六)贷款人要求的其他条件。 | 第 11 条<br>　　个人贷款申请应具备以下条件:<br>　　(一)借款人为具有完全民事行为能力的中华人民共和国公民或符合国家有关规定的境外自然人;<br>　　(二)贷款用途明确合法;<br>　　(三)贷款申请数额、期限和币种合理;<br>　　(四)借款人具备还款意愿和还款能力;<br>　　(五)借款人信用状况良好,无重大不良信用记录;<br>　　(六)贷款人要求的其他条件。 |
| 第 8 条<br>　　个人贷款的期限应符合国家相关规定。用于个人消费的贷款期限不得超过五年;用于生产经营的贷款期限一般不超过五年,对于贷款用途对应的经营现金流回收周期较长的,可适当延长贷款期限,最长不超过十年。 | 第 8 条<br>　　个人贷款的期限和利率应符合国家相关规定。 |
| 第 43 条<br>　　借款人申请贷款展期的,贷款人应审慎评估展期原因和后续还款安排的可行性。同意展期的,应根据还款来源等情况,合理确定展期期限,并加强对贷款的后续管理,按照实质风险状况进行风险分类。<br>　　期限一年以内的贷款展期期限累计不得超过原贷款期限;期限超过一年的贷款展期期限累计不得超过原贷款期限的一半。 | 第 39 条<br>　　经贷款人同意,个人贷款可以展期。<br>　　一年以内(含)的个人贷款,展期期限累计不得超过原贷款期限;一年以上的个人贷款,展期期限累计与原贷款期限相加,不得超过该贷款品种规定的最长贷款期限。 |

## 2. 商业银行对个人贷款的贷款有哪些调查方式和调查内容？

### 🔺 要点解答

#### ➢ 一、关于个人贷款的调查方式

2024年7月1日起实施的《个人贷款管理办法》第16条规定，"贷款调查应以现场实地调查与非现场间接调查相结合的形式开展，采取现场核实、电话查问、信息咨询以及其他数字化电子调查等途径和方法。对于金额不超过二十万元人民币的贷款，贷款人通过非现场间接调查手段可有效核实相关信息真实性，并可据此对借款人作出风险评价的，可简化或不再进行现场实地调查（不含用于个人住房用途的贷款）"。

贷款人对个人贷款调查应以现场实地调查与非现场间接调查相结合的形式开展，主要调查方式包括：

1. 现场实地调查。通过对借款人的家庭居住地、工作单位或者经营场所进行实地调查核实其收入状况及资产实力。通过对抵（质）押品进行实地查勘调查核实担保状况的真实性及有效性。

2. 面谈调查。贷款人通过与借款人（包括共借人及担保人）进行面谈的方式，核实当事人的身份、民事行为能力、借款意愿、债务情况、自有资金来源、担保意愿，并了解当事人的基本情况、综合素质、还款能力等信息。贷款人可根据业务需要通过视频形式与借款人面谈（不含用于个人住房用途的贷款），视频面谈应当在贷款人自有平台上进行，记录并保存影像，且核实借款人真实身份及所涉及信息的真实性。

3. 电话调查。贷款人有选择性地与借款人单位有关人员以电话访谈的形式调查核实借款人工作单位、职务、收入状况等信息。

4. 征信系统调查。通过查询人民银行征信系统、信贷系统黑灰名单数据库和

大数据平台、地方联合惩戒系统等核实当事人信用状况,必要时通过中国执行信息公开网进一步核实其失信信息;并可以通过查询社保系统、公积金系统、地方财政与编制政务公开网系统核实借款人身份信息、收入信息。

5. 委托第三方调查。2024年新《个人贷款管理办法》第17条第2款、第3款明确规定:<u>对于贷款调查的核心事项,如涉及借款人真实意思表示、收入水平、债务情况、自有资金来源及外部评估机构准入等,**不得委托**第三方完成</u>;对于其他非核心事项,贷款人如委托第三方代为进行贷款调查的,贷款人也应确保风险可控,明确第三方的资质条件,建立名单制管理制度,并定期对名单进行审查更新。

6. 对于贷款金额不超过20万元,风险可控的个人贷款,贷款人通过非现场间接调查手段可有效核实相关信息真实性,并可据此对借款人作出风险评价的,可简化或不再进行现场实地调查(不含用于个人住房用途的贷款)。另外,对于简化或不再进行现场实地调查的业务,贷款人在贷后管理环节应当按照适当比例实施贷后实地检查。

> 二、关于个人贷款的调查内容

依据2024年新《个人贷款管理办法》第15条的规定,贷款人对个人贷款的调查包括但不限于以下内容:"借款人基本情况;借款人收入情况;借款用途,用于生产经营的还应调查借款人经营情况;借款人还款来源、还款能力及还款方式;保证人担保意愿、担保能力或抵(质)押物权属、价值及变现能力。"

实践中,商业银行对个人贷款主要调查下列内容:

1. 借款人提供的资料是否完整、真实、准确、有效。

2. 借款人、共借人、保证人身份是否真实。准确了解借款人的身份信息是确保贷款对象真实存在且合法的基础。

3. 借款用途是否真实、合法,并按规定合理确定资金支付方式及支付额度。对经营类贷款应了解客户经营行为的合法合规性,并评估其经营能力、生产经营状况、经营项目行业风险以及未来前景等。

4. 借款人信用状况是否符合规定,是否具有还款意愿。

5. 借款人是否具有足够的还款能力(包括家庭概况、收入及财产状况等)。

6. 保证人是否具有担保意愿以及代偿能力。

**7. 核实抵(质)押物真实性和权属,合理评估押品价值和变现能力。**

表1-2　贷款调查相关规定对比

| 《个人贷款管理办法》<br>(2024年7月1日实施) | 《个人贷款管理暂行办法》<br>(已失效) |
|---|---|
| 第15条<br>　　贷款调查包括但不限于以下内容:<br>　　(一)借款人基本情况;<br>　　(二)借款人收入情况;<br>　　(三)借款用途,<u>用于生产经营的还应调查借款人经营情况</u>;<br>　　(四)借款人还款来源、还款能力及还款方式;<br>　　(五)保证人担保意愿、担保能力或<u>抵(质)押物权属</u>、价值及变现能力。 | 第14条<br>　　贷款调查包括但不限于以下内容:<br>　　(一)借款人基本情况;<br>　　(二)借款人收入情况;<br>　　(三)借款用途;<br>　　(四)借款人还款来源、还款能力及还款方式;<br>　　(五)保证人担保意愿、担保能力或抵(质)押物价值及变现能力。 |
| 第16条<br>　　贷款调查应以现场实地调查与非现场间接调查相结合的形式开展,采取现场核实、电话查问、信息咨询以及<u>其他数字化电子调查</u>等途径和方法。<br>　　<u>对于金额不超过二十万元人民币的贷款,贷款人通过非现场间接调查手段可有效核实相关信息真实性,并可据此对借款人作出风险评价的,可简化或不再进行现场实地调查</u>(不含用于个人住房用途的贷款)。 | 第15条<br>　　贷款调查应以实地调查为主、间接调查为辅,采取现场核实、电话查问以及信息咨询等途径和方法。 |

# 3. 关于夫妻共同债务如何认定?

## 要点解答

关于夫妻共同债务的认定标准,《民法典》第1064条规定:"夫妻双方共同签名或者夫妻一方事后追认等共同意思表示所负的债务,以及夫妻一方在婚姻关系存续期间以个人名义为家庭日常生活需要所负的债务,属于夫妻共同债务。

夫妻一方在婚姻关系存续期间以个人名义超出家庭日常生活需要所负的债

务,不属于夫妻共同债务;但是,债权人能够证明该债务用于夫妻共同生活、共同生产经营或者基于夫妻双方共同意思表示的除外。"

《民法典》第1064条确立了现行夫妻共同债务的法律认定规则,该条款规定了三种不同类型的夫妻共同债务认定标准。

### ➤ 一、基于夫妻共同意思表示所负的债务

《民法典》第1064条第1款确立的是"共债共签"制度,即夫妻双方共同签名或者夫妻一方事后追认等共同意思表示所负的债务属于夫妻共同债务。

商业银行要求借款人夫妻双方共同确认债务,这种做法可以有效地保护债权人的利益,避免举债方一方在不知情的情况下承担债务。这种确认方式可以帮助商业银行履行其合理审慎义务,确保商业银行的利益得到最大限度的保护。

对于夫妻双方已经共同确认的债务,如果夫妻双方通过离婚协议确定由一方承担,是否可以对抗外部债权人?

《最高人民法院关于适用〈中华人民共和国民法典〉婚姻家庭编的解释(一)》(2021年1月1日实施)第35条规定:"当事人的离婚协议或者人民法院生效判决、裁定、调解书<u>已经对夫妻财产分割问题作出处理的,债权人仍有权就夫妻共同债务向男女双方主张权利</u>。一方就夫妻共同债务承担清偿责任后,主张由另一方按照离婚协议或者人民法院的法律文书承担相应债务的,人民法院应予支持。"

因此,如果债务属于夫妻共同债务,那么夫妻双方都有义务对债权人承担偿还责任。即使夫妻双方在离婚协议或其他约定中明确了债务由一方承担,债权人仍然有权要求夫妻双方共同偿还。

### ➤ 二、为日常家庭生活需要所负的债务

夫妻一方在婚姻关系存续期间以个人名义为家庭日常生活需要所负的债务,属于夫妻共同债务。即在婚姻关系存续期间如果夫妻一方的借债是用于家庭日常生活,则无论婚姻中另外一方是否知晓、追认,都属于夫妻共同债务。

根据《民法典》及相关法律规范,目前尚未对"家庭日常生活所需"范围给出一个清晰的判断准则。《中华人民共和国民法典婚姻家庭编继承编理解与适用》一书中指出,此类债务主要是日常家事代理范畴所负的债务,为夫妻共同生活过程

中产生,以婚姻关系为基础,一般包括正常的吃穿用度、子女抚养教育经费、老人赡养费、家庭成员的医疗费等,是最典型的夫妻共同债务,夫妻双方应当共同承担连带责任。[①]

> **三、夫妻一方在婚姻关系存续期间以个人名义超出家庭日常生活需要所负的债务**

1. 夫妻一方在婚姻关系存续期间以个人名义超出家庭日常生活需要所负的债务,一般不属于夫妻共同债务。

2. 夫妻一方在婚姻关系存续期间以个人名义超出家庭日常生活需要所负的债务,在特定情形下可认定为夫妻共同债务。

(1)如果债权人能够证明该债务确实用于了夫妻共同生活,应认定为夫妻共同债务。

(2)如果债权人能够证明该债务确实用于了夫妻共同生产经营,应认定为夫妻共同债务。

(3)如果债权人能够证明该债务是基于夫妻双方共同的意思表示所形成,如夫妻双方共同签字确认、一方事后明确追认等,则该债务也属于夫妻共同债务。

在夫妻共同债务的认定中,举证责任的分配至关重要。《民法典》第 1064 条第 2 款规定了夫妻一方对外举债,由债权人承担夫妻共同债务认定的证明责任。由债权人承担夫妻共同债务认定的证明责任确实会增加认定夫妻共同债务的难度。债权人往往需要花费大量的时间和精力去收集证据,不仅要证明债务关系的存在,还要证明债务用于夫妻共同生活、共同生产经营或基于夫妻双方共同意思表示。将举证责任课以债权人,以倒逼债权人在建立债权债务关系时尽到审慎的注意义务,债权人按照《民法典》第 1064 条第 1 款的规定要求举债人的配偶一方签字同意,确保债务形成为夫妻双方的共同意思表示,也能够最大限度地避免夫妻一方与债权人恶意串通损害另一方合法权益的情况。[②]

---

[①] 参见最高人民法院民法典贯彻实施工作领导小组主编:《中华人民共和国民法典婚姻家庭编继承编理解与适用》,人民法院出版社 2020 年版,第 167 页。

[②] 参见最高人民法院民法典贯彻实施工作领导小组主编:《中华人民共和国民法典婚姻家庭编继承编理解与适用》,人民法院出版社 2020 年版,第 168 页。

## 专题 2

# 对个体工商户及其他经济组织借款主体的合法性审查

## 4. 如何对个体工商户借款主体的合法性审查？

### 要点解答

> **一、个体工商户是我国市场主体的重要组成部分**

国务院发布的《促进个体工商户发展条例》于 2022 年 11 月 1 日起正式施行。《促进个体工商户发展条例》明确了个体工商户的法律地位和重要作用，强调个体工商户是我国市场主体的重要组成部分，与其他市场主体具有平等的法律地位。其中《促进个体工商户发展条例》第 4 条第 1 款规定："个体经济是社会主义市场经济的重要组成部分，个体工商户是重要的市场主体，在繁荣经济、增加就业、推动创业创新、方便群众生活等方面发挥着重要作用。"

另外，《民法典》第 54 条明确规定："自然人从事工商业经营，经依法登记，为个体工商户。个体工商户可以起字号。"

字号作为个体工商户以市场经营主体身份在营业活动中使用的表征自己的名称，也是确定个体工商户的诉讼主体地位和承担法律责任的重要依据。

《最高人民法院关于适用〈中华人民共和国民事诉讼法〉的解释》（2022 年修正）第 59 条规定："在诉讼中，个体工商户以营业执照上登记的经营者为当事人。有字号的，以营业执照上登记的字号为当事人，但应同时注明该字号经营者的基本信息。营业执照上登记的经营者与实际经营者不一致的,以登记的经营者和实际经营者为共同诉讼人。"

《最高人民法院关于民事执行中变更、追加当事人若干问题的规定》(2020年修正)第13条第2款规定:"个体工商户的字号为被执行人的,人民法院可以直接执行该字号经营者的财产。"

### ▶ 二、个体工商户的经营方式和债务承担

《促进个体工商户发展条例》第6条规定:"个体工商户可以个人经营,也可以家庭经营。个体工商户的财产权、经营自主权等合法权益受法律保护,任何单位和个人不得侵害或者非法干预。"

《民法典》第56条第1款规定:"个体工商户的债务,个人经营的,以个人财产承担;家庭经营的,以家庭财产承担;无法区分的,以家庭财产承担。"

另外,《市场主体登记管理条例》①第9条第6项规定,参加经营的个体工商户家庭成员姓名应当向登记机关办理备案。即个体工商户如果选择以家庭经营的形式开展经营活动时,需要对参加经营的家庭成员姓名进行备案;而如果是个人经营的个体工商户,则不存在这一备案要求。

对参加经营的个体工商户家庭成员姓名进行备案,可以明确家庭经营中各成员的身份和参与经营的情况,便于在经营过程中明确责任和权利,从而在个体工商户出现经营问题或法律纠纷时能够准确界定债务承担方式。因此,商业银行对个体工商户申请借款进行贷前调查时,应关注个体工商户的经营形式与家庭成员关系的审查,如果个体工商户是家庭经营形式,应根据备案信息确认参加经营的家庭成员身份及与经营者的关系。

### ▶ 三、借款主体的确定问题

个体工商户向商业银行申请借款时,借款主体的确定是一个关键问题,需要综合考虑多方面因素。如果以个体工商户作为借款主体,商业银行未来追讨债务时可能会面临一些障碍。例如,个体工商户的财产可能与经营者个人财产难以明

---

① 《中华人民共和国市场主体登记管理条例》是我国第一部整合了所有市场主体登记规范、管理规则的行政法规,于2022年3月1日起施行。

确区分；如果个体工商户经营不善或出现其他问题，可能会导致借款的追偿变得复杂。实践中，商业银行一般会以个体工商户经营者作为借款主体。如果个体工商户是家庭经营模式，商业银行可能会考虑将家庭成员共同作为借款主体。

总之，个体工商户申请借款时，商业银行确定借款主体时需要综合考虑个体工商户的经营状况、财务状况、借款用途、资金监管、法律风险等多方面因素，选择最适合的借款主体，以确保借款的安全和有效使用。

## 5. 如何对个人独资企业借款主体的合法性审查？

### 要点解答

> **一、个人独资企业属于《市场主体登记管理条例》所规定的市场主体**

《市场主体登记管理条例》第 2 条第 2 项明确规定，在中华人民共和国境内以营利为目的从事经营活动的自然人、法人及非法人组织为市场主体，其中<u>个人独资企业</u>、合伙企业及其分支机构等均包含在内。

《个人独资企业法》第 2 条规定："个人独资企业，是指依照本法在中国境内设立，由一个自然人投资，财产为投资人个人所有，投资人以其个人财产对企业债务承担无限责任的经营实体。"《个人独资企业法》明确了个人独资企业具有以下特点：一是投资主体的单一性：个人独资企业必须由一个自然人投资设立。二是财产归属的明确性：个人独资企业的财产为投资人个人所有。三是责任承担的无限性：投资人以其个人财产对个人独资企业的债务承担无限责任。四是经营实体的独立性：个人独资企业是一种经营实体，具有一定的组织形式和经营活动，可以自己的名义从事民事活动。

《民法典》将个人独资企业归为非法人组织类型。《民法典》第 102 条规定："<u>非法人组织是不具有法人资格，但是能够依法以自己的名义从事民事活动的组织。非</u>

<u>法人组织包括个人独资企业</u>、合伙企业、不具有法人资格的专业服务机构等。"

> **关联规定**
>
> 《市场主体登记管理条例》第 2 条
>
> 本条例所称市场主体,是指在中华人民共和国境内以营利为目的从事经营活动的下列自然人、法人及非法人组织:
>
> (一)公司、非公司企业法人及其分支机构;
>
> (二)<u>个人独资企业</u>、合伙企业及其分支机构;
>
> (三)农民专业合作社(联合社)及其分支机构;
>
> (四)个体工商户;
>
> (五)外国公司分支机构;
>
> (六)法律、行政法规规定的其他市场主体。

### ▶ 二、关于个人独资企业的债务承担问题

1. 投资人的无限责任。

依据《个人独资企业法》第 2 条的规定,投资人以其个人财产对个人独资企业的债务承担无限责任。

另外《个人独资企业法》第 31 条规定:"个人独资企业财产不足以清偿债务的,投资人应当以其个人的其他财产予以清偿。"

2. 以家庭共有财产承担责任的情况。

《个人独资企业法》第 18 条规定:"个人独资企业投资人在申请企业设立登记时明确以其家庭共有财产作为个人出资的,应当依法以家庭共有财产对企业债务承担无限责任。"

投资人在申请个人独资企业设立登记时,如果明确以其家庭共有财产作为个人出资,那么应当依法以家庭共有财产对企业债务承担无限责任。

3. 关于个人独资企业投资人清偿责任的追诉期问题。

《个人独资企业法》第 28 条规定:"个人独资企业解散后,原投资人对个人独

资企业存续期间的债务仍应承担偿还责任,但债权人在五年内未向债务人提出偿债请求的,该责任消灭。"

关于个人独资企业的解散事由,《个人独资企业法》第 26 条规定:"个人独资企业有下列情形之一时,应当解散:(一)投资人决定解散;(二)投资人死亡或者被宣告死亡,无继承人或者继承人决定放弃继承;(三)被依法吊销营业执照;(四)法律、行政法规规定的其他情形。"

《个人独资企业法》第 27 条规定:"个人独资企业解散,由投资人自行清算或者由债权人申请人民法院指定清算人进行清算。投资人自行清算的,应当在清算前十五日内书面通知债权人,无法通知的,应当予以公告。债权人应当在接到通知之日起三十日内,未接到通知的应当在公告之日起六十日内,向投资人申报其债权。"

个人独资企业解散后,如果债权人在《个人独资企业法》规定的 5 年期限内未采取任何行动提出偿债请求,那么原投资人对该个人独资企业存续期间的债务的偿还责任就依法消灭。因此,商业银行在向个人独资企业发放贷款后,需要密切关注该企业的经营状况和解散情况。

## 6. 如何对合伙企业借款主体的合法性审查?

### 要点解答

**合伙企业属于《市场主体登记管理条例》所规定的市场主体。**《市场主体登记管理条例》第 2 条明确规定,在中华人民共和国境内以营利为目的从事经营活动的自然人、法人及非法人组织为市场主体,其中个人独资企业、合伙企业及其分支机构等均包含在内。

《合伙企业法》(2006 年修订)第 2 条第 1 款规定:"本法所称合伙企业,是指自然人、法人和其他组织依照本法在中国境内设立的普通合伙企业和有限合伙企业。"合伙企业主要分为普通合伙企业和有限合伙企业两类。

## ➢ 一、普通合伙企业

普通合伙企业名称中应当标明"普通合伙"字样。

**普通合伙企业由普通合伙人组成。**《合伙企业法》第 3 条规定:"国有独资公司、国有企业、上市公司以及公益性的事业单位、社会团体不得成为普通合伙人。"

**关于普通合伙企业的设立条件,**《合伙企业法》第 14 条规定:设立普通合伙企业,应当具备下列条件:"(一)有二个以上合伙人。合伙人为自然人的,应当具有完全民事行为能力;(二)有书面合伙协议;(三)有合伙人认缴或者实际缴付的出资;(四)有合伙企业的名称和生产经营场所;(五)法律、行政法规规定的其他条件。"

**关于普通合伙企业的合伙协议应当载明的事项,**《合伙企业法》第 18 条规定:合伙协议应当载明下列事项:"(一)合伙企业的名称和主要经营场所的地点;(二)合伙目的和合伙经营范围;(三)合伙人的姓名或者名称、住所;(四)合伙人的出资方式、数额和缴付期限;(五)利润分配、亏损分担方式;(六)合伙事务的执行;(七)入伙与退伙;(八)争议解决办法;(九)合伙企业的解散与清算;(十)违约责任。"

**关于普通合伙企业有关事项的表决办法,**《合伙企业法》第 30 条规定:"合伙人对合伙企业有关事项作出决议,按照合伙协议约定的表决办法办理。合伙协议未约定或者约定不明确的,实行合伙人一人一票并经全体合伙人过半数通过的表决办法。本法对合伙企业的表决办法另有规定的,从其规定。"

**关于须经全体合伙人一致同意的事项,**《合伙企业法》第 31 条规定:"除合伙协议另有约定外,合伙企业的下列事项应当经全体合伙人一致同意:(一)改变合伙企业的名称;(二)改变合伙企业的经营范围、主要经营场所的地点;(三)处分合伙企业的不动产;(四)转让或者处分合伙企业的知识产权和其他财产权利;(五)以合伙企业名义为他人提供担保;(六)聘任合伙人以外的人担任合伙企业的经营管理人员。"

**对于普通合伙企业的债务承担问题,**《合伙企业法》第 38 条规定:"合伙企业对其债务,应先以其全部财产进行清偿。"另外,第 2 条第 2 款规定:"普通合伙企业由普通合伙人组成,合伙人对合伙企业债务承担无限连带责任。"

关于退伙人对退伙前合伙企业债务的责任问题,《合伙企业法》第 53 条规定:"退伙人对基于其退伙前的原因发生的合伙企业债务,承担无限连带责任。"

关于新合伙人对入伙前合伙企业债务的责任问题,《合伙企业法》第 44 条第 2 款规定:"新合伙人对入伙前合伙企业的债务承担无限连带责任。"

> **二、有限合伙企业**

有限合伙企业名称中应当标明"有限合伙"字样。

**有限合伙企业由普通合伙人和有限合伙人组成。**《合伙企业法》第 61 条规定:"有限合伙企业由二个以上五十个以下合伙人设立;但是,法律另有规定的除外。有限合伙企业至少应当有一个普通合伙人。"第 3 条规定:"国有独资公司、国有企业、上市公司以及公益性的事业单位、社会团体不得成为普通合伙人。"

**关于有限合伙企业合伙事务的执行,**《合伙企业法》第 67 条、第 68 条第 1 款规定:"有限合伙企业由普通合伙人执行合伙事务。有限合伙人不执行合伙事务,不得对外代表有限合伙企业。"

**关于有限合伙企业的合伙协议应当载明的事项,**《合伙企业法》第 63 条规定:合伙协议除符合本法第 18 条的规定外,还应当载明下列事项:"(一)普通合伙人和有限合伙人的姓名或者名称、住所;(二)执行事务合伙人应具备的条件和选择程序;(三)执行事务合伙人权限与违约处理办法;(四)执行事务合伙人的除名条件和更换程序;(五)有限合伙人入伙、退伙的条件、程序以及相关责任;(六)有限合伙人和普通合伙人相互转变程序。"

**关于有限合伙企业的债务承担问题,**《合伙企业法》第 2 条第 3 款规定:"有限合伙企业由普通合伙人和有限合伙人组成,普通合伙人对合伙企业债务承担无限连带责任,有限合伙人以其认缴的出资额为限对合伙企业债务承担责任。"

关于新入伙有限合伙人的责任承担问题,《合伙企业法》第 77 条规定:"新入伙的有限合伙人对入伙前有限合伙企业的债务,以其认缴的出资额为限承担责任。"

关于有限合伙人退伙后的责任承担问题,《合伙企业法》第81条规定:"有限合伙人退伙后,对基于其退伙前的原因发生的有限合伙企业债务,以其退伙时从有限合伙企业中取回的财产承担责任。"

关于有限合伙人转变为普通合伙人的债务承担问题,《合伙企业法》第83条规定:"有限合伙人转变为普通合伙人的,对其作为有限合伙人期间有限合伙企业发生的债务承担无限连带责任。"

关于普通合伙人转变为有限合伙人的债务承担问题,《合伙企业法》第84条规定:"普通合伙人转变为有限合伙人的,对其作为普通合伙人期间合伙企业发生的债务承担无限连带责任。"

## 专题 3

# 新《公司法》①背景下对公司借款主体的合法性审查

## 7. 根据《民法典》的规定，法人分为哪几大类？

### ▲ 要点解答

法人是具有民事权利能力和民事行为能力，依法独立享有民事权利和承担民事义务的组织。法人应当依法成立。法人应当有自己的名称、组织机构、住所、财产或者经费。法人成立的具体条件和程序，依照法律、行政法规的规定。设立法人，法律、行政法规规定须经有关机关批准的，依照其规定。

**《民法典》将法人分为营利法人、非营利法人和特别法人。**

1. 营利法人。

依据《民法典》第 76 条的规定，以取得利润并分配给股东等出资人为目的成立的法人，为营利法人。营利法人包括有限责任公司、股份有限公司和其他企业法人等。

2. 非营利法人。

依据《民法典》第 87 条的规定，为公益目的或者其他非营利目的成立，不向出资人、设立人或者会员分配所取得利润的法人，为非营利法人。非营利法人包括

---

① 2023 年 12 月 29 日，第十四届全国人民代表大会常务委员会第七次会议审议通过新《公司法》，自 2024 年 7 月 1 日起正式施行。

事业单位、社会团体、基金会、社会服务机构等。

3. 特别法人。

依据《民法典》第96条的规定，机关法人、农村集体经济组织法人、城镇农村的合作经济组织法人、基层群众性自治组织法人，为特别法人。

## 8. 依据新《公司法》，公司对外公示的信息主要包括哪些？

### 要点解答

新《公司法》确立了国家企业信用信息公示系统的法律地位，明确规定公司的很多事项都需要通过国家企业信用信息公示系统向社会公示。另外，新修改的《企业信息公示暂行条例》自2024年5月1日起施行，本次修改的主要亮点之一是强化了国家企业信用信息公示系统的法定功能。国家企业信用信息公示系统在社会监督和信用监管中的作用进一步增强。

1. 公司应主动公示下列事项：

新《公司法》第40条规定："公司应当按照规定通过国家企业信用信息公示系统公示下列事项：

（一）有限责任公司股东认缴和实缴的出资额、出资方式和出资日期，股份有限公司发起人认购的股份数；

（二）有限责任公司股东、股份有限公司发起人的股权、股份变更信息；

（三）行政许可取得、变更、注销等信息；

（四）法律、行政法规规定的其他信息。

公司应当确保前款公示信息真实、准确、完整。"

《企业信息公示暂行条例》（2024年修订）第10条规定："企业应当自下列信息形成之日起20个工作日内通过国家企业信用信息公示系统向社会公示：

（一）有限责任公司股东或者股份有限公司发起人认缴和实缴的出资额、出资时间、出资方式等信息；

（二）有限责任公司股东股权转让等股权变更信息；

（三）行政许可取得、变更、延续信息；

（四）知识产权出质登记信息；

（五）受到行政处罚的信息；

（六）其他依法应当公示的信息。

市场监督管理部门发现企业未依照前款规定履行公示义务的，应当责令其限期履行。"

2.公司登记机关应公示的企业信息：

新《公司法》第32条规定："公司登记事项包括：（一）名称；（二）住所；（三）注册资本；（四）经营范围；（五）法定代表人的姓名；（六）有限责任公司股东、股份有限公司发起人的姓名或者名称。

公司登记机关应当将前款规定的公司登记事项通过国家企业信用信息公示系统向社会公示。"

《企业信息公示暂行条例》（2024年修订）第6条规定："市场监督管理部门应当通过国家企业信用信息公示系统，公示其在履行职责过程中产生的下列企业信息：

（一）注册登记、备案信息；

（二）动产抵押登记信息；

（三）股权出质登记信息；

（四）行政处罚信息；

（五）其他依法应当公示的信息。

前款规定的企业信息应当自产生之日起20个工作日内予以公示。"

3.企业应按期公示年度报告。

《企业信息公示暂行条例》（2024年修订）第8条规定："企业应当于每年1月1日至6月30日，通过国家企业信用信息公示系统向市场监督管理部门报送上一年度年度报告,并向社会公示。当年设立登记的企业,自下一年起报送并公示年度报告。"

《企业信息公示暂行条例》(2024年修订)第9条规定:"企业年度报告内容包括:

(一)企业通信地址、邮政编码、联系电话、电子邮箱等信息;

(二)企业开业、歇业、清算等存续状态信息;

(三)企业投资设立企业、购买股权信息;

(四)企业为有限责任公司或者股份有限公司的,其股东或者发起人认缴和实缴的出资额、出资时间、出资方式等信息;

(五)有限责任公司股东股权转让等股权变更信息;

(六)企业网站以及从事网络经营的网店的名称、网址等信息;

(七)企业从业人数、资产总额、负债总额、对外提供保证担保、所有者权益合计、营业总收入、主营业务收入、利润总额、净利润、纳税总额信息。

前款第一项至第六项规定的信息应当向社会公示,第七项规定的信息由企业选择是否向社会公示。

经企业同意,公民、法人或者其他组织可以查询企业选择不公示的信息。"

**4. 公司合并、分立。**

新《公司法》第220条规定:"公司合并,应当由合并各方签订合并协议,并编制资产负债表及财产清单。公司应当自作出合并决议之日起十日内通知债权人,并于三十日内在报纸上或者国家企业信用信息公示系统公告。债权人自接到通知之日起三十日内,未接到通知的自公告之日起四十五日内,可以要求公司清偿债务或者提供相应的担保。"

新《公司法》第222条规定:"公司分立,其财产作相应的分割。公司分立,应当编制资产负债表及财产清单。公司应当自作出分立决议之日起十日内通知债权人,并于三十日内在报纸上或者国家企业信用信息公示系统公告。"

**5. 公司减少注册资本。**

新《公司法》第224条第1款、第2款规定:"公司减少注册资本,应当编制资产负债表及财产清单。

公司应当自股东会作出减少注册资本决议之日起十日内通知债权人,并于三十日内在报纸上或者<u>国家企业信用信息公示系统公告</u>。债权人自接到通知之日起三十日内,未接到通知的自公告之日起四十五日内,有权要求公司清偿债务或者提供相应的担保。"

新《公司法》第225条第1款、第2款规定:"公司依照本法第二百一十四条第二款的规定弥补亏损后,仍有亏损的,可以减少注册资本弥补亏损。减少注册资本弥补亏损的,公司不得向股东分配,也不得免除股东缴纳出资或者股款的义务。

依照前款规定减少注册资本的,不适用前条第二款的规定,但应当自股东会作出减少注册资本决议之日起三十日内在报纸上或者<u>国家企业信用信息公示系统公告</u>。"

6. 公司解散。

新《公司法》第229条规定:"公司因下列原因解散:

(一)公司章程规定的营业期限届满或者公司章程规定的其他解散事由出现;

(二)股东会决议解散;

(三)因公司合并或者分立需要解散;

(四)依法被吊销营业执照、责令关闭或者被撤销;

(五)人民法院依照本法第二百三十一条的规定予以解散。

公司出现前款规定的解散事由,应当在十日内将解散事由通过<u>国家企业信用信息公示系统予以公示</u>。"

7. 公司清算。

新《公司法》第235条第1款规定:"清算组应当自成立之日起十日内通知债权人,并于六十日内在报纸上或者<u>国家企业信用信息公示系统公告</u>。债权人应当自接到通知之日起三十日内,未接到通知的自公告之日起四十五日内,向清算组申报其债权。"

8. 简易程序注销登记。

新《公司法》第240条第1款、第2款规定:"公司在存续期间未产生债务,或者已清偿全部债务的,经全体股东承诺,可以按照规定通过简易程序注销公司登记。

<u>通过简易程序注销公司登记</u>,应当通过国家企业信用信息公示系统予以公告,公告期限不少于二十日。公告期限届满后,未有异议的,公司可以在二十日内向公司登记机关申请注销公司登记。"

9.强制注销登记。

新《公司法》第241条第1款规定:"公司被吊销营业执照、责令关闭或者被撤销,满三年未向公司登记机关申请注销公司登记的,<u>公司登记机关可以通过国家企业信用信息公示系统予以公告</u>,公告期限不少于六十日。公告期限届满后,未有异议的,公司登记机关可以注销公司登记。"

# 9. 商业银行如何对公司营业执照进行调查分析?

## ▲ 要点解答

依据新《公司法》第33条的规定,依法设立的公司,由公司登记机关发给公司营业执照。公司营业执照签发日期为公司成立日期。公司营业执照应当载明公司的名称、住所、注册资本、经营范围、法定代表人姓名等事项。<u>公司登记机关可以发给电子营业执照</u>。电子营业执照与纸质营业执照具有同等法律效力。

公司营业执照既是公司成立的法律证书,又是对外证明公司是依法设立的企业法人、有资格从事经营活动的资格证书。商业银行对公司借款主体进行贷前调查时,需要审查该公司的营业执照,确认该公司的有效存续状态。同时根据营业执照载明的经营范围,如果该公司的经营行为需要取得许可或批准,那么还应审查该公司是否取得相应的经营资质。

表1-3　商业银行调查公司营业执照相关规定对比

| 新《公司法》(2023年修订) | 旧《公司法》(2018年修正) |
| --- | --- |
| 第33条<br>　　依法设立的公司,由公司登记机关发给公司营业执照。公司营业执照签发日期为公司成立日期。<br>　　公司营业执照应当载明公司的名称、住所、注册资本、经营范围、法定代表人姓名等事项。<br>　　公司登记机关可以发给电子营业执照。<u>电子营业执照与纸质营业执照具有同等法律效力</u>。 | 第7条<br>　　依法设立的公司,由公司登记机关发给公司营业执照。公司营业执照签发日期为公司成立日期。<br>　　公司营业执照应当载明公司的名称、住所、注册资本、经营范围、法定代表人姓名等事项。 |
| **对比分析**<br>　　本条第3款是本次《公司法》修订新增规定,明确了公司电子营业执照的签发和效力。《市场主体登记管理条例》第22条第2款、第3款规定:"电子营业执照与纸质营业执照具有同等法律效力。营业执照样式、电子营业执照标准由国务院市场监督管理部门统一制定。"<br>　　另外,《电子营业执照管理办法(试行)》(国市监注〔2018〕249号)关于电子营业执照的应用与管理也作出了明确的规定。 ||

# 10. 商业银行如何对公司法定代表人进行调查分析？

**要点解答**

新《公司法》第10条规定:"<u>公司的法定代表人按照公司章程的规定,由代表公司执行公司事务的董事或者经理担任</u>。担任法定代表人的董事或者经理辞任的,视为同时辞去法定代表人。法定代表人辞任的,公司应当在法定代表人辞任之日起三十日内确定新的法定代表人。"

表 1-4　商业银行调查公司法定代表人相关规定对比

| 新《公司法》(2023 年修订) | 旧《公司法》(2018 年修正) |
| --- | --- |
| 第 10 条<br>　　公司的法定代表人按照公司章程的规定,由代表公司执行公司事务的董事或者经理担任。<br>　　担任法定代表人的董事或者经理辞任的,视为同时辞去法定代表人。<br>　　法定代表人辞任的,公司应当在法定代表人辞任之日起三十日内确定新的法定代表人。 | 第 13 条<br>　　公司法定代表人依照公司章程的规定,由董事长、执行董事或者经理担任,并依法登记。公司法定代表人变更,应当办理变更登记。 |
| **对比分析**<br>　　新《公司法》第 10 条第 1 款扩大了法定代表人的选任范围,概括性规定"由代表公司执行公司事务的董事或者经理"担任法定代表人,一定程度上给予了企业更多自行决定法定代表人的选择空间。<br>　　另外,新《公司法》第 10 条第 2 款、第 3 款规定了法定代表人的辞任制度,新增了法定代表人通过主动辞任的退出通道。 ||

## 11. 商业银行如何对公司注册资本以及股东实缴出资情况进行调查分析？

### 要点解答

> **一、新《公司法》对新设立公司注册资本实缴出资的要求**

新《公司法》第 47 条规定："有限责任公司的注册资本为在公司登记机关登记的全体股东认缴的出资额。全体股东认缴的出资额由股东按照公司章程的规定自公司成立之日起五年内缴足。法律、行政法规以及国务院决定对有限责任公司注册资本实缴、注册资本最低限额、股东出资期限另有规定的,从其规定。"

新《公司法》第 98 条规定："发起人应当在公司成立前按照其认购的股份全额缴纳股款。发起人的出资,适用本法第四十八条、第四十九条第二款关于有限责任公司股东出资的规定。"

对于2024年7月1日新《公司法》实施后新登记设立的公司,有限责任公司的全体股东认缴的出资额由股东按照公司章程的规定自公司成立之日起5年内缴足(法律、行政法规以及国务院决定对有限责任公司注册资本实缴、注册资本最低限额、股东出资期限另有规定的,从其规定);股份有限公司发起人应当在公司成立前按照其认购的股份全额缴纳股款。

## ➤ 二、新《公司法》对存量公司注册资本实缴出资的要求

新《公司法》第266条规定:"本法自2024年7月1日起施行。本法施行前已登记设立的公司,出资期限超过本法规定的期限的,除法律、行政法规或者国务院另有规定外,应当逐步调整至本法规定的期限以内;对于出资期限、出资额明显异常的,公司登记机关可以依法要求其及时调整。具体实施办法由国务院规定。"

为配合新《公司法》的实施,《国务院关于实施〈中华人民共和国公司法〉注册资本登记管理制度的规定》(以下简称《注册资本登记管理规定》)已于2024年7月1日与新《公司法》同步施行,对新《公司法》注册资本登记管理制度进行细化。

《注册资本登记管理规定》第2条规定:"2024年6月30日前登记设立的公司,有限责任公司剩余认缴出资期限自2027年7月1日起超过5年的,应当在2027年6月30日前将其剩余认缴出资期限调整至5年内并记载于公司章程,股东应当在调整后的认缴出资期限内足额缴纳认缴的出资额;股份有限公司的发起人应当在2027年6月30日前按照其认购的股份全额缴纳股款。公司生产经营涉及国家利益或者重大公共利益,国务院有关主管部门或者省级人民政府提出意见的,国务院市场监督管理部门可以同意其按原出资期限出资。"

对于新《公司法》施行之前(2024年6月30日前)登记设立的存量公司,《注册资本登记管理规定》第2条分别针对有限责任公司、股份有限公司和涉国家重大公共利益型公司三种不同类型的存量公司,明确了不同的出资期限调整制度。

1.对于存量的有限责任公司,如果公司章程中规定的出资期限自2027年7月1日起算,剩余出资期限仍超过5年的,则公司应当在2027年6月30日前将其剩余认缴出资期限调整至5年内并记载于公司章程,同时至相关部门做变更备案手续,且股东应当在调整后的认缴出资期限内足额缴纳认缴的出资额。

2.对于存量的股份有限公司,股份有限公司的发起人应当在2027年6月30日前全额缴足其认购的股份数。

3.对经营涉及国家利益或者重大公共利益的公司,设置了在经过特定程序后的特别处理条款,即在国务院有关主管部门或者省级人民政府提出意见的,国务院市场监督管理部门可以同意其按原出资期限出资。

> **三、股东以非货币形式出资**

新《公司法》第48条规定:"股东可以用货币出资,也可以用实物、知识产权、土地使用权、股权、债权等可以用货币估价并可以依法转让的非货币财产作价出资;但是,法律、行政法规规定不得作为出资的财产除外。

对作为出资的非货币财产应当评估作价,核实财产,不得高估或者低估作价。法律、行政法规对评估作价有规定的,从其规定。"

新《公司法》第49条规定:"股东应当按期足额缴纳公司章程规定的各自所认缴的出资额。股东以货币出资的,应当将货币出资足额存入有限责任公司在银行开设的账户;以非货币财产出资的,应当依法办理其财产权的转移手续。股东未按期足额缴纳出资的,除应当向公司足额缴纳外,还应当对给公司造成的损失承担赔偿责任。"

依据新《公司法》第48条第1款之规定,股东如果以非货币财产出资,要求该财产具备"可以用货币估价""可以依法转让""非法律、行政法规规定不得作为出资的财产"三个要件。另外,根据《市场主体登记管理条例》第13条第2款之规定,"公司股东、非公司企业法人出资人、农民专业合作社(联合社)成员不得以劳务、信用、自然人姓名、商誉、特许经营权或者设定担保的财产等作价出资"。

表1-5 商业银行调查公司实缴注册资本相关规定对比

| 新《公司法》(2023年修订) | 旧《公司法》(2018年修正) |
| --- | --- |
| 第48条<br>　　股东可以用货币出资,也可以用实物、知识产权、土地使用权、<u>股权、债权</u>等可以用货币估价并可以依法转让的非货币财产作价出资;但是,法律、行政法规规定不得作为出资的财产除外。<br>　　对作为出资的非货币财产应当评估作价,核实财产,不得高估或者低估作价。法律、行政法规对评估作价有规定的,从其规定。 | 第27条<br>　　股东可以用货币出资,也可以用实物、知识产权、土地使用权等可以用货币估价并可以依法转让的非货币财产作价出资;但是,法律、行政法规规定不得作为出资的财产除外。<br>　　对作为出资的非货币财产应当评估作价,核实财产,不得高估或者低估作价。法律、行政法规对评估作价有规定的,从其规定。 |
| **对比分析**<br>　　新《公司法》在对非货币财产出资形式中增加了"股权、债权"。 ||

## ➢ 四、关于股东出资的信息公示

《注册资本登记管理规定》第4条规定:"公司调整股东认缴和实缴的出资额、出资方式、出资期限,或者调整发起人认购的股份数等,<u>应当自相关信息产生之日起20个工作日内通过国家企业信用信息公示系统向社会公示</u>。公司应当确保前款公示信息真实、准确、完整。"

《注册资本登记管理规定》第4条明确规定在公司调整股东认缴和实缴的出资额、出资方式、出资期限,或者调整发起人认购的股份数等情形时,其公示信息的时间要求是发生应公示事项之日起20个工作日内,公示方式是通过国家企业信用信息公示系统,并且保证公示信息符合真实、准确、完整的质量要求。

# 12. 商业银行如何对公司章程进行调查分析?

### 要点解答

依据新《公司法》第5条的规定,<u>设立公司应当依法制定公司章程</u>。公司章程对公司、股东、董事、监事、高级管理人员具有约束力。

公司章程是公司组织和行为的基本准则,也是股东实现公司自治的主要方式,对公司的成立及运营具有十分重要的意义。我们对新《公司法》项下公司章程应当载明的事项以及可自由约定的一些重要事项进行了梳理,在此情况下,商业银行在进行贷前调查时应给予这些事项更多的重点关注。

### ➢ 一、公司章程应当载明的事项

新《公司法》第46条规定:"<u>有限责任公司章程应当载明下列事项</u>:(一)公司名称和住所;(二)公司经营范围;(三)公司注册资本;(四)股东的姓名或者名称;(五)股东的出资额、出资方式和出资日期;(六)公司的机构及其产生办法、职权、议事规则;(七)公司法定代表人的产生、变更办法;(八)股东会认为需要规定的其他事项。股东应当在公司章程上签名或者盖章。"

新《公司法》第95条规定:"<u>股份有限公司章程应当载明下列事项</u>:(一)公司名称和住所;(二)公司经营范围;(三)公司设立方式;(四)公司注册资本、已发行的股份数和设立时发行的股份数,面额股的每股金额;(五)发行类别股的,每一类别股的股份数及其权利和义务;(六)发起人的姓名或者名称、认购的股份数、出资方式;(七)董事会的组成、职权和议事规则;(八)公司法定代表人的产生、变更办法;(九)监事会的组成、职权和议事规则;(十)公司利润分配办法;(十一)公司的解散事由与清算办法;(十二)公司的通知和公告办法;(十三)股东会认为需要规定的其他事项。"

### ➢ 二、公司章程可自由约定或另行约定的一些重要事项

1. 经营范围。

公司的经营范围由公司章程规定,但需要经过法律、行政法规批准的项目应当先经过批准。新《公司法》第9条规定:"<u>公司的经营范围由公司章程规定。公司可以修改公司章程,变更经营范围。公司的经营范围中属于法律、行政法规规定须经批准的项目,应当依法经过批准。</u>"

2. 法定代表人。

公司章程可以规定法定代表人由代表公司执行公司事务的董事或者经理担任。新《公司法》第10条第1款规定:"<u>公司的法定代表人按照公司章程的规定,</u>

由代表公司执行公司事务的董事或者经理担任。"

3. 董事长的产生办法。

新《公司法》第68条第2款规定："董事会设董事长一人，可以设副董事长。董事长、副董事长的产生办法由公司章程规定。"

4. 经理的职权。

新《公司法》第74条规定："有限责任公司可以设经理，由董事会决定聘任或者解聘。经理对董事会负责，根据公司章程的规定或者董事会的授权行使职权。经理列席董事会会议。"

第126条规定："股份有限公司设经理，由董事会决定聘任或者解聘。经理对董事会负责，根据公司章程的规定或者董事会的授权行使职权。经理列席董事会会议。"

5. 股东出资期限。

新《公司法》第47条第1款规定："有限责任公司的注册资本为在公司登记机关登记的全体股东认缴的出资额。全体股东认缴的出资额由股东按照公司章程的规定自公司成立之日起五年内缴足。"

第49条第1款规定："股东应当按期足额缴纳公司章程规定的各自所认缴的出资额。"

第97条规定："以发起设立方式设立股份有限公司的，发起人应当认足公司章程规定的公司设立时应发行的股份。

以募集设立方式设立股份有限公司的，发起人认购的股份不得少于公司章程规定的公司设立时应发行股份总数的百分之三十五；但是，法律、行政法规另有规定的，从其规定。"

6. 公司为他人提供担保。

公司章程可以规定公司为他人提供担保由董事会或股东会决议，但公司为股东或实际控制人提供担保的，必须经过股东会决议；另外，公司章程还可以规定公司对外提供担保的总额或单项数额。

新《公司法》第15条规定："公司向其他企业投资或者为他人提供担保，按照公司章程的规定，由董事会或者股东会决议；公司章程对投资或者担保的总额及单项投资或者担保的数额有限额规定的,不得超过规定的限额。

公司为公司股东或者实际控制人提供担保的,应当经股东会决议。

前款规定的股东或者受前款规定的实际控制人支配的股东,不得参加前款规定事项的表决。该项表决由出席会议的其他股东所持表决权的过半数通过。"

7. 公司股东会、董事会、监事会的召开和表决方式。

新《公司法》第24条规定:"公司股东会、董事会、监事会召开会议和表决可以采用电子通信方式,公司章程另有规定的除外。"

8. 股东会召开的通知期限。

新《公司法》第64条规定:"召开股东会会议,应当于会议召开十五日前通知全体股东;但是,公司章程另有规定或者全体股东另有约定的除外。股东会应当对所议事项的决定作成会议记录,出席会议的股东应当在会议记录上签名或者盖章。"

9. 股东的表决权。

新《公司法》第65条规定:"股东会会议由股东按照出资比例行使表决权;但是,公司章程另有规定的除外。"

10. 股东会、董事会的议事方式和表决程序。

新《公司法》第66条规定:"股东会的议事方式和表决程序,除本法有规定的外,由公司章程规定。

股东会作出决议,应当经代表过半数表决权的股东通过。

股东会作出修改公司章程、增加或者减少注册资本的决议,以及公司合并、分立、解散或者变更公司形式的决议,应当经代表三分之二以上表决权的股东通过。"

第73条规定:"董事会的议事方式和表决程序,除本法有规定的外,由公司章程规定。

董事会会议应当有过半数的董事出席方可举行。董事会作出决议,应当经全体董事的过半数通过。

董事会决议的表决,应当一人一票。

董事会应当对所议事项的决定作成会议记录,出席会议的董事应当在会议记录上签名。"

# 第二章

CHAPTER 2

## 担保的一般规定

## 专题 1

# 担保的从属性

## 13. 如何理解担保合同效力的从属性？

### 要点解答

1. 担保合同是主债权债务合同的从合同。主债权债务合同无效的,担保合同无效,但是法律另有规定的除外。

《民法典》第 388 条第 1 款规定:"设立担保物权,应当依照本法和其他法律的规定订立担保合同。担保合同包括抵押合同、质押合同和其他具有担保功能的合同。担保合同是主债权债务合同的从合同。主债权债务合同无效的,担保合同无效,但是法律另有规定的除外。"

《民法典》第 388 条规定了担保合同效力的从属性,且明确规定"法律另有规定的除外",即只有法律的例外规定才能排除担保的从属性,这意味着当事人不能通过约定的方式排除担保从属性。

2.《民法典担保制度解释》第 2 条第 1 款是关于担保合同效力从属性的规定。

依据该条款的规定,"当事人在担保合同中约定担保合同的效力独立于主合同,或者约定担保人对主合同无效的法律后果承担担保责任,该有关担保独立性的约定无效。主合同有效的,有关担保独立性的约定无效不影响担保合同的效力;主合同无效的,人民法院应当认定担保合同无效,但是法律另有规定的除外"。

**根据该条款的规定,我们总结出以下知识点:**

(1)如果当事人在担保合同中约定担保合同的效力独立于主合同,或者约定担保人对主合同无效的法律后果承担担保责任,这种约定违背了担保的从属性原则,可能导致担保关系脱离主合同的实际情况,因此被认定为无效。

(2)当主合同有效时,虽然有关担保独立性的约定无效,但不影响担保合同的效力。这意味着担保合同仍然可以按照其自身的条款和法律规定,在主合同有效的前提下发挥担保作用。此时,担保人应根据担保合同的约定,对主合同项下的债务承担担保责任。

(3)主合同无效时,人民法院应当认定担保合同无效,这主要是基于担保合同的从属性特点,但是,法律另有规定的除外。

3.《民法典》的其他很多条款也都体现了担保从属性的内容。

(1)《民法典》第695条体现了担保合同的从属性与主合同内容变更之间的关系。

《民法典》第695条规定:"债权人和债务人未经保证人书面同意,协商变更主债权债务合同内容,减轻债务的,保证人仍对变更后的债务承担保证责任;加重债务的,保证人对加重的部分不承担保证责任。债权人和债务人变更主债权债务合同的履行期限,未经保证人书面同意的,保证期间不受影响。"

(2)《民法典》第407条和第696条体现了担保的从属性与主债权转让之间的关系。

《民法典》第407条规定:"抵押权不得与债权分离而单独转让或者作为其他债权的担保。债权转让的,担保该债权的抵押权一并转让,但是法律另有规定或者当事人另有约定的除外。"

第696条规定:"债权人转让全部或者部分债权,未通知保证人的,该转让对保证人不发生效力。保证人与债权人约定禁止债权转让,债权人未经保证人书面同意转让债权的,保证人对受让人不再承担保证责任。"

（3）《民法典》第391条和第697条体现了主债务转移与担保责任之间的关系。

《民法典》第391条规定："第三人提供担保，未经其书面同意，债权人允许债务人转移全部或者部分债务的，担保人不再承担相应的担保责任。"

第697条第1款规定："债权人未经保证人书面同意，允许债务人转移全部或者部分债务，保证人对未经其同意转移的债务不再承担保证责任，但是债权人和保证人另有约定的除外。"

（4）《民法典》第701条体现了担保合同的从属性与抗辩权之间的关系。

《民法典》第701条规定："保证人可以主张债务人对债权人的抗辩。债务人放弃抗辩的，保证人仍有权向债权人主张抗辩。"

（5）《民法典》第393条体现了担保的从属性与主债权消灭之间的关系，即主债权消灭，担保物权消灭。

《民法典》第393条规定："有下列情形之一的，担保物权消灭：

**（一）主债权消灭；**

（二）担保物权实现；

（三）债权人放弃担保物权；

（四）法律规定担保物权消灭的其他情形。"

## 风险提示

**主合同解除与担保责任之间的关系比较特殊。**

《民法典》第566条第3款规定："主合同解除后，担保人对债务人应当承担的民事责任仍应当承担担保责任，但是担保合同另有约定的除外。"

因此，主合同解除的，虽然主合同的权利义务归于终止，但是**主合同解除后，担保人对债务人应当承担的民事责任仍应当承担担保责任**，除非当事人之间另有约定。

## 14. 如何理解担保范围的从属性？

### 要点解答

1.《民法典担保制度解释》第3条第1款是关于担保范围从属性的规定。

该条款规定："当事人对担保责任的承担约定专门的违约责任，或者约定的担保责任范围超出债务人应当承担的责任范围，担保人主张仅在债务人应当承担的责任范围内承担责任的，人民法院应予支持。"

**依据该条款的内容，我们整理出以下知识点：**

(1) 当事人对担保责任的承担约定专门的违约责任，担保人有权主张仅在债务人应当承担的责任范围内承担责任。

(2) 当事人约定的担保责任范围超出债务人应当承担的责任范围，担保人有权主张仅在债务人应当承担的责任范围内承担责任。

2.《九民会议纪要》[①]第55条对担保责任的范围也进行了规定。

《九民会议纪要》第55条规定："担保人承担的担保责任范围不应当大于主债务，是担保从属性的必然要求。当事人约定的担保责任的范围大于主债务的，如针对担保责任约定专门的违约责任、担保责任的数额高于主债务、担保责任约定的利息高于主债务利息、担保责任的履行期先于主债务履行期届满，等等，均应当认定大于主债务部分的约定无效，从而使担保责任缩减至主债务的范围。"

该条款体现了担保合同的从属性原则，即担保合同是主合同的从合同，担保责任应从属于主债务，如果当事人约定的担保责任的范围大于主债务，应当认定大于主债务部分的约定无效，从而使担保责任缩减至主债务的范围。

---

① 2019年11月8日，最高人民法院发布《全国法院民商事审判工作会议纪要》（法〔2019〕254号），这是最高人民法院出台的第九个会议纪要，主要聚焦民商事审判工作，故被称为《九民会议纪要》。

**3. 担保范围从属性在破产程序中的例外情形。**

在债务人破产程序中,保证人承担保证责任的范围可能会出现大于主债务的例外情形。对此,我们整理出了相关规定如下:

《企业破产法》第 124 条规定:"破产人的保证人和其他连带债务人,在破产程序终结后,对债权人依照破产清算程序未受清偿的债权,依法继续承担清偿责任。"

第 92 条第 3 款规定:"债权人对债务人的保证人和其他连带债务人所享有的权利,不受重整计划的影响。"

第 101 条规定:"和解债权人对债务人的保证人和其他连带债务人所享有的权利,不受和解协议的影响。"

第 94 条规定:"按照重整计划减免的债务,自重整计划执行完毕时起,债务人不再承担清偿责任。"

第 106 条规定:"按照和解协议减免的债务,自和解协议执行完毕时起,债务人不再承担清偿责任。"

《企业破产法规定(三)》(2020 年修正)第 5 条规定:"债务人、保证人均被裁定进入破产程序的,债权人有权向债务人、保证人分别申报债权。债权人向债务人、保证人均申报全部债权的,从一方破产程序中获得清偿后,其对另一方的债权额不作调整,但债权人的受偿额不得超出其债权总额。保证人履行保证责任后不再享有求偿权。"

《全国法院破产审判工作会议纪要》(法〔2018〕53 号)第 31 条规定:"破产程序终结前,已向债权人承担了保证责任的保证人,可以要求债务人向其转付已申报债权的债权人在破产程序中应得清偿部分。破产程序终结后,债权人就破产程序中未受清偿部分要求保证人承担保证责任的,应在破产程序终结后六个月内提出。保证人承担保证责任后,不得再向和解或重整后的债务人行使求偿权。"

《民法典担保制度解释》第 23 条第 3 款规定:"债权人在债务人破产程序中未获全部清偿,请求担保人继续承担担保责任的,人民法院应予支持;担保人承担担保责任后,向和解协议或者重整计划执行完毕后的债务人追偿的,人民法院不予支持。"

## 15. 如何理解担保人承担担保责任后向债务人追偿范围具有从属性？

### 🔖 要点解答

《民法典》第 700 条规定："保证人承担保证责任后，除当事人另有约定外，有权在其**承担保证责任的范围内**向债务人追偿，享有债权人对债务人的权利，但是不得损害债权人的利益。"

担保人在承担担保责任后，享有向主债务人求偿的权利，但就追偿范围而言，《民法典》第 700 条的法律用语是"保证人有权在其承担保证责任的范围内向债务人追偿"。

如果保证人承担保证责任的范围超过了主债务的范围，就超过部分能否向债务人追偿呢？对此，《民法典》并没有作出明确的规定。

**《民法典担保制度解释》第 3 条第 2 款对担保人向债务人追偿范围具有从属性作出了规定。**

该条款规定："担保人承担的责任超出债务人应当承担的责任范围，担保人向债务人追偿，债务人主张仅在其应当承担的责任范围内承担责任的，人民法院应予支持；担保人请求债权人返还超出部分的，人民法院依法予以支持。"

该条规定明确了在担保人承担责任超出债务人应承担责任范围时的处理方式。依据该条款的内容，我们整理出以下知识点：

1. 如果担保人承担的责任超出债务人应当承担的责任范围，担保人向债务人追偿，债务人有权主张仅在其应当承担的责任范围内承担责任。

2. 担保人承担的责任超出债务人应当承担的责任范围，担保人请求债权人返还超出部分的，人民法院依法应予以支持。

## 专题 2

# 机关法人、居民委员会、村民委员会提供担保

## 16. 机关法人能否提供担保？

### 要点解答

**《民法典担保制度解释》第 5 条第 1 款是关于机关法人提供担保的相关规定。**

该条款规定："机关法人提供担保的，人民法院应当认定担保合同无效，但是经国务院批准为使用外国政府或者国际经济组织贷款进行转贷的除外。"

**依据该条款的规定，我们整理出以下知识点：**

1. 机关法人原则上不具有担保人资格，不得为自身债务或者他人债务提供担保。机关法人违反规定提供担保的，担保合同无效。

2. 机关法人不能提供担保也有例外情形，即机关法人可以为经国务院批准为使用外国政府或者国际经济组织贷款进行的转贷提供担保。

> **关联知识点**
>
> ➤ 什么是机关法人？
>
> 在《民法典》关于民事主体的框架下，机关法人属于特别法人。
>
> 《民法典》第 96 条规定："本节规定的**机关法人**、农村集体经济组

> 织法人、城镇农村的合作经济组织法人、基层群众性自治组织法人,**为特别法人**。"
>
> 《民法典》第 97 条是关于机关法人的规定。该条款规定:"有独立经费的机关和承担行政职能的法定机构从成立之日起,具有机关法人资格,可以从事为履行职能所需要的民事活动。"

表 2-1　机关法人提供担保相关规定对比

| 《民法典》 | 《担保法》(已废止) |
| --- | --- |
| 第 683 条第 1 款<br>　机关法人不得为保证人,但是经国务院批准为使用外国政府或者国际经济组织贷款进行转贷的除外。 | 第 8 条<br>　国家机关不得为保证人,但经国务院批准为使用外国政府或者国际经济组织贷款进行转贷的除外。 |
| 对比分析<br>　《民法典》第 683 条第 1 款是在《担保法》第 8 条规定基础上修改而成的。<br>　根据《民法典》总则编的规定,《民法典》第 683 条第 1 款修改了相关主体的表述,将"国家机关"改称为"机关法人"。 ||

# 17. 居民委员会能否提供担保?

### 要点解答

《民法典担保制度解释》第 5 条第 2 款是关于居民委员会提供担保的相关规定。

该条款规定:"居民委员会、村民委员会提供担保的,人民法院应当认定担保合同无效,但是依法代行村集体经济组织职能的村民委员会,依照村民委员会组织法规定的讨论决定程序对外提供担保的除外。"

依据该条款之规定,<u>居民委员会提供担保的,人民法院应当认定担保合同无效</u>。

> **关联知识点**
>
> ➤ 什么是居民委员会？
>
> 《民法典》第101条第1款规定："居民委员会、村民委员会具有基层群众性自治组织法人资格，可以从事为履行职能所需要的民事活动。"
>
> 《城市居民委员会组织法》（2018年修正）第2条第1款规定："居民委员会是居民自我管理、自我教育、自我服务的基层群众性自治组织。"第3条规定了居民委员会的职能，"居民委员会的任务：
>
> （一）宣传宪法、法律、法规和国家的政策，维护居民的合法权益，教育居民履行依法应尽的义务，爱护公共财产，开展多种形式的社会主义精神文明建设活动；
>
> （二）办理本居住地区居民的公共事务和公益事业；
>
> （三）调解民间纠纷；
>
> （四）协助维护社会治安；
>
> （五）协助人民政府或者它的派出机关做好与居民利益有关的公共卫生、计划生育、优抚救济、青少年教育等项工作；
>
> （六）向人民政府或者它的派出机关反映居民的意见、要求和提出建议"。

## 18. 村民委员会能否提供担保？

### 要点解答

1.《民法典担保制度解释》第5条第2款是关于村民委员会提供担保的相关规定。

该条款规定："居民委员会、村民委员会提供担保的，人民法院应当认定担保合同无效,但是依法代行村集体经济组织职能的村民委员会,依照村民委员会组织法规定的讨论决定程序对外提供担保的除外。"

**依据该条款之规定,我们整理出以下知识点:**

(1)村民委员会原则上不能作为担保人,村民委员会提供担保的,人民法院应当认定担保合同无效。

(2)村民委员会在特定情况下也可以提供担保,即依法代行村集体经济组织职能的村民委员会,依照村民委员会组织法规定的讨论决定程序可以对外提供担保。

> **▶ 关联知识点**
>
> ➢ **什么是村民委员会?**
>
> 《村民委员会组织法》(2018年修正)第2条第1款规定:"村民委员会是村民自我管理、自我教育、自我服务的基层群众性自治组织,实行民主选举、民主决策、民主管理、民主监督。"

2. 村民委员会在什么特定情况下可以提供担保?

依据《民法典担保制度解释》第5条第2款规定,依法代行村集体经济组织职能的村民委员会,需要依照村民委员会组织法规定的讨论决定程序对外提供担保。

因此,代行村集体经济组织职能的村民委员会,如果未经村民会议讨论决定,或者虽经村民代表会议讨论决定但未经村民会议授权提供担保的,人民法院应当认定担保合同无效。

> **▶ 关联知识点**
>
> ➢ **什么是村集体经济组织?**
>
> 《民法典》第99条第1款规定:"农村集体经济组织依法取得法人资格。"第101条第2款规定:"未设立村集体经济组织的,村民委员会可以依法代行村集体经济组织的职能。"

需要注意:未设立村集体经济组织的,村民委员会代行村集体经济组织职能时要受到村民会议相关程序的限制。

**《村民委员会组织法》关于村民会议和村民代表会议的相关程序规定：**

第21条规定："村民会议由本村十八周岁以上的村民组成。村民会议由村民委员会召集。有十分之一以上的村民或者三分之一以上的村民代表提议，应当召集村民会议。召集村民会议，应当提前十天通知村民。"

第22条第1款规定："召开村民会议，应当有本村十八周岁以上村民的过半数，或者本村三分之二以上的户的代表参加，村民会议所作决定应当经到会人员的过半数通过。法律对召开村民会议及作出决定另有规定的，依照其规定。"

第25条第1款规定："人数较多或者居住分散的村，可以设立村民代表会议，讨论决定村民会议授权的事项。村民代表会议由村民委员会成员和村民代表组成，村民代表应当占村民代表会议组成人员的五分之四以上，妇女村民代表应当占村民代表会议组成人员的三分之一以上。"

第26条规定："村民代表会议由村民委员会召集。村民代表会议每季度召开一次。有五分之一以上的村民代表提议，应当召集村民代表会议。村民代表会议有三分之二以上的组成人员参加方可召开，所作决定应当经到会人员的过半数同意。"

## 专题 3

# 学校、幼儿园、医疗机构、养老机构提供担保

## 19. 以公益为目的的非营利性学校、幼儿园、医疗机构、养老机构提供担保的一般规定是什么?

### ▲ 要点解答

**《民法典担保制度解释》第 6 条第 1 款是关于以公益为目的的非营利性学校、幼儿园、医疗机构、养老机构提供担保的相关规定。**

该条款规定:"以公益为目的的非营利性学校、幼儿园、医疗机构、养老机构等提供担保的,人民法院应当认定担保合同无效,但是有下列情形之一的除外:

(一)在购入或者以融资租赁方式承租教育设施、医疗卫生设施、养老服务设施和其他公益设施时,出卖人、出租人为担保价款或者租金实现而在该公益设施上保留所有权;

(二)以教育设施、医疗卫生设施、养老服务设施和其他公益设施以外的不动产、动产或者财产权利设立担保物权。"

**依据该条款之内容,我们整理出如下知识点:**

1. 以公益为目的的非营利性学校、幼儿园、医疗机构、养老机构不具有担保资格,原则上不得作为担保人,对于其提供担保所签订的担保合同,人民法院应当认

定担保合同无效。**这里的"担保"既包括人保,也包括物保。**

2. 对于以公益为目的的非营利性学校、幼儿园、医疗机构、养老机构,虽然原则上不能提供担保,但存在两种例外情形:

例外情形一:在购入或者以融资租赁方式承租教育设施、医疗卫生设施、养老服务设施和其他公益设施时,出卖人、出租人为担保价款或者租金实现而在该公益设施上保留所有权;

例外情形二:以教育设施、医疗卫生设施、养老服务设施和其他公益设施以外的不动产、动产或者财产权利设立担保物权。

**《民法典》对该问题也有相关规定:**

《民法典》第683条第2款规定:"以公益为目的的非营利法人、非法人组织不得为保证人。"第399条第3项规定:"下列财产不得抵押:……(三)学校、幼儿园、医疗机构等为公益目的成立的非营利法人的教育设施、医疗卫生设施和其他公益设施……"

另外,2021年4月6日,自然资源部公布《关于做好不动产抵押权登记工作的通知》,明确学校、幼儿园、医疗机构、养老机构等为公益目的成立的非营利法人的教育设施、医疗卫生设施、养老设施和其他公益设施,以及法律、行政法规规定不得抵押的其他不动产,不得办理不动产抵押登记。

---

**▶▶ 关联知识点**

> **什么是"以公益为目的"?**

依据《公益事业捐赠法》第3条之规定,公益事业是指非营利的下列事项:

(1)救助灾害、救济贫困、扶助残疾人等困难的社会群体和个人的活动;

(2)教育、科学、文化、卫生、体育事业;

(3)环境保护、社会公共设施建设;

(4)促进社会发展和进步的其他社会公共和福利事业。

> 什么是非营利法人？

非营利法人是与营利法人相对应的。

关于"营利法人"，《民法典》第76条规定："以取得利润并分配给股东等出资人为目的成立的法人，为营利法人。营利法人包括有限责任公司、股份有限公司和其他企业法人等。"

关于"非营利法人"，《民法典》第87条规定："为公益目的或者其他非营利目的成立，不向出资人、设立人或者会员分配所取得利润的法人，为非营利法人。非营利法人包括事业单位、社会团体、基金会、社会服务机构等。"

与营利法人相比，非营利法人具备两个核心因素：

1. 成立目的的非营利性，即非营利法人是为公益目的或者其他非营利目的成立的。

2. 不分配利润，即非营利法人也可以取得利润，但是不得向出资人、设立人或者会员分配所取得利润。

> 什么是"非法人组织"？

《民法典》第102条规定："非法人组织是不具有法人资格，但是能够依法以自己的名义从事民事活动的组织。非法人组织包括个人独资企业、合伙企业、不具有法人资格的专业服务机构等。"第103条规定："非法人组织应当依照法律的规定登记。设立非法人组织，法律、行政法规规定须经有关机关批准的，依照其规定。"第104条规定："非法人组织的财产不足以清偿债务的，其出资人或者设立人承担无限责任。法律另有规定的，依照其规定。"

"非法人组织"与"法人"的最大区别之一，就是"非法人组织"不能独立承担民事责任，当其因对外进行民事活动而需要承担民事责任时，如果其自身所拥有的财产不足以承担责任时，则由其出资人或

> 设立人承担连带责任。
> 
> 需要注意:并非所有的非法人组织提供的担保都无效,其中以公益为目的的非营利性的非法人组织担保是无效的。

表2-2 非营利法人、非法人组织提供担保相关规定对比

| 《民法典》 | 《担保法》(已废止) |
| --- | --- |
| 第683条第2款<br>　　以公益为目的的非营利法人、非法人组织不得为保证人。 | 第9条<br>　　学校、幼儿园、医院等以公益为目的的事业单位、社会团体不得为保证人。 |
| 第399条第3项<br>　　下列财产不得抵押:<br>　　(三)学校、幼儿园、医疗机构等为公益目的成立的非营利法人的教育设施、医疗卫生设施和其他公益设施…… | 第37条第3项<br>　　下列财产不得抵押:<br>　　(三)学校、幼儿园、医院等以公益为目的的事业单位、社会团体的教育设施、医疗卫生设施和其他社会公益设施…… |

# 20. 以公益为目的的非营利性学校、幼儿园、医疗机构、养老机构,以公益设施以外的不动产、动产或者财产权利设立的担保物权是否有效?

## 要点解答

依据《民法典担保制度解释》第6条第1款之规定,以公益为目的的非营利性学校、幼儿园、医疗机构、养老机构不具有担保资格,原则上不得提供担保。但是,如果是以教育设施、医疗卫生设施、养老服务设施和其他公益设施以外的不动产、动产或者财产权利设立担保物权,**则属例外情形**。

1.以公益为目的的非营利性学校、幼儿园、医疗机构、养老机构,以公益设施以外的**不动产、动产**设立担保物权属于例外情形。但是,如何区分某一设施究竟

是公益设施还是非公益设施,目前《民法典》及相关司法解释并没有给出明确具体的规定。《中华人民共和国民法典担保制度司法解释理解与适用》一书中指出,"至于如何区分某一设施究竟是公益设施还是非公益设施,一般应当以相关设施的用途来区分:如果某一设施是学校、幼儿园、医疗机构等从事公益活动所必需的,则可以认定属于公益设施"。[①] 在具体案件中,法官需要综合考虑各种因素来判断设施的属性,不同的案件可能会有不同的情况,法官需要根据具体情况进行权衡和判断,这增加了司法裁判的复杂性和不确定性,司法实践对其认定结果并不统一。建议商业银行对此问题要谨慎对待。

> **▶ 关联规定**
>
> 《民法典》第399条规定:"下列财产不得抵押:
> (一)土地所有权;
> (二)宅基地、自留地、自留山等集体所有土地的使用权,但是法律规定可以抵押的除外;
> **(三)学校、幼儿园、医疗机构等为公益目的成立的非营利法人的教育设施、医疗卫生设施和其他公益设施;**
> (四)所有权、使用权不明或者有争议的财产;
> (五)依法被查封、扣押、监管的财产;
> (六)法律、行政法规规定不得抵押的其他财产。"

2. 以公益为目的的非营利性学校、幼儿园、医疗机构、养老机构<u>以公益设施以外的**财产权利**</u>设立担保物权,主要包括公寓收费权质押、医院收费权质押、教学收费权质押等,其性质属于应收账款质押。

需要注意的是,对于以公益为目的的非营利性机构而言,其收费权的质押还需要考虑公益属性的影响,这些机构的公益性质决定了其收费权的行使也不能完

---

[①] 参见最高人民法院民事审判第二庭:《最高人民法院民法典担保制度司法解释理解与适用》,人民法院出版社2021年版,第129页。

全等同于商业机构。《中华人民共和国民法典担保制度司法解释理解与适用》一书中指出,"应予注意的是,此种收费权本质上属于经营性收费权,而不包括行政事业性收费权。学校、医院收取的学费、医疗费,如果收取的费用要上缴中央或者地方国库,实行收支两条线管理并且纳入预算的,则此种收费属于行政事业性收费,此种收费权因其具有公益性,不能成为将有应收账款的客体"。[①]

因此,以公益为目的的非营利性学校、幼儿园、医疗机构、养老机构以公益设施以外的财产权利设立担保物权,商业银行也需要认识到这种质押方式存在的问题和风险,在实际操作中谨慎对待,加强风险评估和管理,确保质押权的合法、有效实现。

## 21. 登记为营利法人的学校、幼儿园、医疗机构、养老机构提供担保的法律要点是什么?

### 要点解答

**《民法典担保制度解释》第 6 条第 2 款是关于该问题的相关规定。**

该条款规定:"登记为营利法人的学校、幼儿园、医疗机构、养老机构等提供担保,当事人以其不具有担保资格为由主张担保合同无效的,人民法院不予支持。"

因此,登记为营利法人的学校、幼儿园、医疗机构、养老机构具有担保资格,可为自己的债务和他人的债务提供担保,但是该类机构提供担保仍然需要严格按照法律规定和机构章程进行内部决策程序。

另外,基于公共利益考量因素,尽管登记为营利法人,但这些机构在一定程度上仍承担着社会服务的职能,具有一定程度的公益属性,提供担保可能会对其社会公共利益产生一定的影响,此类案件在司法审判以及执行中都会遇到很大的困难,因此我们建议商业银行在面对此类担保业务时还是要谨慎。

---

① 参见最高人民法院民事审判第二庭:《最高人民法院民法典担保制度司法解释理解与适用》,人民法院出版社 2021 年版,第 522 页。

## 专题 4

# 公司对外提供担保

## 22. 新《公司法》关于公司对外提供担保的具体规定是什么？

### 要点解答

2023 年 12 月 29 日第十四届全国人大常委会第七次会议第二次修订的《公司法》自 2024 年 7 月 1 日起施行。这是自 1993 年《公司法》出台以来的第六次修订，也是规模最大的一次修改。

**新《公司法》第 15 条关于公司对外提供担保的决策权限和决策程序作出了明确的规定。**

1. 新《公司法》第 15 条第 1 款是关于"公司为他人提供担保"的一般性规定。

该条款规定："公司向其他企业投资或者为他人提供担保，按照公司章程的规定，由董事会或者股东会决议；公司章程对投资或者担保的总额及单项投资或者担保的数额有限额规定的，不得超过规定的限额。"

基于上述规定，我们总结出如下知识点：

(1) 该条款中的"他人"，指的是除公司自身以外的所有其他主体；本条款不调整公司为自己债务进行担保的行为。公司提供担保的方式主要是保证、抵押和质押。

(2) 公司为他人提供担保，允许公司章程确定具体的决议机关，即公司需按章程规定,由董事会或股东会对担保事项进行决议。

(3)为了便于公司利用公司章程对公司为他人提供担保事项进行管理,法律特别赋予公司章程可以对担保的总额和单项限额作出规定,以约束公司、股东、董事和高级管理人员等。

2. 新《公司法》第15条第2款、第3款是关于公司为其股东或实际控制人提供担保(关联担保)的特殊规定。

新《公司法》第15条第2款、第3款规定:"公司为公司股东或者实际控制人提供担保的,应当经股东会决议。

前款规定的股东或者受前款规定的实际控制人支配的股东,不得参加前款规定事项的表决。该项表决由出席会议的其他股东所持表决权的过半数通过。"

**基于上述规定,我们总结出如下知识点:**

(1)公司为公司股东或者实际控制人提供担保,属于关联担保,无论是何种形式的担保,也无论担保金额多少,都必须经公司股东会作出决议。

(2)公司为公司股东或者实际控制人提供担保,在决策程序上,在公司股东会就此项担保进行表决时,作为被担保人的股东或受作为被担保人的公司实际控制人支配的股东,不得参与表决。

(3)在通过该项决议所需的表决权方面,公司股东会就为公司的股东或实际控制人提供担保作出决议,应由出席股东会会议的其他股东所持表决权的过半数通过。其中,"过半数",是指超过50%,不含50%本数。

## ▲ 风险提示

公司对外提供担保不是法定代表人所能单独决定的事项,而必须以公司股东会、董事会等公司机关的决议作为授权的基础和来源。

(1)公司为公司股东或者实际控制人提供担保的(关联担保),必须经股东会决议。在没有经过股东会决议且获得授权之前,法定代表人就公司对外担保交易没有代表权。

(2)公司为股东、实际控制人之外的其他主体提供担保的(非关联担保),法定代表人在实施具体行为前(如代表公司在担保合同上签字、盖章等)须取得董事会或股东会的决议,但该担保行为具体由董事会还是股东会决议,则取决于公司章程的具体规定。

表 2-3　公司对外提供担保相关规定对比

| 新《公司法》(2023 年修订) | 旧《公司法》(2018 年修正) |
| --- | --- |
| 第 15 条<br>　　公司向其他企业投资或者为他人提供担保,按照公司章程的规定,由董事会或者股东会决议;公司章程对投资或者担保的总额及单项投资或者担保的数额有限额规定的,不得超过规定的限额。<br>　　公司为公司股东或者实际控制人提供担保的,应当经股东会决议。<br>　　前款规定的股东或者受前款规定的实际控制人支配的股东,不得参加前款规定事项的表决。该项表决由出席会议的其他股东所持表决权的过半数通过。 | 第 16 条<br>　　公司向其他企业投资或者为他人提供担保,依照公司章程的规定,由董事会或者股东会、股东大会决议;公司章程对投资或者担保的总额及单项投资或者担保的数额有限额规定的,不得超过规定的限额。<br>　　公司为公司股东或者实际控制人提供担保的,必须经股东会或者股东大会决议。<br>　　前款规定的股东或者受前款规定的实际控制人支配的股东,不得参加前款规定事项的表决。该项表决由出席会议的其他股东所持表决权的过半数通过。 |
| **对比分析**<br>　　新《公司法》第 15 条的这一规定基本沿用了 2018 年《公司法》第 16 条的规定,只是新《公司法》不再将有限责任公司、股份有限公司的权力机构分别称为股东会、股东大会,而是统一为股东会,所以该条规定删除了有关"股东大会"的内容。另外,将第 2 款的"必须"修改为"应当"。 ||

## 23. 公司的法定代表人越权担保所签订的担保合同是否发生法律效力?

### 要点解答

根据新《公司法》第 15 条的规定,公司对外提供担保不是法定代表人所能单独决定的事项,而必须以公司股东会、董事会等公司机关的决议作为授权的基础和来源。如果公司的法定代表人未经授权擅自为他人提供担保的,构成越权担保。

关于公司的法定代表人违反《公司法》关于公司对外担保决议程序的规定,超越权限代表公司与商业银行订立的担保合同的法律效力问题,《民法典担保制度解释》第7条第1款和第3款关于该问题作出了明确规定,具体内容:

"公司的法定代表人违反公司法关于公司对外担保决议程序的规定,超越权限代表公司与相对人订立担保合同,人民法院应当依照民法典第六十一条和第五百零四条等规定处理:

(一)相对人善意的,担保合同对公司发生效力;相对人请求公司承担担保责任的,人民法院应予支持。

(二)相对人非善意的,担保合同对公司不发生效力;相对人请求公司承担赔偿责任的,参照适用本解释第十七条的有关规定。

法定代表人超越权限提供担保造成公司损失,公司请求法定代表人承担赔偿责任的,人民法院应予支持。

第一款所称善意,是指相对人在订立担保合同时不知道且不应当知道法定代表人超越权限。相对人有证据证明已对公司决议进行了合理审查,人民法院应当认定其构成善意,但是公司有证据证明相对人知道或者应当知道决议系伪造、变造的除外。"

**依据《民法典担保制度解释》第7条第1款和第3款之规定,我们整理出如下知识点:**

公司的法定代表人违反《公司法》关于公司对外担保决议程序的规定,超越权限代表公司与相对人订立的担保合同:

1.相对人善意的,担保合同对公司发生效力;相对人请求公司承担担保责任的,人民法院应予支持。

2.相对人非善意的,担保合同对公司不发生效力;相对人请求公司承担赔偿责任的,参照适用《民法典担保制度解释》第17条(担保合同无效的法律后果)的有关规定。

> **关联知识点**
>
> ▶ 如何理解相对人是否"善意"？
>
> "善意"，是指相对人在订立担保合同时<u>不知道且不应当知道</u>法定代表人超越权限。
>
> 如果相对人有证据证明已对公司决议进行了<u>合理审查</u>，人民法院应当认定其<u>构成善意</u>，但是公司如有证据证明相对人知道或者应当知道决议系伪造、变造的除外。相对人对自己是否善意负有举证责任。

**我们结合实务中的具体情形来具体分析：**

1. 法定代表人未经公司决议程序擅自对外提供担保，如相对人订立担保合同时未审查公司机关决议，原则上可直接认定相对人不构成善意。

按照新《公司法》第 15 条的规定，公司对外提供担保需要由股东会或者董事会作出相应的决议。公司对外担保行为不是法定代表人所能单独决定的事项，而必须以公司股东会、董事会等公司机关的决议作为授权的基础和来源。《公司法》早已公布出来并且生效，任何人不得以其自身不知法律而提出免责抗辩。

因此，<u>如果法定代表人未经公司决议程序擅自对外提供担保，而相对人因未审查公司的决议，可认定相对人不构成善意，该担保合同对公司不发生效力。</u>

《民法典担保制度解释》第 8 条规定了"无须公司决议即可担保"的例外情形，我们会在后面专题中讲解。

2. 如果公司提供的是关联担保，债权人的审查要点：

<u>如果公司提供的是关联担保</u>，即公司为其股东、实际控制人等与公司有关联关系的主体提供担保时，新《公司法》第 15 条第 2 款明确规定<u>必须由股东会决议</u>，因此，债权人在订立担保合同时应对公司的股东会决议进行审查。

公司提供关联担保，如果未经公司股东会决议，或仅经董事会决议的，则债权人因<u>未审查公司的股东会决议而被认定为不构成善意，该担保合同对公司不发生</u>

效力。

3. 如果公司提供的是非关联担保,债权人的审查要点：

如果公司提供的是非关联担保,即公司为股东或者实际控制人以外的人提供担保时,根据新《公司法》第 15 条第 1 款的规定,此时应依公司章程来确定是由股东会决议还是董事会决议。根据章程内容的不同,可能会出现以下具体情形：

（1）公司提供非关联担保,应由股东会决议还是董事会决议,如果公司章程对此未作出任何规定,我们倾向认为董事会决议或者股东会决议都是适格决议。

（2）公司提供非关联担保,如果章程规定应由公司董事会决议的,我们倾向认为股东会决议或者董事会决议都是适格决议。

（3）公司提供非关联担保,如果章程规定应由公司股东会决议的,在此前提下,如果未经公司股东会决议,或仅经董事会决议的,则债权人因未审查公司的股东会决议而被认定为不构成善意,该担保合同对公司不发生效力。

4. 金融机构对公司决议的审查标准：合理审查。

《民法典担保制度解释》第 7 条第 3 款规定："相对人有证据证明已**对公司决议进行了合理审查**,人民法院应当认定其构成善意,但是公司有证据证明相对人知道或者应当知道决议系伪造、变造的除外。"

但是,《九民会议纪要》第 18 条第 2 款规定："债权人对公司机关决议内容的**审查一般限于形式审查**,只要求尽到必要的注意义务即可,标准不宜太过严苛。"

## 🔺 风险提示

《民法典担保制度解释》在该条款中使用的法律用语为"**合理审查**",并没有沿用《九民会议纪要》条款中使用的"**形式审查**"。

我们认为,"合理审查"的标准对相对人提出了更高的审慎注意义务。形式审查与合理审查标准的区别是什么？形式审查与合理审查标准的区别,在很大程度上就在于应否审查章程。[①]

---

① 参见最高人民法院民事审判第二庭：《最高人民法院民法典担保制度司法解释理解与适用》,人民法院出版社 2021 年版,第 136 页。

因此,商业银行在接受公司提供担保时,应审查公司章程。另外,商业银行在审查公司决议时,尤其要重点审查决议文件上股东或者董事的身份是否属实,是否符合公司章程的规定;其中同意决议的人数及签字人员是否符合公司章程的规定;<u>如果公司提供关联担保,在股东会决议上同意担保的股东是否违反了股东回避规则</u>,同意担保的股东的表决权比例是否符合规定等。

## 相关规定

《民法典担保制度解释》第 7 条

公司的法定代表人违反公司法关于公司对外担保决议程序的规定,超越权限代表公司与相对人订立担保合同,人民法院应当依照民法典第六十一条和第五百零四条等规定处理:

(一)相对人善意的,担保合同对公司发生效力;相对人请求公司承担担保责任的,人民法院应予支持。

(二)相对人非善意的,担保合同对公司不发生效力;相对人请求公司承担赔偿责任的,参照适用本解释第十七条的有关规定。

法定代表人超越权限提供担保造成公司损失,公司请求法定代表人承担赔偿责任的,人民法院应予支持。

第一款所称善意,是指相对人在订立担保合同时不知道且不应当知道法定代表人超越权限。相对人有证据证明已对公司决议进行了合理审查,人民法院应当认定其构成善意,但是公司有证据证明相对人知道或者应当知道决议系伪造、变造的除外。

《民法典》第 61 条

依照法律或者法人章程的规定,代表法人从事民事活动的负责人,为法人的法定代表人。

法定代表人以法人名义从事的民事活动,其法律后果由法人承受。

法人章程或者法人权力机构对法定代表人代表权的限制,不得对抗善意相对人。

《民法典》第504条

法人的法定代表人或者非法人组织的负责人超越权限订立的合同,除相对人知道或者应当知道其超越权限外,该代表行为有效,订立的合同对法人或者非法人组织发生效力。

《九民会议纪要》17.

为防止法定代表人随意代表公司为他人提供担保给公司造成损失,损害中小股东利益,《公司法》第16条对法定代表人的代表权进行了限制。根据该条规定,担保行为不是法定代表人所能单独决定的事项,而必须以公司股东(大)会、董事会等公司机关的决议作为授权的基础和来源。法定代表人未经授权擅自为他人提供担保的,构成越权代表,人民法院应当根据《合同法》第50条关于法定代表人越权代表的规定,区分订立合同时债权人是否善意分别认定合同效力:债权人善意的,合同有效;反之,合同无效。

新《公司法》第11条

法定代表人以公司名义从事的民事活动,其法律后果由公司承受。

公司章程或者股东会对法定代表人职权的限制,不得对抗善意相对人。

法定代表人因执行职务造成他人损害的,由公司承担民事责任。公司承担民事责任后,依照法律或者公司章程的规定,可以向有过错的法定代表人追偿。

## 24. 公司对外提供担保时,无须公司机关决议的情形都包括什么?

### 要点解答

按照新《公司法》第15条的规定,公司对外提供担保需要由股东会或者董事会作出相应的决议。公司对外担保行为不是法定代表人所能单独决定的事项,而必须以公司股东会、董事会等公司机关的决议作为授权的基础和来源。

因此，如果法定代表人未经公司决议程序擅自对外提供担保，相对人未审查公司机关决议的，原则上可认定相对人不构成善意，该担保合同对公司不发生效力。

**另外，《民法典担保制度解释》第 8 条规定了公司对外提供担保时，无须公司机关决议而担保合同仍有效的情形。**

该条款规定："有下列情形之一，公司以其未依照公司法关于公司对外担保的规定作出决议为由主张不承担担保责任的，人民法院不予支持：

（一）金融机构开立保函或者担保公司提供担保；

（二）公司为其全资子公司开展经营活动提供担保；

（三）担保合同系由单独或者共同持有公司三分之二以上对担保事项有表决权的股东签字同意。

上市公司对外提供担保，不适用前款第二项、第三项的规定。"

依据《民法典担保制度解释》第 8 条规定，下列情形下，公司对外提供担保不再以履行新《公司法》第 15 条规定的公司机关决议授权程序为前提：

情形一：金融机构开立保函或者担保公司提供担保；

情形二：公司为其全资子公司开展经营活动提供担保；

情形三：担保合同系由单独或者共同持有公司 2/3 以上<u>对担保事项有表决权</u>的股东签字同意。

关于情形三需要注意的是，结合《公司法》第 15 条第 2 款、第 3 款规定，"公司为公司股东或者实际控制人提供担保的，应当经股东会决议。<u>前款规定的股东或者受前款规定的实际控制人支配的股东，不得参加前款规定事项的表决。该项表决由出席会议的其他股东所持表决权的过半数通过</u>"。

因此，对于情形三中所提到的"单独或者共同持有公司 2/3 以上**对担保事项有表决权**的股东签字同意"，这里强调了"对担保事项有表决权"，因此需注意的是，<u>被担保的股东或者受被担保的实际控制人支配的股东，不得对担保事项进行表决</u>。

最后提醒读者注意的是，考虑上市公司的特殊性，<u>对于上市公司对外提供担保，不适用《民法典担保制度解释》第 8 条第 1 款第 2 项、第 3 项的规定</u>。

表 2-4　公司对外提供担保,未经机关决议担保仍有效有关规定对比

| 《民法典担保制度解释》 | 《九民会议纪要》 |
| --- | --- |
| 第 8 条<br>　　有下列情形之一,公司以其未依照公司法关于公司对外担保的规定作出决议为由主张不承担担保责任的,人民法院不予支持:<br>　　(一)金融机构开立保函或者担保公司提供担保;<br>　　(二)公司为其全资子公司开展经营活动提供担保;<br>　　(三)担保合同系由单独或者共同持有公司三分之二以上对担保事项有表决权的股东签字同意。<br>　　上市公司对外提供担保,不适用前款第二项、第三项的规定。 | 第 19 条<br>　　存在下列情形的,即便债权人知道或者应当知道没有公司机关决议,也应当认定担保合同符合公司的真实意思表示,合同有效:<br>　　(1)公司是以为他人提供担保为主营业务的担保公司,或者是开展保函业务的银行或者非银行金融机构;<br>　　(2)公司为其直接或者间接控制的公司开展经营活动向债权人提供担保;<br>　　(3)公司与主债务人之间存在相互担保等商业合作关系;<br>　　(4)担保合同系由单独或者共同持有公司三分之二以上有表决权的股东签字同意。 |

**对比分析**

《民法典担保制度解释》修改了《九民会议纪要》关于无需公司决议的规定,主要表现在以下三方面:

一是删除了《九民会议纪要》第 19 条第 3 项有关"公司与主债务人之间存在互联互保等商业合作关系"的规定;

二是将《九民会议纪要》第 19 条第 2 项"公司为其直接或者间接控制的公司开展经营活动向债权人提供担保"修改为"公司为其全资子公司开展经营活动向债权人提供担保";

三是明确规定上市公司对外提供担保,不适用《民法典担保制度解释》关于"公司为其全资子公司开展经营活动向债权人提供担保"和"担保合同系由单独或者共同持有公司三分之二以上对担保事项有表决权的股东签字同意"均无须公司决议的规定。

# 25. 公司的分支机构对外提供担保的法律要点是什么?

## 要点解答

1. 什么是公司的分支机构?

关于公司的分支机构,《民法典》第 74 条规定:"法人可以依法设立分支机构。法律、行政法规规定分支机构应当登记的,依照其规定。

分支机构以自己的名义从事民事活动,产生的民事责任由法人承担;也可以先以该分支机构管理的财产承担,不足以承担的,由法人承担。"

另外,新《公司法》(2023年修订)第13条规定:"公司可以设立子公司。子公司具有法人资格,依法独立承担民事责任。公司可以设立分公司。分公司不具有法人资格,其民事责任由公司承担。"

公司的分支机构具有相对独立的民事主体地位,但是公司的分支机构不具有法人资格,公司的分支机构以自己的名义从事民事活动,产生的民事责任由法人承担。

2.关于公司的分支机构对外提供担保的一般性规定。

关于公司的分支机构对外提供担保的问题,《民法典担保制度解释》第11条第1款规定,公司的分支机构未经公司股东(大)会或者董事会决议以自己的名义对外提供担保,相对人请求公司或者其分支机构承担担保责任的,人民法院不予支持,但是相对人不知道且不应当知道分支机构对外提供担保未经公司决议程序的除外。第4款规定,公司的分支机构对外提供担保,相对人非善意,请求公司承担赔偿责任的,参照《民法典担保制度解释》第17条的有关规定处理。

3.金融机构的分支机构对外提供担保。

**《民法典担保制度解释》第11条第2款是关于"金融机构的分支机构"对外提供担保的规定。**

该条款规定:"金融机构的分支机构在其营业执照记载的经营范围内开立保函,或者经有权从事担保业务的上级机构授权开立保函,金融机构或者其分支机构以违反公司法关于公司对外担保决议程序的规定为由主张不承担担保责任的,人民法院不予支持。金融机构的分支机构未经金融机构授权提供保函之外的担保,金融机构或者其分支机构主张不承担担保责任的,人民法院应予支持,但是相对人不知道且不应当知道分支机构对外提供担保未经金融机构授权的除外。"

依据该条款的内容,我们整理出如下知识点:

(1)如果金融机构的分支机构的**营业执照记载有保函业务**,则金融机构的分支机构在其营业执照记载的经营范围内开立保函,无须经过金融机构内部决议程序。

(2)如果金融机构的分支机构的**营业执照未记载保函业务**,但经有权从事担保业务的上级机构授权后,其开立保函的行为无须经过金融机构内部决议程序。

(3)金融机构分支机构对外**提供保函以外的担保**,应适用一般法人的分支机构对外提供担保的法律规定,即必须取得金融机构的授权。未取得授权的,该担保合同无效,除非相对人能证明自己不知道且不应当知道未经金融机构授权。

4."担保公司的分支机构"对外提供担保。

**《民法典担保制度解释》第 11 条第 3 款是关于担保公司的分支机构对外提供担保的规定。**

该条款规定:"担保公司的分支机构未经担保公司授权对外提供担保,担保公司或者其分支机构主张不承担担保责任的,人民法院应予支持,但是相对人不知道且不应当知道分支机构对外提供担保未经担保公司授权的除外。"

因此,担保公司的分支机构对外提供担保时,<u>应获得担保公司的授权</u>,否则<u>担保合同无效</u>,除非相对人能证明自己不知道且不应当知道未经担保公司的授权。

表 2-5　公司分支机构对外提供担保有关规定对比

| 《民法典担保制度解释》 | 《担保法》《担保法解释》(已废止) |
|---|---|
| 第 11 条<br>　　公司的分支机构未经公司股东(大)会或者董事会决议以自己的名义对外提供担保,相对人请求公司或者其分支机构承担担保责任的,人民法院不予支持,但是相对人不知道且不应当知道分支机构对外提供担保未经公司决议程序的除外。<br>　　金融机构的分支机构在其营业执照记载的经营范围内开立保函,或者经有权从事担保业务的上级机构授权开立保函,金融机构或者其分支机构以违反公司法关于公司对外 | 《担保法》第 10 条<br>　　企业法人的分支机构、职能部门不得为保证人。<br>　　<u>企业法人的分支机构有法人书面授权的,可以在授权范围内提供保证。</u><br><br>《担保法解释》第 17 条<br>　　<u>企业法人的分支机构未经法人书面授权提供保证的,保证合同无效。</u>因此给债权人造成损失的,应当根据担保法第五条第二款的规定处理。 |

续表

| 《民法典担保制度解释》 | 《担保法》《担保法解释》(已废止) |
|---|---|
| 担保决议程序的规定为由主张不承担担保责任的,人民法院不予支持。金融机构的分支机构未经金融机构授权提供保函之外的担保,金融机构或者其分支机构主张不承担担保责任的,人民法院应予支持,但是相对人不知道且不应当知道分支机构对外提供担保未经金融机构授权的除外。<br>担保公司的分支机构未经担保公司授权对外提供担保,担保公司或者其分支机构主张不承担担保责任的,人民法院应予支持,但是相对人不知道且不应当知道分支机构对外提供担保未经担保公司授权的除外。<br>公司的分支机构对外提供担保,相对人非善意,请求公司承担赔偿责任的,参照本解释第十七条的有关规定处理。 | 企业法人的分支机构经法人书面授权提供保证的,如果法人的书面授权范围不明,法人的分支机构应当对保证合同约定的全部债务承担保证责任。<br>企业法人的分支机构经营管理的财产不足以承担保证责任的,由企业法人承担民事责任。<br>企业法人的分支机构提供的保证无效后应当承担赔偿责任的,由分支机构经营管理的财产承担。企业法人有过错的,按照担保法第二十九条的规定处理。 |

## 26. 一人公司为其股东提供担保的法律要点是什么？

**▶ 要点解答**

《民法典担保制度解释》第 10 条是关于"一人公司为其股东提供担保"的相关规定。

该条款规定:"一人有限责任公司为其股东提供担保,公司以违反公司法关于公司对外担保决议程序的规定为由主张不承担担保责任的,人民法院不予支持。公司因承担担保责任导致无法清偿其他债务,提供担保时的股东不能证明公司财产独立于自己的财产,其他债权人请求该股东承担连带责任的,人民法院应予支持。"

相较于普通公司,一人公司具有特殊性,不设股东会,股东与公司之间具有高度关联性,这决定了一人公司在为自己的股东充当担保人时,不宜仅以对外担保决议程序的不合规来逃避承担担保责任。

另外,如果因公司为其一人股东提供了担保导致公司不能清偿其他债务,还可能引起公司法人人格否认,即提供担保时的股东<u>不能证明公司财产独立于自己的财产,该股东承担连带责任</u>。

### 相关规定

新《公司法》第 23 条

公司股东滥用公司法人独立地位和股东有限责任,逃避债务,严重损害公司债权人利益的,应当对公司债务承担连带责任。

股东利用其控制的两个以上公司实施前款规定行为的,各公司应当对任一公司的债务承担连带责任。

<u>只有一个股东的公司,股东不能证明公司财产独立于股东自己的财产的,应当对公司债务承担连带责任</u>。

## 27. 上市公司对外提供担保的法律要点是什么?

> **一、《民法典担保制度解释》第 9 条关于上市公司提供担保作出明确规定**

该条款规定:"相对人根据上市公司<u>公开披露</u>的关于<u>担保事项已经董事会或者股东大会决议通过</u>的信息,与上市公司订立担保合同,相对人主张担保合同对上市公司发生效力,并由上市公司承担担保责任的,人民法院应予支持。

相对<u>人未根据上市公司公开披露的关于担保事项已经董事会或者股东大会决议通过的信息,与上市公司订立担保合同,上市公司主张担保合同对其不发生效力,且不承担担保责任或者赔偿责任的</u>,人民法院应予支持。

<u>相对人与上市公司已公开披露的控股子公司订立的担保合同</u>,或者相对人与股票在国务院批准的其他全国性证券交易场所交易的公司订立的担保合同,适用前两款规定。"

**根据上述规定,我们整理出如下知识点:**

第一,上市公司对外担保,不仅须依据《公司法》相关规定由董事会或股东大会决议,<u>而且要对决议公开披露</u>。债权人需要根据披露的信息与上市公司签订担保合同。即使上市公司事实上形成了董事会或股东大会决议,只要未经公开披露,担保合同对上市公司也不发生效力。

第二,上市公司公开披露的信息必须包括"<u>担保事项已经董事会或者股东大会决议通过</u>"的内容。如果担保事项实际上未经上市公司董事会或股东大会决议,且公告中也未披露出该担保已经董事会或股东大会决议通过,而是仅表述上市公司同意为债务人的债务提供担保,则担保合同仍然对上市公司不发生效力。

第三,债权人未根据上市公司公开披露的关于担保事项已经董事会或者股东大会决议通过的信息与上市公司订立担保合同,其法律后果是担保合同对上市公司不发生效力,<u>上市公司既不承担担保责任,也不承担赔偿责任</u>。

第四,相对人与<u>上市公司已公开披露的控股子公司</u>订立的担保合同,也适用上市公司对外提供担保的规定。

第五,债权人与<u>股票在国务院批准的其他全国性证券交易场所交易的公司</u>订立的担保合同,也适用上市公司对外提供担保的规定。目前,国务院批准的其他全国性证券交易场所主要是指全国中小企业股份转让系统,俗称新三板。

### ➢ 二、《上市公司监管指引第 8 号》关于上市公司对外担保的重要规定

2022 年 1 月 28 日,证监会联合公安部、国资委和银保监会发布了《上市公司监管指引第 8 号,该指引自公布之日起施行。① 《上市公司监管指引第 8 号》关于上市公司对外担保作出了明确的规定。

1.上市公司对外担保的审议程序。

《上市公司监管指引第 8 号》第 7 条规定:上市公司对外担保<u>必须经董事会或</u>

---

① 《上市公司监管指引第 8 号》施行后,2017 年 12 月 7 日施行的《关于规范上市公司与关联方资金往来及上市公司对外担保若干问题的通知》(证监会公告〔2017〕16 号)、2005 年 11 月 14 日施行的《关于规范上市公司对外担保行为的通知》(证监发〔2005〕120 号)、2005 年 6 月 6 日施行的《关于集中解决上市公司资金被占用和违规担保问题的通知》(证监公司字〔2005〕37 号)同步废止。

者股东大会审议。

第 8 条规定：上市公司的《公司章程》应当明确股东大会、董事会审批对外担保的权限及违反审批权限、审议程序的责任追究制度。

第 9 条规定：应由股东大会审批的对外担保，必须经董事会审议通过后，方可提交股东大会审批。须经股东大会审批的对外担保，包括但不限于下列情形：

（1）上市公司及其控股子公司的对外担保总额，超过最近一期经审计净资产 50% 以后提供的任何担保；

（2）为资产负债率超过 70% 的担保对象提供的担保；

（3）单笔担保额超过最近一期经审计净资产 10% 的担保；

（4）对股东、实际控制人及其关联方提供的担保。

股东大会在审议为股东、实际控制人及其关联方提供的担保议案时，该股东或者受该实际控制人支配的股东，不得参与该项表决，该项表决由出席股东大会的其他股东所持表决权的半数以上通过。

第 10 条规定：应由董事会审批的对外担保，必须经出席董事会的 2/3 以上董事审议同意并作出决议。

2. 商业银行对由上市公司提供担保的贷款申请的审查事项。

《上市公司监管指引第 8 号》第 17 条规定：各银行业金融机构必须依据本指引、上市公司《公司章程》及其他有关规定，认真审核以下事项：

（1）由上市公司提供担保的贷款申请的材料齐备性及合法合规性；

（2）上市公司对外担保履行董事会或者股东大会审批程序的情况；

（3）上市公司对外担保履行信息披露义务的情况；

（4）上市公司的担保能力；

（5）贷款人的资信、偿还能力等其他事项。

3. 上市公司对外担保的披露内容。

《上市公司监管指引第 8 号》第 12 条规定：上市公司董事会或者股东大会审议批准的对外担保，必须在证券交易所的网站和符合中国证监会规定条件的媒体及时披露,披露的内容包括董事会或者股东大会决议、截止信息披露日<u>上市公司及其控股子公司对外担保总额、上市公司对控股子公司提供担保的总额</u>。

## 🔺 相关规定

《证券法》(2019年修订)第80条

发生可能对上市公司、股票在国务院批准的其他全国性证券交易场所交易的公司的股票交易价格产生较大影响的重大事件,投资者尚未得知时,<u>公司应当立即将有关该重大事件的情况向国务院证券监督管理机构和证券交易场所报送临时报告</u>,并予公告,说明事件的起因、目前的状态和可能产生的法律后果。

**前款所称重大事件包括:**

(一)公司的经营方针和经营范围的重大变化;

(二)公司的重大投资行为,公司在一年内购买、出售重大资产超过公司资产总额百分之三十,或者公司营业用主要资产的抵押、质押、出售或者报废一次超过该资产的百分之三十;

(三)<u>公司订立重要合同</u>、**提供重大担保**或者从事关联交易,可能对公司的资产、负债、权益和经营成果产生重要影响;

(四)公司发生重大债务和未能清偿到期重大债务的违约情况;

(五)公司发生重大亏损或者重大损失;

(六)公司生产经营的外部条件发生的重大变化;

……

《上市公司信息披露管理办法》(2021年修订)

第7条:信息披露文件包括定期报告、临时报告、招股说明书、募集说明书、上市公告书、收购报告书等。

第8条:<u>依法披露的信息,应当在证券交易所的网站和符合中国证监会规定条件的媒体发布</u>,同时将其置备于上市公司住所、证券交易所,供社会公众查阅。

信息披露文件的全文应当在证券交易所的网站和符合中国证监会规定条件的报刊依法开办的网站披露,定期报告、收购报告书等信息披露文件的摘要应当在证券交易所的网站和符合中国证监会规定条件的报刊披露。

信息披露义务人不得以新闻发布或者答记者问等任何形式代替应当履行的报告、公告义务，不得以定期报告形式代替应当履行的临时报告义务。

第22条：发生可能对上市公司证券及其衍生品种交易价格产生较大影响的重大事件，投资者尚未得知时，上市公司应当立即披露，说明事件的起因、目前的状态和可能产生的影响。

**前款所称重大事件包括：**

**(一)《证券法》第八十条第二款规定的重大事件；**

(二)公司发生大额赔偿责任；

(三)公司计提大额资产减值准备；

……

第26条：上市公司控股子公司发生本办法第二十二条规定的重大事件，可能对上市公司证券及其衍生品种交易价格产生较大影响的，上市公司应当履行信息披露义务。

上市公司参股公司发生可能对上市公司证券及其衍生品种交易价格产生较大影响的事件的，上市公司应当履行信息披露义务。

《非上市公众公司信息披露管理办法》(2021年第二次修正)

第2条：本办法适用于股票在全国中小企业股份转让系统(以下简称全国股转系统)挂牌公开转让的非上市公众公司(以下简称挂牌公司)定期报告和临时报告信息披露有关行为。

第21条：发生可能对挂牌公司股票及其他证券品种交易价格产生较大影响，或者对投资者作出投资决策有较大影响的重大事件，投资者尚未得知时，挂牌公司应当立即将有关该重大事件的情况向中国证监会和全国股转公司报送临时报告，并予公告，说明事件的起因、目前的状态和可能产生的影响。

前款所称重大事件包括：

(一)公司的经营方针和经营范围的重大变化；

(二)公司的重大投资行为，公司在一年内购买、出售重大资产超过公司资产

总额百分之三十,或者公司营业用主要资产的抵押、质押、出售或者报废一次超过该资产的百分之三十;

(三)公司订立重要合同,**提供重大担保**或者从事关联交易,可能对公司的资产、负债、权益和经营成果产生重要影响;

(四)公司发生重大债务和未能清偿到期重大债务的违约情况;

(五)公司发生重大亏损或者重大损失;

(六)公司生产经营的外部条件发生的重大变化;

……

**第24条:** 挂牌公司控股子公司发生本办法第二十一条规定的重大事件,可能对投资者决策或者公司股票及其他证券品种交易价格产生较大影响的,挂牌公司应当履行信息披露义务。

挂牌公司参股公司发生可能对投资者决策或者挂牌公司股票及其他证券品种交易价格产生较大影响的事件,挂牌公司应当履行信息披露义务。

## 专题 5

# 担保合同无效

## 28. 担保合同被确认无效后，担保人该如何承担责任？

### 要点解答

关于担保合同无效情形下担保人该如何承担责任问题，《民法典》第 388 条第 2 款规定："担保合同被确认无效后，债务人、担保人、债权人有过错的，应当根据其过错各自承担相应的民事责任。"第 682 条第 2 款规定："保证合同被确认无效后，债务人、保证人、债权人有过错的，应当根据其过错各自承担相应的民事责任。"

《民法典》对此问题规定的比较概括，即担保合同被确认无效后，各方当事人应根据其是否存在过错以及过错的程度来确定其应承担的民事责任。

**《民法典担保制度解释》第 17 条对主合同有效而第三人提供的担保合同无效，以及主合同无效导致担保合同无效这两种情形下担保人的赔偿责任进行了具体规定。**

1. 主合同有效而第三人提供的担保合同无效的情形：

(1) 债权人与担保人均有过错的，担保人承担的赔偿责任不应超过债务人不能清偿部分的 1/2；

(2) 担保人有过错而债权人无过错的，担保人对债务人不能清偿的部分承担赔偿责任；

(3)债权人有过错而担保人无过错的,担保人不承担赔偿责任。

2.主合同无效导致第三人提供的担保合同无效的情形:

(1)担保人无过错的,不承担赔偿责任;

(2)担保人有过错的,其承担的赔偿责任不应超过债务人不能清偿部分的1/3。

表2-6 无效担保合同,担保人责任承担有关规定对比

| 《民法典担保制度解释》 | 《担保法解释》(已废止) |
| --- | --- |
| 第17条<br>　　主合同有效而第三人提供的担保合同无效,人民法院应当区分不同情形确定担保人的赔偿责任:<br>　　(一)债权人与担保人均有过错的,担保人承担的赔偿责任不应超过债务人不能清偿部分的二分之一;<br>　　(二)担保人有过错而债权人无过错的,担保人对债务人不能清偿的部分承担赔偿责任;<br>　　(三)债权人有过错而担保人无过错的,担保人不承担赔偿责任。<br>　　主合同无效导致第三人提供的担保合同无效,担保人无过错的,不承担赔偿责任;担保人有过错的,其承担的赔偿责任不应超过债务人不能清偿部分的三分之一。 | 第7条<br>　　主合同有效而担保合同无效,债权人无过错的,担保人与债务人对主合同债权人的经济损失,承担连带赔偿责任;债权人、担保人有过错的,担保人承担民事责任的部分,不应超过债务人不能清偿部分的二分之一。<br><br>第8条<br>　　主合同无效而导致担保合同无效,担保人无过错的,担保人不承担民事责任;担保人有过错的,担保人承担民事责任的部分,不应超过债务人不能清偿部分的三分之一。 |
| **对比分析**<br>　　《民法典担保制度解释》第17条第1款是在原《担保法解释》第7条基础上发展而来的。经对比,《民法典担保制度解释》第17条第1款的主要变化之处:<br>　　一是在债权人无过错时,《担保法解释》第7条前句规定"担保人与主债务人对主合同债权人的经济损失承担连带赔偿责任";《民法典担保制度解释》第17条第1款第2项修改为"担保人对债务人不能清偿的部分承担赔偿责任。"<br>　　二是《民法典担保制度解释》增加了"债权人有过错而担保人无过错的,担保人不承担赔偿责任"这一规定。<br>　　《民法典担保制度解释》第17条第2款是在原《担保法解释》第8条基础上发展而来的。两者内容基本一致,《民法典担保制度解释》仅是将"民事责任"修改为"赔偿责任"。 ||

## 29. 担保合同被认定无效的主要事由都包括什么？

**要点解答**

以下是结合《民法典》和《民法典担保制度解释》整理出的担保合同容易被认定无效的常见事由所对应的相关规定，供金融机构从业人员参考。

> 一、担保主体不适格

1. 无民事行为能力人或限制民事行为能力人提供担保。

无民事行为能力人包括不满 8 周岁的未成年人、不能辨认自己行为的成年人以及不能辨认自己行为的 8 周岁以上的未成年人。<u>无民事行为能力人实施的民事法律行为无效</u>。《民法典》第 20 条规定："不满八周岁的未成年人为无民事行为能力人，由其法定代理人代理实施民事法律行为。"第 21 条规定："不能辨认自己行为的成年人为无民事行为能力人，由其法定代理人代理实施民事法律行为。八周岁以上的未成年人不能辨认自己行为的，适用前款规定。"

限制民事行为能力人是指 8 周岁以上的未成年人以及不能完全辨认自己行为的成年人。<u>限制民事行为能力人实施的民事法律行为效力待定，需要经过法定代理人的追认才有效</u>。《民法典》第 145 条第 1 款规定："限制民事行为能力人实施的纯获利益的民事法律行为或者与其年龄、智力、精神健康状况相适应的民事法律行为有效；实施的其他民事法律行为经法定代理人同意或者追认后有效。"

2. 机关法人提供担保。

《民法典》第 683 条第 1 款规定："<u>机关法人不得为保证人</u>，但是经国务院批准为使用外国政府或者国际经济组织贷款进行转贷的除外。"

《民法典担保制度解释》第 5 条第 1 款规定："<u>机关法人提供担保的，人民法院应当认定担保合同无效</u>，但是经国务院批准为使用外国政府或者国际经济组织贷款进行转贷的除外。"

3. 居民委员会、村民委员会提供担保。

《民法典担保制度解释》第 5 条第 2 款规定："居民委员会、村民委员会提供担保的,人民法院应当认定担保合同无效,但是依法代行村集体经济组织职能的村民委员会,依照村民委员会组织法规定的讨论决定程序对外提供担保的除外。"

4. 公司的分支机构提供担保。

《民法典担保制度解释》第 11 条第 1 款规定："公司的分支机构未经公司股东(大)会或者董事会决议以自己的名义对外提供担保,相对人请求公司或者其分支机构承担担保责任的,人民法院不予支持,但是相对人不知道且不应当知道分支机构对外提供担保未经公司决议程序的除外。"

5. 以公益为目的的非营利法人、非法人组织提供担保。

《民法典》第 683 条第 2 款规定："以公益为目的的非营利法人、非法人组织不得为保证人。"

《民法典担保制度解释》第 6 条第 1 款规定："以公益为目的的非营利性学校、幼儿园、医疗机构、养老机构等提供担保的,人民法院应当认定担保合同无效,但是有下列情形之一的除外：

(一)在购入或者以融资租赁方式承租教育设施、医疗卫生设施、养老服务设施和其他公益设施时,出卖人、出租人为担保价款或者租金实现而在该公益设施上保留所有权；

(二)以教育设施、医疗卫生设施、养老服务设施和其他公益设施以外的不动产、动产或者财产权利设立担保物权。"

> **二、以不得用于担保的财产提供担保**

《民法典》第 399 条规定："下列财产不得抵押：(一)土地所有权；(二)宅基地、自留地、自留山等集体所有土地的使用权,但是法律规定可以抵押的除外；(三)学校、幼儿园、医疗机构等为公益目的成立的非营利法人的教育设施、医疗卫生设施和其他公益设施；(四)所有权、使用权不明或者有争议的财产；(五)依法被查封、扣押、监管的财产；(六)法律、行政法规规定不得抵押的其他财产。"

> **三、法定代表人未经公司股东会或董事会决议越权对外提供担保**

《民法典担保制度解释》第 7 条第 1 款规定:"公司的法定代表人违反公司法关于公司对外担保决议程序的规定,超越权限代表公司与相对人订立担保合同,人民法院应当依照民法典第六十一条和第五百零四条等规定处理:

(一)相对人善意的,担保合同对公司发生效力;相对人请求公司承担担保责任的,人民法院应予支持。

(二)相对人非善意的,担保合同对公司不发生效力;相对人请求公司承担赔偿责任的,参照适用本解释第十七条的有关规定。"

> **四、担保人的意思表示不真实**

1. 欺诈。

《民法典》第 148 条规定:"一方以欺诈手段,使对方在违背真实意思的情况下实施的民事法律行为,受欺诈方有权请求人民法院或者仲裁机构予以撤销。"

第 149 条规定:"第三人实施欺诈行为,使一方在违背真实意思的情况下实施的民事法律行为,对方知道或者应当知道该欺诈行为的,受欺诈方有权请求人民法院或者仲裁机构予以撤销。"

《民法典总则编解释》第 21 条规定:"故意告知虚假情况,或者负有告知义务的人故意隐瞒真实情况,致使当事人基于错误认识作出意思表示的,人民法院可以认定为民法典第一百四十八条、第一百四十九条规定的欺诈。"

2. 胁迫。

《民法典》第 150 条规定:"一方或者第三人以胁迫手段,使对方在违背真实意思的情况下实施的民事法律行为,受胁迫方有权请求人民法院或者仲裁机构予以撤销。"

《民法典总则编解释》第 22 条规定:"以给自然人及其近亲属等的人身权利、财产权利以及其他合法权益造成损害或者以给法人、非法人组织的名誉、荣誉、财产权益等造成损害为要挟,迫使其基于恐惧心理作出意思表示的,人民法院可以认定为民法典第一百五十条规定的胁迫。"

3. 重大误解。

《民法典》第 147 条规定:"基于重大误解实施的民事法律行为,行为人有权请求人民法院或者仲裁机构予以撤销。"

《民法典总则编解释》第19条规定:"行为人对行为的性质、对方当事人或者标的物的品种、质量、规格、价格、数量等产生错误认识,按照通常理解如果不发生该错误认识行为人就不会作出相应意思表示的,人民法院可以认定为民法典第一百四十七条规定的重大误解。行为人能够证明自己实施民事法律行为时存在重大误解,并请求撤销该民事法律行为的,人民法院依法予以支持;但是,根据交易习惯等认定行为人无权请求撤销的除外。"

4.恶意串通。

《民法典》第154条规定:"行为人与相对人恶意串通,损害他人合法权益的民事法律行为无效。"

> **五、借新还旧**

《民法典担保制度解释》第16条第1款规定:"主合同当事人协议以新贷偿还旧贷,债权人请求旧贷的担保人承担担保责任的,人民法院不予支持;债权人请求新贷的担保人承担担保责任的,按照下列情形处理:

(一)新贷与旧贷的担保人相同的,人民法院应予支持;

(二)新贷与旧贷的担保人不同,或者旧贷无担保新贷有担保的,人民法院不予支持,但是债权人有证据证明新贷的担保人提供担保时对以新贷偿还旧贷的事实知道或者应当知道的除外。"

## 专题 6

# 共 同 担 保

## 30. 在共同担保中,担保人之间是否相互享有追偿权?

### 要点解答

共同担保,是指两个以上第三人为同一债务向债权人提供的担保。

对共同担保按照担保类型进行分类可分为两大类:同种共同担保和混合共同担保。

1. 同种共同担保,包括共同保证、共同抵押、共同质押等。

2. 混合共同担保,是指同一债权既有保证又有物的担保;或者同一债权既有抵押担保又有质押担保等。

两个以上担保人为同一债务提供担保,承担了担保责任的担保人原则上不能向其他担保人追偿。但是《民法典担保制度解释》第13条规定了担保人之间可以相互追偿的几种例外情形,我们总结如下:

1. 担保人之间约定相互追偿及分担份额。

同一债务有两个以上第三人提供担保,如果担保人之间约定相互追偿及分担份额,承担了担保责任的担保人有权请求其他担保人按照约定分担份额。

2. 担保人之间约定承担连带共同担保或者约定相互追偿但是未约定分担份额。

同一债务有两个以上第三人提供担保,如果担保人之间约定承担连带共同担保或者约定相互追偿但是未约定分担份额,承担了担保责任的担保人不仅有权向债务人进行追偿,也可以向其他担保人在其应当分担的份额范围内追偿。

3.担保人之间未对相互追偿作出约定,但在同一份合同书上签字、盖章或者按指印。

同一债务有两个以上第三人提供担保,担保人之间未对相互追偿作出约定且未约定承担连带共同担保,但是<u>各担保人在同一份合同书上签字、盖章或者按指印</u>,承担了担保责任的担保人有权请求其他担保人按照比例分担向债务人不能追偿的部分。需要注意的是,该种情形下担保人相互之间追偿权的范围仅限于"向债务人不能追偿的部分"。

表2-7  保证人承担责任范围对比

| 《民法典》 | 《担保法》(已废止) |
| --- | --- |
| 第699条<br>　　同一债务有两个以上保证人的,保证人应当按照保证合同约定的保证份额,承担保证责任;没有约定保证份额的,债权人可以请求任何一个保证人在其保证范围内承担保证责任。 | 第12条<br>　　同一债务有两个以上保证人的,保证人应当按照保证合同约定的保证份额,承担保证责任。没有约定保证份额的,保证人承担连带责任,债权人可以要求任何一个保证人承担全部保证责任,保证人都负有担保全部债权实现的义务。已经承担保证责任的保证人,有权向债务人追偿,或者要求承担连带责任的其他保证人清偿其应当承担的份额。 |

表2-8  担保人担责后追偿范围对比

| 《民法典担保制度解释》 | 《担保法解释》(已废止) |
| --- | --- |
| 第13条<br>　　同一债务有两个以上第三人提供担保,担保人之间约定相互追偿及分担份额,承担了担保责任的担保人请求其他担保人按照约定分担份额的,人民法院应予支持;担保人之间约定承担连带共同担保,或者约定相互追偿但是未约定分担份额的,各担保人按照比例分担向债务人不能追偿的部分。 | 第38条第1款<br>　　同一债权既有保证又有第三人提供物的担保的,债权人可以请求保证人或者物的担保人承担担保责任。当事人对保证担保的范围或者物的担保的范围没有约定或者约定不明的,承担了担保责任的担保人,可以向债务人追偿,也可以要求其他担保人清偿其应当分担的份额。 |

续表

| 《民法典担保制度解释》 | 《担保法解释》(已废止) |
|---|---|
| 同一债务有两个以上第三人提供担保,担保人之间未对相互追偿作出约定且未约定承担连带共同担保,但是各担保人在同一份合同书上签字、盖章或者按指印,承担了担保责任的担保人请求其他担保人按照比例分担向债务人不能追偿部分的,人民法院应予支持。<br>除前两款规定的情形外,承担了担保责任的担保人请求其他担保人分担向债务人不能追偿部分的,人民法院不予支持。 | |

# 31. 在共同担保中,如果某个担保人向债权人受让债权后,如何认定该担保人与其他担保人之间的关系?

## 要点解答

为了明确共同担保中各担保人之间的权利义务关系,针对同一债务有两个以上第三人提供担保时,担保人受让债权后与其他担保人之间的关系等问题,《民法典担保制度解释》第14条作出了详细规定。

**我们将《民法典担保制度解释》第14条整理出以下知识点:**

1. 同一债务有两个以上第三人提供担保,担保人受让债权的,<u>人民法院应当认定该行为系承担担保责任</u>。受让债权的担保人作为债权人请求其他担保人承担担保责任的,人民法院不予支持。

2. 同一债务有两个以上第三人提供担保,担保人受让债权的,<u>如果符合《民法典担保制度解释》第13条规定的情形时可向其他担保人主张分担份额</u>。即如果受让债权的担保人与其他担保人之间存在下列情形之一时,该担保人可以向其他担保人主张行使追偿权:

(1)担保人之间约定相互追偿及分担份额的。

(2)担保人之间约定相互追偿但是未约定分担份额的。

(3)担保人之间约定承担连带共同担保的。

(4)担保人之间未对相互追偿作出约定且未约定承担连带共同担保,但是各担保人在同一份合同书上签字、盖章或者按指印的。

表2-9 担保人受让债权的责任承担对比

| 《民法典担保制度解释》 | 《最高人民法院关于适用〈中华人民共和国民法典〉担保部分的解释》(征求意见稿) |
|---|---|
| 第14条<br>　　同一债务有两个以上第三人提供担保,担保人受让债权的,人民法院应当认定该行为系承担担保责任。受让债权的担保人作为债权人请求其他担保人承担担保责任的,人民法院不予支持;该担保人请求其他担保人分担相应份额的,依照本解释第十三条的规定处理。 | 第14条<br>　　同一债务有两个以上担保,担保人受让债权后,请求其他担保人承担担保责任,其他担保人依照民法典第七百条之规定,以该行为性质上属于承担担保责任为由,主张在担保人受让债权的范围内免除担保责任的,人民法院应予支持。<br>　　担保人受让债权后,依据原债权债务关系请求债务人承担责任,债务人依照民法典第七百条之规定,以该行为性质上属于承担担保责任为由,主张仅在担保人受让债权的范围内承担责任的,人民法院应予支持。<br>　　担保人的控股股东、实际控制人及其直接或者间接控制的公司受让债权或者担保人的近亲属受让债权后,请求担保人或者债务人承担责任的,参照适用前两款的相关规定。 |

# 32. 同一债权既有债务人自己提供的物的担保,又有第三人提供的担保,如何处理债权人、债务人以及第三人之间的关系?

### 要点解答

1. 在混合担保情形下,当债务人不履行到期债务时,债权人担保物权的实现规则。混合担保,指的是在同一个债权债务关系中,既有物的担保,又有人的担保的情形。

在混合担保情形下,债务人不履行到期债务的,债权人该如何实现担保物权,《民法典》第392条对此作出了明确规定,"被担保的债权既有物的担保又有人的担保的,债务人不履行到期债务或者发生当事人约定的实现担保物权的情形,债权人应当按照约定实现债权;没有约定或者约定不明确,债务人自己提供物的担保的,债权人应当先就该物的担保实现债权;第三人提供物的担保的,债权人可以就物的担保实现债权,也可以请求保证人承担保证责任。提供担保的第三人承担担保责任后,有权向债务人追偿"。

**我们对《民法典》第392条的内容整理出如下知识点:**

(1)约定优先原则。如果当事人之间对物保和人保的实现顺序有约定的情况下,债权人应按约定实现债权。

(2)如果当事人之间对物保和人保的实现顺序没有约定或者约定不明的,在债务人自己提供物的担保的情况下,债权人应当先就债务人提供的物保实现债权。

(3)如果当事人之间对物保和人保的实现顺序没有约定或者约定不明的,且债务人自己也没有提供物的担保,第三人提供物的担保的,债权人具有选择权,债权人可以自行选择就保证或者第三人提供的物保实现债权。

### 风险提示

如果商业银行将"当债务人未履行债务时,无论债务人对主合同项下的债权是否拥有其他担保,债权人均有权直接要求担保人承担担保责任"等类似内容预先设置在合同条款中,债权人对物保和人保的实现顺序问题在合同中进行明确的约定。但是,这可能会涉及《民法典》关于"格式条款无效"的法律风险。

《民法典》第496条规定:"格式条款是当事人为了重复使用而预先拟定,并在订立合同时未与对方协商的条款。采用格式条款订立合同的,提供格式条款的一方应当遵循公平原则确定当事人之间的权利和义务,并采取合理的方式提示对方注意免除或者减轻其责任等与对方有重大利害关系的条款,按照对方的要求,对该条款予以说明。**提供格式条款的一方未履行提示或者说明义务,致使对方没有注意或者理解与其有重大利害关系的条款的,对方可以主张该条款不成为合同的内容。**"

因此,我们建议商业银行作为提供格式条款的一方,对格式条款中免除或者减轻其责任等与对方有重大利害关系的内容,**在合同订立时采用足以引起对方注意的文字、符号、字体等特别标识**,并按照对方的要求以常人能够理解的方式对该格式条款予以说明。

2. 在混合担保情形下,第三人承担了担保责任后,有权主张行使债权人对债务人享有的担保物权。

《民法典担保制度解释》第 18 条第 2 款规定:"同一债权既有债务人自己提供的物的担保,又有第三人提供的担保,承担了担保责任或者赔偿责任的第三人,主张行使债权人对债务人享有的担保物权的,人民法院应予支持。"

该条款明确规定了承担担保责任或者赔偿责任的第三人的权利范围,即承担了担保责任或者赔偿责任的第三人,有权行使债权人对债务人享有的担保物权。值得注意的是,该条款中出现的"人保和物保"并存,这里的"物保"特指债务人自己提供的物的担保,而不是第三人提供的物的担保。

《民法典》第 700 条规定:"保证人承担保证责任后,除当事人另有约定外,有权在其承担保证责任的范围内向债务人追偿,享有债权人对债务人的权利,但是不得损害债权人的利益。"

《民法典》第 700 条赋予保证人承担保证责任后享有债权人对债务人的权利。保证人承担保证责任后,不仅有权向债务人主张债权人对债务人享有的主债权(包括债务的本金、利息、违约金等),同时还有权行使债权人对债务人享有的担保物权,即在债务人自己提供物的担保的情况下(如抵押、质押等),保证人在承担保证责任后可以行使这些担保物权。

3. 在混合担保中,如果债权人放弃债务人自己提供的物保的法律后果。

《民法典》第 409 条第 2 款规定:"债务人以自己的财产设定抵押,抵押权人放弃该抵押权、抵押权顺位或者变更抵押权的,其他担保人在抵押权人丧失优先受偿权益的范围内免除担保责任,但是其他担保人承诺仍然提供担保的除外。"

在混合担保的情况下,当债务人以自己的财产设定抵押时,如果商业银行作为抵押权人放弃自己对债务人财产的抵押权、抵押权顺位或者变更抵押权的,其他担保人在抵押权人丧失优先受偿权益的范围内免除担保责任。例外情形是,如果其他担保人承诺仍然提供担保,那么即使债权人有上述放弃或变更行为,其他担保人也不能免除担保责任。

专题 7

# 债务加入

## 33. 什么是"债务加入"?

《民法典》第552条对债务加入作出了明确的规定,"第三人与债务人约定加入债务并通知债权人,或者第三人向债权人表示愿意加入债务,债权人未在合理期限内明确拒绝的,债权人可以请求第三人在其愿意承担的债务范围内和债务人承担连带债务"。

**根据该条款,我们总结出如下知识点:**

1. 债务加入的构成要件。

(1)第三人有明确的加入债务的意思表示。第三人与债务人约定"第三人作为新债务人"加入该债务并通知债权人;或者第三人向债权人表示愿意加入债务。

(2)债权人未在合理期限内明确拒绝。

(3)债务人与债权人之间的债权债务关系有效存在。

2. 债务加入的法律效果。

在债务加入情形下,债务人并不脱离原合同关系,第三人加入债的关系后,<u>发生并存的债务承担的法律后果</u>,即债权人可以请求第三人在其愿意承担的债务范围内和债务人承担连带责任。

另外,依据《民法典》第697条第2款的规定,第三人加入债务的,保证人的保证责任不受影响。

3. 第三人加入债务在承担债务后能否向债务人追偿的问题。

依据《民法典合同编通则解释》（法释〔2023〕13号）第51条的规定，第三人加入债务并<u>与债务人约定了追偿权</u>，其履行债务后主张向债务人追偿的，人民法院应予支持；<u>没有约定追偿权</u>，第三人依照《民法典》关于<u>不当得利等的规定</u>，在其已经向债权人履行债务的范围内请求债务人向其履行的，人民法院应予支持，但是第三人知道或者应当知道加入债务会损害债务人利益的除外。债务人就其对债权人享有的抗辩向加入债务的第三人主张的，人民法院应予支持。

## 34. 法定代表人以公司名义加入债务有哪些法律问题？

### 要点解答

关于公司的法定代表人以公司名义加入债务的法律问题，《民法典担保制度解释》第12条作出了明确的规定，"法定代表人依照民法典第五百五十二条的规定以公司名义加入债务的，人民法院在认定该行为的效力时，<u>可以参照本解释关于公司为他人提供担保的有关规则处理</u>"。

公司的法定代表人以公司名义加入债务，本质上是一种将公司引入既存债务关系中的行为。这种行为使得公司在原本不属于自己的债务关系中承担了一定的责任。<u>由于债务加入人承担的责任要重于保证人承担的责任</u>，根据举轻以明重的原则，因此要参照公司为他人提供担保的有关规则处理。

关于公司为他人提供担保的有关规则,在本书前文已有专题讲解,①本节不再赘述。

## 35.债务加入与债务转移有何区别?

### 要点解答

表 2-10　债务加入与债务转移

| 《民法典》 | 《民法典》 |
| --- | --- |
| 第552条【债务加入】<br>　　第三人与债务人约定加入债务并通知债权人,或者第三人向债权人表示愿意加入债务,债权人未在合理期限内明确拒绝的,债权人可以请求第三人在其愿意承担的债务范围内和债务人承担连带债务。 | 第551条【债务转移】<br>　　债务人将债务的全部或者部分转移给第三人的,应当经债权人同意。<br>　　债务人或者第三人可以催告债权人在合理期限内予以同意,债权人未作表示的,视为不同意。 |
| **对比分析**<br>　　(1)在债务转移中,债务人将债务全部转移给第三人后,债务人即已经脱离原债务关系,不再作为债务人对债权人承担履行债务的义务。<br>　　而在债务加入中,债务人与第三人对债权人承担连带责任。<br>　　(2)债务转移必须经过债权人同意,否则债务转移行为无效;债务人或第三人可以就债务转移事宜催告债权人在合理期限内予以同意,但债权人未作表示的,视为不同意。<br>　　而债务加入,无须债权人明确表示同意,但应当通知债权人,只要债权人未在合理期限内明确拒绝,默示推定为同意。<br>　　(3)与债务转移相比,显然债务加入对债权人的保护更充分,债务加入对债权人更为有利。 ||

---

①　参见本书"22.新《公司法》关于公司对外提供担保的具体规定是什么?"和"23.公司的法定代表人越权担保所签订的担保合同是否发生法律效力?"的内容。

## 36. 债务加入与保证有何区别？

**要点解答**

表 2-11 债务加入与保证

| 《民法典》 | 《民法典》 |
| --- | --- |
| 第 552 条【债务加入】<br>第三人与债务人约定加入债务并通知债权人，或者第三人向债权人表示愿意加入债务，债权人未在合理期限内明确拒绝的，债权人可以请求第三人在其愿意承担的债务范围内和债务人承担连带债务。 | 第 681 条【保证合同的概念】<br>保证合同是为保障债权的实现，保证人和债权人约定，当债务人不履行到期债务或者发生当事人约定的情形时，保证人履行债务或者承担责任的合同。<br><br>第 682 条<br>保证合同是主债权债务合同的从合同。主债权债务合同无效的，保证合同无效，但是法律另有规定的除外。<br>保证合同被确认无效后，债务人、保证人、债权人有过错的，应当根据其过错各自承担相应的民事责任。<br><br>第 686 条<br>保证的方式包括一般保证和连带责任保证。<br>当事人在保证合同中对保证方式没有约定或者约定不明确的，按照一般保证承担保证责任。<br><br>第 700 条<br>保证人承担保证责任后，除当事人另有约定外，有权在其承担保证责任的范围内向债务人追偿，享有债权人对债务人的权利，但是不得损害债权人的利益。 |

续表

| 《民法典》 | 《民法典》 |
|---|---|

**对比分析**
1. 有无从属性不同。
(1) 保证合同从属于主合同,主合同无效则保证合同亦无效。
(2) 债务加入与原债务不是主从关系,债务加入合同不具有从属性,不是原合同的从合同。原合同无效,债务加入合同不受原合同无效的影响。
2. 意思表示受领对象不同。
(1) 保证是保证人与债权人就保证达成合意,保证关系不能仅在债务人与保证人之间产生,必须有债权人的参与。
(2) 债务加入人加入债务的意思表示,既可以由第三人向债权人作出愿意加入债务的意思表示,也可以由第三人与债务人约定加入债务并通知债权人。
3. 保证人受到保证期间和诉讼时效制度的双重限制;而第三人加入债务后,只能受到诉讼时效制度的限制。
4. 有无追偿权不同。
(1) 保证人承担保证责任后,除当事人另有约定外,有权在其承担保证责任的范围内向债务人追偿。
(2) 债务加入人的追偿权以约定为原则,若无约定则应以不当得利进行追偿。

**总结:**
**就责任轻重而言,债务加入人承担的责任要重于保证人承担的责任。**

## 专题 8

# 借新还旧对担保效力的影响

## 37. "借新还旧"的法律性质是什么？

### 要点解答

**1. 什么是借新还旧？**

借新还旧，又称"以新贷偿还旧贷"，是指债权人与债务人在旧的贷款尚未清偿的情况下，再次签订新的贷款合同，以新贷出的款项清偿部分或者全部旧的贷款。"新贷"与"旧贷"在贷款金额、贷款用途、还款时间等方面具有一定的关联性。

**2. 借新还旧的法律性质。**

对借新还旧的性质存在不同的观点。一种观点认为借新还旧属于"贷款展期"。另一种观点认为借新还旧属于"债务更新"。

《九民会议纪要》第 57 条第 1 句规定："贷款到期后，借款人与贷款人订立新的借款合同，将新贷用于归还旧贷，旧贷因清偿而消灭，为旧贷设立的担保物权也随之消灭。"

**我们认为，借新还旧的法律性质应属于债务更新，即通过设立新债的方式消灭旧债。**

债的清偿是债的消灭的最主要方式之一。贷款到期后，借款人通过新的借款合同获得新贷，并将其用于归还旧贷，这一行为使旧贷的债务得到了清偿。

### 相关规定

《民法典》第 393 条

有下列情形之一的,担保物权消灭:

**(一)主债权消灭;**

(二)担保物权实现;

(三)债权人放弃担保物权;

(四)法律规定担保物权消灭的其他情形。

## 38. 以新贷偿还旧贷,担保人该如何承担担保责任?

### 要点解答

> **一、借新还旧,关于旧贷的担保人是否需要承担担保责任的问题**

《九民会议纪要》第57条第1句规定:"贷款到期后,借款人与贷款人订立新的借款合同,将新贷用于归还旧贷,旧贷因清偿而消灭,为旧贷设立的担保物权也随之消灭。"

《民法典担保制度解释》第16条第1款前句规定:"主合同当事人协议以新贷偿还旧贷,债权人请求旧贷的担保人承担担保责任的,人民法院不予支持。"

借新还旧,其性质属于债务更新。贷款到期后,借款人通过新的借款合同获得新贷,并将其用于归还旧贷,这一行为使旧贷的债务得到了清偿。担保合同是主合同的从合同,在借新还旧场合,旧贷因清偿而消灭,基于担保的从属性,旧贷上的担保也随之消灭,故债权人请求旧贷的担保人承担责任的,人民法院不予支持。

> **二、借款还旧,关于新贷的担保人如何承担担保责任的问题**

《民法典担保制度解释》第16条对主合同当事人协议以新贷偿还旧贷情形下,关于新贷担保人的担保责任作出了明确规定。

1. 新贷与旧贷的担保人相同的情形。

以新贷偿还旧贷,如果新贷与旧贷的担保人相同,债权人请求新贷的担保人承担担保责任的,人民法院应予支持。

在借新还旧情形中,即使新贷和旧贷的担保人相同,商业银行在新贷对应的担保合同中明确告知担保人借新还旧的事实仍然具有重要意义。

商业银行明确告知担保人借新还旧的事实,可以确保担保人清楚地了解其担保的债务性质和风险,增强担保的确定性。例如,如果担保人在新贷上承担的担保责任的范围超过旧贷的范围,除非经新贷的担保人书面同意,否则担保人对新贷加重的债务部分也会存在不承担担保责任的风险。

2. 新贷与旧贷担保人不同或者旧贷无担保新贷有担保的情形。

以新贷偿还旧贷,如果新贷与旧贷的担保人不同或者旧贷无担保新贷有担保的,债权人请求新贷的担保人承担担保责任的,人民法院不予支持,但是债权人有证据证明新贷的担保人提供担保时对以新贷偿还旧贷的事实知道或者应当知道的除外。

**以新贷偿还旧贷,如果旧贷和新贷的担保人不同或者旧贷无担保新贷有担保的,新贷的担保人承担担保责任需满足以下条件:**

(1)只有新贷的担保人提供担保时<u>知道或应当知道"以新贷偿还旧贷"的借款用途</u>时,才承担担保责任。

(2)对于"新贷的担保人对新贷偿还旧贷的事实是否知道或应当知道"这一要件应由债权人承担举证责任。

商业银行应提供证据证明"<u>新贷担保人在提供担保时对于以新贷偿还旧贷的事实知道或者应当知道</u>",比如,商业银行在新贷对应的担保合同中对于以新贷偿还旧贷的事实以书面的方式明确约定出来,让新贷担保人能够全面了解借款用途,从而可以降低因新贷的担保人不知情而导致担保无效的风险。

### ➤ 三、借新还旧,关于旧贷担保物权的顺位认定

《九民会议纪要》第57条规定:"贷款到期后,借款人与贷款人订立新的借款合同,将新贷用于归还旧贷,旧贷因清偿而消灭,为旧贷设立的担保物权也随之消灭。<u>贷款人以旧贷上的担保物权尚未进行涂销登记为由,主张对新贷行使担保物权的,人民法院不予支持,但当事人约定继续为新贷提供担保的除外</u>。"

根据《九民会议纪要》上述规定,贷款到期后,借款人与贷款人订立新的借款

合同,以新贷偿还旧贷,旧贷因清偿而消灭,为旧贷设立的担保物权也随之消灭。但是,如果为旧贷提供物保的担保人同意继续为新贷提供担保的,则不要求再重新办理登记,旧贷上的担保物权可继续对新贷承担担保责任。

《民法典担保制度解释》第 16 条第 2 款规定:"主合同当事人协议以新贷偿还旧贷,旧贷的物的担保人在登记尚未注销的情形下同意继续为新贷提供担保,在订立新的贷款合同前又以该担保财产为其他债权人设立担保物权,其他债权人主张其担保物权顺位优先于新贷债权人的,人民法院不予支持。"

以新贷偿还旧贷,旧贷的物的担保人在登记尚未注销的情形下同意继续为新贷提供担保,如果该担保人在订立新的贷款合同前,又以该担保财产为其他债权人设立了担保物权,这种行为可能会引发不同债权人之间担保物权的顺位争议。根据《民法典担保制度解释》第 16 条第 2 款的规定,上述情况下,新贷债权人的担保物权顺位优先,其他债权人不能主张其担保物权顺位优先于新贷债权人。

## 风险提示

在借新还旧业务中,商业银行在适用《民法典担保制度解释》第 16 条第 2 款时,应充分认识到其中的法律风险。

该条款虽然规定了在上述情形下,新贷债权人的担保物权顺位优先,其他债权人主张其担保物权顺位优先于新贷债权人的,人民法院不予支持,但这并不意味着银行可以完全避免与其他债权人的法律纠纷。其他债权人可能会通过各种方式对抗银行担保物权的优先顺位,比如其他债权人可能会提出银行在借新还旧过程中存在不当行为或过失行为;提出银行担保物权的设立存在瑕疵;提出抵押物的登记状态受到外部因素的影响,抵押物被查封等。另外,在复杂的借新还旧业务中,不同的法官可能对《民法典担保制度解释》第 16 条第 2 款的理解和适用存在差异,这都可能导致银行在法律纠纷中面临不利的判决结果。

因此,商业银行应深入研究该条款的含义和适用范围,尤其要密切关注关于该条款的最新的法律动态和司法实践,为业务决策提供参考。

# 3

CHAPTER

第三章

# 保证

## 专题 1

# 关于保证的一般规定

## 39.《民法典》关于保证合同的定义是什么？

### 要点解答

依据《民法典》第 681 条之规定，保证合同是为保障债权的实现，保证人和债权人约定，当债务人不履行到期债务或者发生当事人约定的情形时，保证人履行债务或者承担责任的合同。

《民法典》第 681 条源于已废止的《担保法》第 6 条。按照《担保法》第 6 条的规定，债权人向保证人主张保证债权主要限定在"债务人不履行到期债务"这种较为单一的情形，这意味着只有当债务人明确没有按照合同约定履行到期债务时，债权人才可以向保证人提出承担保证责任的要求。

《民法典》第 681 条明确债权人向保证人主张保证债权，不仅限于"债务人不履行到期债务"这一种情形，还包括"发生当事人约定的情形"。例如，债权人和保证人在保证合同中可以约定：

1. 债权人根据主合同的约定或法律规定宣布债务提前到期，债务人未按时足额履行全部债务的，保证人应立即承担保证责任。

2. 在主合同履行期限内，保证人如出现被撤销、吊销营业执照、责令关闭或者出现其他解散事由或者被人民法院受理破产申请等情形，保证人应立即承担保证责任。

表 3-1　保证合同或保证定义有关规定对比

| 《民法典》 | 《担保法》(已废止) |
|---|---|
| 第681条<br>　　保证合同是为保障债权的实现,保证人和债权人约定,当债务人不履行到期债务或者发生当事人约定的情形时,保证人履行债务或者承担责任的合同。 | 第6条<br>　　本法所称保证,是指保证人和债权人约定,当债务人不履行债务时,保证人按照约定履行债务或者承担责任的行为。 |

## 40. 保证合同的内容一般包括哪些条款？

▲ 要点解答

**依据《民法典》第684条之规定,保证合同的内容一般包括以下条款：**

(1)被保证的主债权的种类和数额；

(2)债务人履行债务的期限；

(3)保证的方式；

(4)保证的范围；

(5)保证的期间等。

需要注意的是,《民法典》第684条规定保证合同的内容"一般包括"被保证的主债权的种类、数额,债务人履行债务的期限,保证的方式、范围和期间等条款,而非"应当包括",即上述条款并非都是保证合同的必备条款。一般而言,只要保证双方当事人、被保证的主债权种类和债权数额能够确定,保证合同即成立。

另外,保证人和债权人在保证合同订立后,还可以根据具体情况协议增加有关内容,对订立保证合同时没有规定的内容加以补充。

表 3-2　保证合同内容有关规定对比

| 《民法典》 | 《担保法》(已废止) |
| --- | --- |
| 第684条<br>　　保证合同的内容一般包括被保证的主债权的种类、数额,债务人履行债务的期限,保证的方式、范围和期间等条款。 | 第15条<br>　　保证合同应当包括以下内容:<br>　　(一)被保证的主债权种类、数额;<br>　　(二)债务人履行债务的期限;<br>　　(三)保证的方式;<br>　　(四)保证担保的范围;<br>　　(五)保证的期间;<br>　　(六)双方认为需要约定的其他事项。<br>　　保证合同不完全具备前款规定内容的,可以补正。 |

# 41. 关于保证合同订立的具体方式包括什么?

### 要点解答

**《民法典》第685条就保证合同订立的方式进行了明确规定**,"保证合同可以是单独订立的书面合同,也可以是主债权债务合同中的保证条款。第三人单方以书面形式向债权人作出保证,债权人接收且未提出异议的,保证合同成立"。

**保证合同订立的具体方式包括:**

1. 保证人与债权人订立单独的保证合同。

2. 保证人与债权人、债务人共同订立主债权债务合同,该主债权债务合同中包含有保证条款。

3. 保证人单方以书面形式向债权人作出保证,债权人接收且未提出异议的,保证合同成立。

表 3-3　保证合同订立方式有关规定对比

| 《民法典》 | 《担保法》《担保法解释》(已废止) |
|---|---|
| 第685条<br>　　保证合同可以是单独订立的书面合同,也可以是主债权债务合同中的保证条款。<br>　　第三人单方以书面形式向债权人作出保证,债权人接收且未提出异议的,保证合同成立。 | 《担保法》第13条<br>　　保证人与债权人应当以书面形式订立保证合同。<br><br>《担保法》第93条<br>　　本法所称保证合同、抵押合同、质押合同、定金合同可以是单独订立的书面合同,包括当事人之间的具有担保性质的信函、传真等,也可以是主合同中的担保条款。<br><br>《担保法解释》第22条<br>　　第三人单方以书面形式向债权人出具担保书,债权人接受且未提出异议的,保证合同成立。<br>　　主合同中虽然没有保证条款,但是,保证人在主合同上以保证人的身份签字或者盖章的,保证合同成立。 |

## 相关规定

《民法典》第140条

行为人可以明示或者默示作出意思表示。沉默只有在有法律规定、当事人约定或者符合当事人之间的交易习惯时,才可以视为意思表示。

## 专题 2

# 保 证 方 式

## 42. 什么是"一般保证"?

**要点解答**

依据《民法典》第687条规定,一般保证,是指当事人在保证合同中约定,债务人不能履行债务时,由保证人承担保证责任的保证。

一般保证人享有先诉抗辩权。先诉抗辩权,是指一般保证的保证人在主合同纠纷未经审判或者仲裁,并就债务人财产依法强制执行仍不能履行债务前,有权拒绝向债权人承担保证责任。当出现下列情形时,一般保证的保证人不得行使先诉抗辩权:

1. 债务人下落不明,且无财产可供执行;

2. 人民法院已经受理债务人破产案件;

3. 债权人有证据证明债务人的财产不足以履行全部债务或者丧失履行债务能力;

4. 保证人书面表示放弃先诉抗辩权。

表 3-4　一般保证有关规定对比

| 《民法典》 | 《担保法》《担保法解释》(已废止) |
|---|---|
| 第 687 条<br>　　当事人在保证合同中约定,债务人不能履行债务时,由保证人承担保证责任的,为一般保证。<br>　　一般保证的保证人在主合同纠纷未经审判或者仲裁,并就债务人财产依法强制执行仍不能履行债务前,有权拒绝向债权人承担保证责任,但是有下列情形之一的除外:<br>　　(一)债务人<u>下落不明,且无财产可供执行</u>;<br>　　(二)<u>人民法院已经受理债务人破产案件</u>;<br>　　(三)<u>债权人有证据证明债务人的财产不足以履行全部债务或者丧失履行债务能力</u>;<br>　　(四)保证人书面表示放弃本款规定的权利。 | 《担保法》第 17 条<br>　　当事人在保证合同中约定,债务人不能履行债务时,由保证人承担保证责任的,为一般保证。<br>　　一般保证的保证人在主合同纠纷未经审判或者仲裁,并就债务人财产依法强制执行仍不能履行债务前,对债权人可以拒绝承担保证责任。<br>　　有下列情形之一的,保证人不得行使前款规定的权利:<br>　　(一)<u>债务人住所变更,致使债权人要求其履行债务发生重大困难的</u>;<br>　　(二)<u>人民法院受理债务人破产案件,中止执行程序的</u>;<br>　　(三)保证人以书面形式放弃前款规定的权利的。<br><br>《担保法解释》第 25 条<br>　　担保法第十七条第三款第(一)项规定的债权人要求债务人履行债务发生的重大困难情形,包括债务人下落不明、移居境外,且无财产可供执行。 |

**对比分析**

　　《民法典》第 687 条是在《担保法》第 17 条基础上修改而成的。

　　其中,《民法典》第 687 条第 1 项删去了"债务人住所变更"这一前置性条件;第 2 项删除了本项中后句"中止执行程序";新增第 3 项。

# 43. 当事人对保证方式没有约定或者约定不明确的,应认定为何种保证方式?

### 要点解答

　　保证方式包括一般保证和连带责任保证。如果当事人在保证合同中对保证方式没有约定或者约定不明确的,《民法典》第 686 条规定按照一般保证承担保证责任。

对于保证人而言,《民法典》将未约定或约定不明确的保证方式认定为一般保证,给予了保证人一定程度的保护。对于债权人而言,这一规定促使债权人在签订保证合同时更加谨慎地明确保证方式,以确保自己的权益能够得到最大限度的保障。

在实践中,当保证合同对保证方式有约定但未明确"一般保证"或"连带责任保证"的文字表述时,可能会引发一定的争议和不确定性。《民法典担保制度解释》第 25 条对此问题作出了明确的规定:

1. 当事人在保证合同中约定了<u>保证人在债务人不能履行债务或者无力偿还债务时才承担保证责任等类似内容</u>,具有债务人应当先承担责任的意思表示的,人民法院应当将其认定为一般保证。

2. 当事人在保证合同中约定了<u>保证人在债务人不履行债务或者未偿还债务时即承担保证责任、无条件承担保证责任等类似内容</u>,不具有债务人应当先承担责任的意思表示的,人民法院应当将其认定为连带责任保证。

表 3-5 保证方式不明确时有关规定对比

| 《民法典》 | 《担保法》(已废止) |
| --- | --- |
| 第 686 条<br>　　保证的方式包括一般保证和连带责任保证。<br>　　当事人在保证合同中对保证方式没有约定或者约定不明确的,<u>按照一般保证承担保证责任。</u> | 第 16 条<br>　　保证的方式有:<br>　　(一)一般保证;<br>　　(二)连带责任保证。<br><br>第 19 条<br>　　当事人对保证方式没有约定或者约定不明确的,<u>按照连带责任保证承担保证责任。</u> |
| **对比分析**<br>　　《民法典》第 686 条是在《担保法》第 16 条和第 19 条基础上修改而成的。<br>　　《民法典》第 686 条主要修改了保证方式的推定规则。当事人对保证方式没有约定或者约定不明确的,由"按照连带责任保证承担保证责任"<u>修改为"按照一般保证承担保证责任"</u>。 ||

## 44. 什么是"连带责任保证"？

> **要点解答**

《民法典》第 688 条规定了连带责任保证。连带责任保证，是指当事人在保证合同中约定保证人和债务人对债务承担连带责任。

连带责任保证中，如债务人不履行到期债务或者发生当事人约定的情形时，债权人可以请求债务人履行债务，也可以请求保证人在其保证范围内承担保证责任。

与一般保证相比，连带责任保证的保证人并不享有先诉抗辩权，即只要主债务人不履行到期债务或者发生当事人约定情形时，债权人即可要求保证人承担保证责任，而无论债权人是否就主债务人的财产已强制执行，保证人均应依保证合同的约定承担保证责任。

需要注意的是，《民法典》第 688 条的表述中使用的法律术语是"**连带责任保证**"，而不是"**连带保证**"，因此商业银行应加强对保证合同的审查和管理，在签订保证合同确定保证方式时必须准确理解和运用"连带责任保证"这一法律术语，避免使用不规范的表述，以降低潜在的法律风险。

表 3-6　连带保证有关规定对比

| 《民法典》 | 《担保法》(已废止) |
| --- | --- |
| 第 688 条<br>　　当事人在保证合同中约定保证人和债务人对债务承担连带责任的，为连带责任保证。<br>　　连带责任保证的债务人不履行到期债务或者发生当事人约定的情形时，债权人可以请求债务人履行债务，也可以请求保证人在其保证范围内承担保证责任。 | 第 18 条<br>　　当事人在保证合同中约定保证人与债务人对债务承担连带责任的，为连带责任保证。<br>　　连带责任保证的债务人在主合同规定的债务履行期届满没有履行债务的，债权人可以要求债务人履行债务，也可以要求保证人在其保证范围内承担保证责任。 |

续表

| 《民法典》 | 《担保法》(已废止) |
|---|---|

**对比分析**

《民法典》第 688 条是在《担保法》第 18 条基础上修改而成的。

其中《民法典》第 688 条第 2 款增加了"发生当事人约定的情形时"这一履行条件;同时将"债务人在主合同规定的债务履行期届满没有履行债务"修改为"债务人不履行到期债务"。

# 专题 3

# 保证责任的承担

## 45. 债务人逾期后,如果一般保证的保证人向债权人提供了债务人的财产信息,其保证责任是否可以免除?

### ▎要点解答

一般保证业务中,当债务人逾期后,保证人向债权人提供债务人财产信息后对保证人发生何种影响,对此《民法典》第698条作出了明确规定,"一般保证的保证人在主债务履行期限届满后,向债权人提供债务人可供执行财产的真实情况,债权人放弃或者怠于行使权利致使该财产不能被执行的,保证人在其提供可供执行财产的价值范围内不再承担保证责任"。

因此,主债务履行期限届满后,如果一般保证的保证人向债权人提供"债务人可供执行财产"的真实情况时,其保证责任并不会当然免除;只有债权人放弃或者怠于行使权利致使该财产不能被执行的,保证人在其提供可供执行财产的价值范围内不再承担保证责任。

一般保证的保证人可通过这种方式,促使债权人及时采取措施实现债权,同时也为自己在一定程度上减轻了潜在的保证责任风险。对于债权人而言,在收到一般保证的保证人提供的债务人可供执行财产信息后,负有积极行使权利的义务,否则保证人在其提供可供执行财产的价值范围内不再承担保证责任。

表3-7　一般保证人不再承担保证责任相关规定对比

| 《民法典》 | 《担保法解释》(已废止) |
| --- | --- |
| 第698条<br>　　一般保证的保证人在主债务履行期限届满后,向债权人提供债务人可供执行财产的真实情况,债权人放弃或者怠于行使权利致使该财产不能被执行的,<u>保证人在其提供可供执行财产的价值范围内不再承担保证责任</u>。 | 第24条<br>　　一般保证的保证人在主债权履行期间届满后,向债权人提供了债务人可供执行财产的真实情况的,债权人放弃或者怠于行使权利致使该财产不能被执行,保证人可以请求<u>人民法院在其提供可供执行财产的实际价值范围内免除保证责任</u>。 |
| 对比分析<br>　　《民法典》第698条规定来源于《担保法解释》第24条,其实质内容没有变化,只是表述略有不同。 ||

# 46. 在一般保证情形下,当债务人逾期后,债权人是先以债务人为被告,还是将债务人和保证人同时列为被告?

## 要点解答

在一般保证情形下,对于债权人提起诉讼时如何准确地确定被告,一直是司法实践中面临的一个重要问题。《民法典担保制度解释》第26条针对这一问题作出了明确规定,"一般保证中,<u>债权人以债务人为被告提起诉讼的</u>,人民法院应予受理。债权人未就主合同纠纷提起诉讼或者申请仲裁,仅起诉一般保证人的,人民法院应当驳回起诉。

一般保证中,<u>债权人一并起诉债务人和保证人的</u>,人民法院可以受理,但是在作出判决时,除有民法典第六百八十七条第二款但书规定的情形外,应当在判决书主文中明确,保证人仅对债务人财产依法强制执行后仍不能履行的部分承担保证责任。

债权人未对债务人的财产申请保全,或者保全的债务人的财产足以清偿债务,债权人申请对一般保证人的财产进行保全的,人民法院不予准许"。

由于一般保证人享有先诉抗辩权,即在主合同纠纷未经审判或者仲裁,并就债务人财产依法强制执行仍不能履行债务前,一般保证人有权拒绝向债权人承担保证责任。因此,在一般保证中,债务人不履行到期债务,债权人提起诉讼确定被告时需要结合一般保证的特点进行综合考量,具体分析如下:

1. 债权人单独以债务人为被告提起诉讼。

一般保证中,债权人以债务人为被告提起诉讼的,人民法院应予受理。

2. 债权人仅起诉一般保证人。

债权人未就主合同纠纷提起诉讼或者申请仲裁,仅起诉一般保证人的,人民法院应当驳回起诉。

3. 债权人一并起诉债务人和保证人。

一般保证中,债权人一并起诉债务人和保证人的,人民法院可以受理,但是在作出判决时,除有《民法典》第 687 条第 2 款但书规定的情形外,<u>应当在判决书主文中明确,保证人仅对债务人财产依法强制执行后仍不能履行的部分承担保证责任</u>。

其中,《民法典》第 687 条第 2 款但书规定的情形包括:"(一)债务人下落不明,且无财产可供执行;(二)人民法院已经受理债务人破产案件;(三)债权人有证据证明债务人的财产不足以履行全部债务或者丧失履行债务能力;(四)保证人书面表示放弃本款规定的权利。"

4. 限制对一般保证人财产的保全措施。

债权人一并起诉债务人和一般保证人,如果债权人未对债务人的财产申请保全,或者保全的债务人的财产足以清偿债务,债权人申请对一般保证人的财产进行保全的,人民法院不予准许。这一规定可以有效地保护一般保证人的先诉抗辩权。

## 47. 如果主债权债务合同内容发生变更,对保证人的保证责任会产生什么影响?

### 要点解答

主债权债务合同的变更与保证人的责任紧密相关。当债权人和债务人对主债权债务合同内容进行变更时,保证人的责任将如何确定? 对此《民法典》第695条作出了明确规定。

1. 债权人和债务人变更主债权债务合同内容,未经保证人书面同意,如果主合同内容的变更是<u>减轻了主债务人的债务</u>的,则保证人对变更后的债务承担保证责任。

2. 债权人和债务人变更主债权债务合同内容,未经保证人书面同意,如果主合同内容的变更是<u>加重了主债务人的债务</u>的,则保证人对加重的部分不承担保证责任。

3. 债权人和债务人变更主债权债务合同的履行期限,<u>未经保证人书面同意的,保证期间不受影响</u>。

表3-8　主债权债务合同变更时保证责任有关规定对比

| 《民法典》 | 《担保法》《担保法解释》(已废止) |
| --- | --- |
| 第695条<br>　　债权人和债务人未经保证人书面同意,协商变更主债权债务合同内容,减轻债务的,保证人仍对变更后的债务承担保证责任;加重债务的,保证人对加重的部分不承担保证责任。<br>　　债权人和债务人变更主债权债务合同的履行期限,未经保证人书面同意的,保证期间不受影响。 | 《担保法》第24条<br>　　债权人与债务人协议变更主合同的,应当取得保证人书面同意,未经保证人书面同意,保证人不再承担保证责任。保证合同另有约定的,按照约定。<br><br>《担保法解释》第30条<br>　　保证期间,债权人与债务人对主合同数量、价款、币种、利率等内容作了变动,未经保证人同意的,如果减轻债务人的债务的,保证人仍应当对变更后的合同承担保证责任;如果加重债务人的债务的,保证人对加重的部分不承担保证责任。 |

续表

| 《民法典》 | 《担保法》《担保法解释》(已废止) |
|---|---|
|  | 债权人与债务人对主合同履行期限作了变动,未经保证人书面同意的,保证期间为原合同约定的或者法律规定的期间。<br>债权人与债务人协议变动主合同内容,但并未实际履行的,保证人仍应当承担保证责任。 |

# 48. 如果债权人转让全部或者部分债权,对保证人的保证责任会产生什么影响?

## 要点解答

《民法典》第696条的主旨是对债权转让行为中保证人的保证责任所受影响进行的规定,"债权人转让全部或者部分债权,未通知保证人的,该转让对保证人不发生效力。

保证人与债权人约定禁止债权转让,债权人未经保证人书面同意转让债权的,保证人对受让人不再承担保证责任"。

依据《民法典》第696条之规定,我们整理出如下知识点:

1.债权人应将主债权转让通知保证人,未通知保证人的,该转让对保证人不发生效力。债权转让在让与人与受让人之间虽然已经生效,但如果没有通知保证人,保证人仍在原保证合同所确定的保证范围内承担保证责任,无须向受让人承担保证责任,如果保证人向原债权人清偿债务可产生消灭保证债务的法律后果。

2.根据意思自治原则,如果当事人于保证合同中就主债权转让对保证债务的影响问题另有特别约定的,应从其约定。如果保证人与债权人约定禁止债权转让,债权人未经保证人书面同意转让债权的,保证人对受让人不再承担保证责任。

表3-9 债权人转让债权时保证责任有关规定对比

| 《民法典》 | 《担保法》《担保法解释》(已废止) |
| --- | --- |
| 第696条<br>　　债权人转让全部或者部分债权,未通知保证人的,该转让对保证人不发生效力。<br>　　保证人与债权人约定禁止债权转让,债权人未经保证人书面同意转让债权的,保证人对受让人不再承担保证责任。 | 《担保法》第22条<br>　　保证期间,债权人依法将主债权转让给第三人的,保证人在原保证担保的范围内继续承担保证责任。保证合同另有约定的,按照约定。<br><br>《担保法解释》第28条<br>　　保证期间,债权人依法将主债权转让给第三人的,保证债权同时转让,保证人在原保证担保的范围内对受让人承担保证责任。但是保证人与债权人事先约定仅对特定的债权人承担保证责任或者禁止债权转让的,保证人不再承担保证责任。 |

# 49.债务人转移全部或者部分债务,对保证人的保证责任会产生什么影响?

### 要点解答

《民法典》第697条第1款是关于债务转移对保证人的保证责任发生何种影响的规定,"债权人未经保证人书面同意,允许债务人转移全部或者部分债务,保证人对未经其同意转移的债务不再承担保证责任,但是债权人和保证人另有约定的除外"。

**依据《民法典》第697条第1款之内容,我们整理出如下知识点:**

1.该条款中的法律用语是**"保证人书面同意"**,因此,如果保证人仅是口头同意,则不能认为保证人已经同意债务人部分或者全部转让债务。

2.该条款中规定的**"主债务转移"**,既包括主债务人将主债务全部转移给他人,也包括将部分债务转移给他人。

3.读者需要关注该条款中的"例外规定",即"但是债权人和保证人另有约定的除外"。因此,建议金融机构和保证人订立的书面合同中可以约定,在保证期间内,债权人许可债务人转让债务的,可以不用取得保证人书面同意。

需要注意的是,由于这种约定属于对法律一般规定的例外,在司法实践中可能会存在法律适用的不确定性,不同的法官可能对这种约定的效力和解释存在不同的看法,从而增加了金融机构和保证人在纠纷解决中的风险。

表 3-10　债务人转让债务时保证责任有关规定对比

| 《民法典》 | 《担保法》《担保法解释》(已废止) |
| --- | --- |
| 第 697 条第 1 款<br>　　债权人未经保证人书面同意,允许债务人转移全部或者部分债务,保证人对未经其同意转移的债务不再承担保证责任,但是债权人和保证人另有约定的除外。 | 《担保法》第 23 条<br>　　保证期间,债权人许可债务人转让债务的,应当取得保证人书面同意,保证人对未经其同意转让的债务,不再承担保证责任。<br>《担保法解释》第 29 条<br>　　保证期间,债权人许可债务人转让部分债务未经保证人书面同意的,保证人对未经其同意转让部分的债务,不再承担保证责任。但是,保证人仍应当对未转让部分的债务承担保证责任。 |

# 50. 第三人加入债务的,对保证人的保证责任产生什么影响?

## 要点解答

依据《民法典》第 697 条第 2 款的规定,第三人加入债务,保证人的保证责任不受影响。

第三人加入债务,债务人的整体偿债能力只会增加而不会减损,对保证人的权益不发生不利影响,所以不需要保证人书面同意,保证人仍需按照原来的约定继续承担保证责任。

## 相关规定

《民法典》第 552 条【债务加入】

第三人与债务人约定加入债务并通知债权人，或者第三人向债权人表示愿意加入债务，债权人未在合理期限内明确拒绝的，债权人可以请求第三人在其愿意承担的债务范围内和债务人承担连带债务。

## 51. 如果夫妻一方对外提供保证担保，由此产生的保证债务能否认定为夫妻共同债务？

## 要点解答

关于借款所引起的夫妻共同债务的认定问题，在前文已经进行了详细解释，此处不再赘述。

本节内容主要是关于夫妻一方提供保证担保，由此产生的保证债务能否认定为夫妻共同债务的问题？

对此问题，《民法典》及《民法典担保制度解释》对该问题并没有作出直接的规定。

在 2015 年下发的《最高人民法院民一庭关于夫妻一方对外担保之债能否认定为夫妻共同债务的复函》（〔2015〕民一他字第 9 号）中规定："福建省高级人民法院：你院（2014）闽民申字第 1715 号《关于再审申请人宋某、叶某与被申请人叶某某及一审被告陈某、李某民间借贷纠纷一案的请示》收悉。经研究答复如下：同意你院审判委员会多数意见，即夫妻一方对外担保之债<u>**不应当适用**</u>《最高人民法院关于适用〈中华人民共和国婚姻法〉若干问题的解释（二）》第二十四条的规定认定为夫妻共同债务。"

**对此问题,我们倾向认为:**

夫妻一方对外提供保证担保所形成的保证债务<u>一般不会被认定为夫妻共同债务</u>,除非夫妻双方在保证合同上共同签字,或者夫妻另一方事后追认。因此,商业银行在处理夫妻一方对外提供保证担保的情况时,应充分认识到保证债务认定为夫妻共同债务的复杂性和法律风险,尽量通过明确告知义务、要求夫妻双方共同签字或取得追认等措施降低金融机构的债权风险。

表 3-11　夫妻一方对外提供担保时保证债务认定相关规定对比

| 《民法典》 | 《最高人民法院关于适用〈中华人民共和国婚姻法〉若干问题的解释(二)》(已失效) |
|---|---|
| 第 1064 条<br>　　夫妻双方共同签名或者夫妻一方事后追认等共同意思表示所负的债务,以及夫妻一方在婚姻关系存续期间以个人名义为家庭日常生活需要所负的债务,属于夫妻共同债务。<br>　　夫妻一方在婚姻关系存续期间以个人名义超出家庭日常生活需要所负的债务,不属于夫妻共同债务;但是,债权人能够证明该债务用于夫妻共同生活、共同生产经营或者基于夫妻双方共同意思表示的除外。 | 第 24 条<br>　　债权人就婚姻关系存续期间夫妻一方以个人名义所负债务主张权利的,应当按夫妻共同债务处理。但夫妻一方能够证明债权人与债务人明确约定为个人债务,或者能够证明属于婚姻法第十九条第三款规定情形的除外。<br>　　夫妻一方与第三人串通,虚构债务,第三人主张权利的,人民法院不予支持。<br>　　夫妻一方在从事赌博、吸毒等违法犯罪活动中所负债务,第三人主张权利的,人民法院不予支持。 |

## 专题 4

# 保证人的追偿权

## 52. 什么是"保证人的追偿权"?

### 要点解答

**《民法典》第 700 条是关于保证人对债务人追偿权的规定**,"保证人承担保证责任后,除当事人另有约定外,有权在其承担保证责任的范围内向债务人追偿,享有债权人对债务人的权利,但是不得损害债权人的利益"。

保证人的追偿权,又称保证人的求偿权,是指保证人在承担保证责任后,可以向主债务人请求偿还的权利。保证人行使追偿权,需要具备以下条件:

1. 保证人已经对债权人承担了全部或部分保证责任;
2. 因保证人履行保证债务而使主债务全部或部分地相对消灭;
3. 保证人没有赠与的意思表示;
4. 保证人承担保证责任没有过错。

表 3-12 保证人追偿权有关规定对比

| 《民法典》 | 《担保法》《担保法解释》(已废止) |
|---|---|
| 第 700 条<br>　　保证人承担保证责任后,除当事人另有约定外,有权在其承担保证责任的范围内向债务人追偿,享有债权人对债务人的权利,但是不得损害债权人的利益。 | 《担保法》第 31 条<br>　　保证人承担保证责任后,有权向债务人追偿。 |

续表

| 《民法典》 | 《担保法》《担保法解释》(已废止) |
| --- | --- |
|  | 《担保法解释》第43条<br>　　保证人自行履行保证责任时,其实际清偿额大于主债权范围的,保证人只能在主债权范围内对债务人行使追偿权。 |

## 53. 如何理解保证人行使追偿权的范围？

### 要点解答

> 一、保证人承担保证责任的范围不应大于主债务范围

《民法典担保制度解释》第3条第1款明确了担保人的责任范围应与债务人应当承担的责任范围相对应,规定:"当事人对担保责任的承担约定专门的违约责任,或者约定的担保责任范围超出债务人应当承担的责任范围,担保人主张仅在债务人应当承担的责任范围内承担责任的,人民法院应予支持。"

另外,《九民会议纪要》第55条也强调担保人承担的担保责任范围不应当大于主债务,这是担保从属性的必然要求。该条款规定:"担保人承担的担保责任范围不应当大于主债务,是担保从属性的必然要求。当事人约定的担保责任的范围大于主债务的,如针对担保责任约定专门的违约责任、担保责任的数额高于主债务、担保责任约定的利息高于主债务利息、担保责任的履行期先于主债务履行期届满,等等,均应当认定大于主债务部分的约定无效,从而使担保责任缩减至主债务的范围。"

> 二、保证人有权在其承担保证责任的范围内向债务人追偿

《民法典》第700条规定:"保证人承担保证责任后,除当事人另有约定外,有权在其承担保证责任的范围内向债务人追偿,享有债权人对债务人的权利,但是不得损害债权人的利益。"

《民法典担保制度解释》第 18 条第 1 款规定,承担了担保责任或者赔偿责任的担保人,在其承担责任的范围内向债务人追偿的,人民法院应予支持。

保证人追偿权的范围限定于"其承担保证责任的范围",这一规定体现了担保范围从属性的重要原则。

### ➤ 三、保证人承担的责任超出了债务人应当承担的责任范围的法律后果

依据《民法典担保制度解释》第 3 条第 2 款的规定,担保人承担的责任超出债务人应当承担的责任范围,担保人向债务人追偿,债务人主张仅在其应当承担的责任范围内承担责任的,人民法院应予支持。

担保人承担的责任超出债务人应当承担的责任范围,担保人请求债权人返还超出部分的,人民法院依法予以支持。

### ➤ 四、保证人行使追偿权,享有债权人对债务人的权利

《民法典》第 700 条赋予保证人承担保证责任后享有债权人对债务人的权利。

保证人承担保证责任后,不仅有权向债务人主张债权人对债务人享有的主债权(包括债务的本金、利息、违约金等),同时还有权行使债权人对债务人享有的担保物权。在债务人自己提供物的担保的情况下(如抵押、质押等),保证人在承担保证责任后可以行使这些担保物权。[①]

> **关联法条**
>
> 《民法典担保制度解释》第 18 条第 2 款
> 同一债权既有债务人自己提供的物的担保,又有第三人提供的担保,承担了担保责任或者赔偿责任的第三人,主张行使债权人对债务人享有的担保物权的,人民法院应予支持。

### ➤ 五、保证人行使追偿权,不得损害债权人的利益

《民法典》第 700 条明确了保证人承担保证责任后,享有债权人对债务人的权

---

① 可以参见本书对"32.同一债权既有债务人自己提供的物的担保,又有第三人提供的担保,如何处理债权人、债务人以及第三人之间的关系?"的讲解内容。

利,但同时强调保证人追偿权的行使不得损害债权人的利益。

例如,如果保证人仅部分履行保证债务,仅会使部分主债务消灭。这意味着债务人的债务负担在一定程度上得到减轻,但并未完全消除。在这种情况下,保证人虽然依法有权在其承担部分保证责任的范围内向债务人追偿,但在债权人全部债权受偿之前,保证人的追偿权是无法与债权人的剩余债权平等对待的,债务人的财产应优先用于清偿债权人的剩余债权,保证人的追偿请求不能优先于债权人的剩余债权得到满足。

> **关联法条**
>
> 《民法典担保制度解释》第 23 条第 2 款
>
> 担保人清偿债权人的全部债权后,可以代替债权人在破产程序中受偿;在债权人的债权未获全部清偿前,担保人不得代替债权人在破产程序中受偿,但是有权就债权人通过破产分配和实现担保债权等方式获得清偿总额中超出债权的部分,在其承担担保责任的范围内请求债权人返还。

### ▶ 六、如果保证合同被认定为无效,保证人承担赔偿责任后追偿权的行使

《民法典担保制度解释》第 18 条第 1 款规定:"承担了担保责任或者赔偿责任的担保人,在其承担责任的范围内向债务人追偿的,人民法院应予支持。"

如果保证合同被认定无效,依据《民法典担保制度解释》第 17 条之规定,虽然保证人无须承担保证责任,但是保证人仍然需要根据其过错承担相应的赔偿责任。[①]

同时依据《民法典担保制度解释》第 18 条第 1 款的规定,承担了赔偿责任的保证人,有权在其承担责任的范围内向债务人追偿。

---

[①] 可以参见本书对"28.担保合同被确认无效后,担保人该如何承担责任?"的讲解内容。

> **关联法条**
>
> 《民法典担保制度解释》第 17 条
>
> 主合同有效而第三人提供的担保合同无效,人民法院应当区分不同情形确定担保人的赔偿责任:
>
> (一)债权人与担保人均有过错的,担保人承担的赔偿责任不应超过债务人不能清偿部分的二分之一;
>
> (二)担保人有过错而债权人无过错的,担保人对债务人不能清偿的部分承担赔偿责任;
>
> (三)债权人有过错而担保人无过错的,担保人不承担赔偿责任。
>
> 主合同无效导致第三人提供的担保合同无效,担保人无过错的,不承担赔偿责任;担保人有过错的,其承担的赔偿责任不应超过债务人不能清偿部分的三分之一。

**表 3-13　担保人追偿范围有关规定对比**

| 《民法典担保制度解释》 | 《担保法解释》(已废止) |
| --- | --- |
| 第 18 条第 1 款<br>　承担了担保责任或者赔偿责任的担保人,在其承担责任的范围内向债务人追偿的,人民法院应予支持。 | 第 9 条<br>　担保人因无效担保合同向债权人承担赔偿责任后,可以向债务人追偿,或者在承担赔偿责任的范围内,要求有过错的反担保人承担赔偿责任。<br>　担保人可以根据承担赔偿责任的事实对债务人或者反担保人另行提起诉讼。 |

## 54. 主债权的诉讼时效期间届满后，如果保证人仍然向债权人提供保证或者承担保证责任，这会对保证人的追偿权产生什么法律后果？

### 要点解答

《民法典担保制度解释》第 35 条的主旨是对保证人在主债权诉讼时效期间届满后仍提供保证或承担保证责任的行为及其法律后果进行的规定，即"保证人知道或者应当知道主债权诉讼时效期间届满仍然提供保证或者承担保证责任，又以诉讼时效期间届满为由拒绝承担保证责任或者请求返还财产的，人民法院不予支持；保证人承担保证责任后向债务人追偿的，人民法院不予支持，但是债务人放弃诉讼时效抗辩的除外"。

基于上述规定的内容，我们分析整理如下：

<u>保证人知道或者应当知道主债权诉讼时效期间届满仍然提供保证或者承担保证责任</u>，在此前提下，之后保证人又以主债权诉讼时效期间届满为由拒绝承担<u>保证责任或者请求返还财产的</u>，人民法院不应予以支持。

在此情况下，<u>保证人承担保证责任后向债务人追偿的，人民法院一般不予支持；但是，如果债务人放弃诉讼时效抗辩的，那么保证人的追偿权则可以得到支持</u>。因为如果债务人放弃诉讼时效抗辩，其就不享有对债权人的抗辩权，当然也就不能对抗保证人的追偿权。

> **关联知识点**
>
> ➤ 如果保证人<u>不知道或者不应当知道</u>主债权诉讼时效期间届满,在此前提下,保证人向债权人提供保证或者承担保证责任,此时,《民法典》关于欺诈(或者重大误解)等相关规定为保证人提供了救济途径。
>
> 《民法典》第147条规定:"基于重大误解实施的民事法律行为,行为人有权请求人民法院或者仲裁机构予以撤销。"第148条规定:"一方以欺诈手段,使对方在违背真实意思的情况下实施的民事法律行为,受欺诈方有权请求人民法院或者仲裁机构予以撤销。"

因此,保证人可以依据《民法典》关于欺诈(或者重大误解)等相关规定向债权人主张相应的权利。但是会涉及债权人的举证责任的问题,债权人需要提供证据证明保证人在提供保证或承担保证责任时,对主债权诉讼时效届满的事实知道或应当知道。这一规定促使商业银行在信贷业务中更加谨慎地向保证人履行告知义务,确保保证人在充分知情的基础上作出保证决定或承担保证责任。同时,也提醒保证人在提供保证时要充分了解主债权的法律状态,避免因不知情或误解而陷入不必要的法律纠纷。

表3-14 主债权诉讼时效届满保证人承担保证责任有关规定对比

| 《民法典担保制度解释》 | 《担保法解释》(已废止) |
| --- | --- |
| 第35条<br>　　保证人<u>知道或者应当知道</u>主债权诉讼时效期间届满仍然提供保证或者承担保证责任,又以诉讼时效期间届满为由拒绝承担保证责任或者请求返还财产的,人民法院不予支持;保证人承担保证责任后向债务人追偿的,<u>人民法院不予支持,但是债务人放弃诉讼时效抗辩的除外</u>。 | 第35条<br>　　保证人对已经超过诉讼时效期间的债务承担保证责任或者提供保证的,又以超过诉讼时效为由抗辩的,人民法院不予支持。 |

## 专题 5

# 保证期间与保证债务诉讼时效

## 55. 什么是"保证期间"？

**要点解答**

1. 保证期间是确定保证人承担保证责任的期间。

依据《民法典》第 692 条第 1 款的规定，保证期间是确定保证人承担保证责任的期间。保证期间不发生中止、中断和延长。

依据《民法典》第 693 条的规定，**一般保证中**，主合同履行期限届满时债务人未履行债务，债权人需要在**保证期间**内对债务人提起诉讼或者申请仲裁，否则保证人不再承担保证责任。**连带责任保证中**，主合同履行期限届满时债务人未履行债务，债权人需要在保证期间内请求保证人承担保证责任，否则保证人不再承担保证责任。

保证期间的设置旨在促使债权人及时行使权利，避免保证人的责任长期处于不确定状态。当主合同履行期限届满债务人未履行债务时，在保证期间内，债权人必须以法定方式行使权利，否则保证人将不再承担保证责任。

2. 保证期间由当事人约定或者法律规定。

《民法典》第 692 条第 2 款规定："债权人与保证人可以约定保证期间，但是约定的保证期间早于主债务履行期限或者与主债务履行期限同时届满的，视为没有约定；没有约定或者约定不明确的，保证期间为主债务履行期限届满之日起六个月。"

依据上述规定,债权人与保证人可以约定保证期间,即债权人与保证人合意确定的保证期间。例如,债权人和保证人在保证合同中约定保证期间为自主债务履行期限届满之日起 3 年。

如果债权人与保证人约定的保证期间早于主债务履行期限或者与主债务履行期限同时届满的,<u>视为没有约定</u>。如果债权人与保证人对保证期间没有约定或者约定不明确的,保证期间为<u>主债务履行期限届满之日起 **6 个月**</u>。

因此,保证期间的类型,可以分为"约定的保证期间"和"法定的保证期间"。法定的保证期间是在债权人与保证人对保证期间没有约定或者约定不明确时的补充。如果债权人与保证人已经明确约定了保证期间,那么应当优先适用约定的保证期间;只有在没有约定或者约定不明确的情况下,才适用法定保证期间。

3. 如果保证合同约定"保证人承担保证责任直至主债务本息还清时为止"等类似内容的,该如何适用保证期间制度?

依据《民法典担保制度解释》第 32 条的规定,如果保证合同约定"保证人承担保证责任直至主债务本息还清时为止"等类似内容的,视为约定不明,保证期间为<u>主债务履行期限届满之日起 **6 个月**</u>。

> **关联知识点**
>
> ➤ 与"保证人承担保证责任直至主债务本息还清时为止"相类似的约定还有:
>
> 1. 保证期限为从主贷款合同生效开始至主贷款合同项下贷款本息全部清偿完毕时止;
>
> 2. 保证期限为主贷款合同生效开始至主贷款合同失效时止;
>
> 3. 本担保书将持续有效至主贷款合同项下借款方所欠贷款方的全部贷款本息、逾期加息及其他费用完全清偿时为止;
>
> 4. 本担保书至还清主贷款合同项下借款方所欠贷款方的全部款项后自动终止。

表 3-15　保证期间有关规定对比

| 《民法典》 | 《担保法》(已废止) |
|---|---|
| 第 692 条第 2 款<br>　　债权人与保证人可以约定保证期间,但是约定的保证期间早于主债务履行期限或者与主债务履行期限同时届满的,视为没有约定;没有约定或者约定不明确的,保证期间为主债务履行期限届满之日起六个月。 | 第 25 条第 1 款<br>　　一般保证的保证人与债权人未约定保证期间的,保证期间为主债务履行期届满之日起六个月。<br><br>第 26 条第 1 款<br>　　连带责任保证的保证人与债权人未约定保证期间的,债权人有权自主债务履行期届满之日起六个月内要求保证人承担保证责任。 |
| 《民法典担保制度解释》 | 《担保法解释》(已废止) |
| 第 32 条<br>　　保证合同约定保证人承担保证责任直至主债务本息还清时为止等类似内容的,视为约定不明,保证期间为主债务履行期限届满之日起六个月。 | 第 32 条第 2 款<br>　　保证合同约定保证人承担保证责任直至主债务本息还清时为止等类似内容的,视为约定不明,保证期间为主债务履行期限届满之日起二年。 |

## 56. 如何确定"保证期间的起算日"?

### ▲ 要点解答

很多金融机构在保证合同中对保证期间作出这样表述:"保证期间为主合同项下债务履行期限届满之日起三年。"

在此约定的背景下,该如何确定保证期间的起算点呢?即保证期间具体从何时开始起算?

**开始的当日不计入期间。**

《民法典》第 201 条第 1 款规定:"按照年、月、日计算期间的,开始的当日不计入,自下一日开始计算。"

基于该规定,如果在保证合同中约定:"保证期间为主合同项下债务履行期限届满之日起三年",则保证期间的起算日应为主债务履行期限届满之次日。

**如果主债权债务合同对主债务履行期限没有约定或者约定不明的,该如何确定保证期间的起算日？**

对此,《民法典》第692条第3款规定:"债权人与债务人对主债务履行期限没有约定或者约定不明确的,保证期间自<u>债权人请求债务人履行债务的宽限期届满之日</u>起计算。"

《民法典》第511条第4项规定:"当事人就有关合同内容约定不明确,依据前条规定仍不能确定的,适用下列规定:……(四)<u>履行期限不明确的</u>,债务人可以随时履行,债权人也可以随时请求履行,但是应当给对方必要的准备时间。"根据这一规定,在履行期限不明确的情况下,债权人可以随时请求债务人履行,但是应当给债务人必要的准备时间,即给予宽限期。

表3-16 主债务履行期限不明时保证期间起算有关规定对比

| 《民法典》 | 《担保法解释》(已废止) |
| --- | --- |
| 第692条第3款<br>债权人与债务人对主债务履行期限没有约定或者约定不明确的,保证期间自债权人请求债务人履行债务的宽限期届满之日起计算。 | 第33条<br>主合同对主债务履行期限没有约定或者约定不明的,保证期间自债权人要求债务人履行义务的宽限期届满之日起计算。 |

# 57. 对于最高额保证,如何确定保证期间的起算日？

### 要点解答

最高额保证合同,是指保证人与债权人之间签订的,由保证人在最高债权额限度内为一定期间连续发生的债权提供的保证担保合同。最高额保证和普通保证的保证期间适用的规则是一样的,《民法典》第692条关于保证期间的规定也同样适用于最高额保证,即保证合同对保证期间有约定的,从其约定;当事人没有约定保证期间的,适用法定的保证期间。

由于最高额保证所担保的是一定期间连续发生的债权,因此最高额保证的债权确定期间内可能发生数笔贷款;而普通保证仅是针对某一笔贷款。因此在确定保证期间起算日的问题上,最高额保证会相对复杂。

《民法典担保制度解释》第 30 条的主旨是对最高额保证合同中保证期间的计算方式、起算时间等重要问题进行规定。

依据该条款之内容,我们整理出如下知识点:

1. 如果当事人在最高额保证合同中对保证期间的计算方式、起算时间等有约定的,按照其约定。

2. 如果最高额保证合同对保证期间的计算方式、起算时间等没有约定或者约定不明,被担保债权的履行期限均已届满的,保证期间自债权确定之日起开始计算。

其中"债权确定之日",依照《民法典》第 423 条的规定,"有下列情形之一的,抵押权人的债权确定:

(一)约定的债权确定期间届满;

(二)没有约定债权确定期间或者约定不明确,抵押权人或者抵押人自最高额抵押权设立之日起满二年后请求确定债权;

(三)新的债权不可能发生;

(四)抵押权人知道或者应当知道抵押财产被查封、扣押;

(五)债务人、抵押人被宣告破产或者解散;

(六)法律规定债权确定的其他情形"。

3. 如果最高额保证合同对保证期间的计算方式、起算时间等没有约定或者约定不明,被担保债权的履行期限尚未届满的,保证期间自最后到期债权的履行期限届满之日起开始计算。

## 58. 如果保证合同被认定无效,还能否适用保证期间制度?

### 要点解答

依据《民法典担保制度解释》第17条之规定,如果保证合同被认定无效,虽然保证人无须承担保证责任,但是保证人仍然需要根据其过错承担相应的赔偿责任。[①]

同时,依据《民法典担保制度解释》第33条的规定,保证合同无效,如果债权人未在约定或者法定的保证期间内依法行使权利,保证人有权主张不承担赔偿责任。

因此,即使保证合同无效,保证期间仍然起到督促债权人及时行使权利的作用。如果债权人在约定或者法定的保证期间内未依法行使权利,保证人有权主张不承担赔偿责任。商业银行应建立健全合同管理制度,对保证合同进行专门管理,应密切关注保证合同的状态以及自己的权利行使期限,避免因疏忽或拖延而丧失向保证人主张赔偿的权利。

## 59. 人民法院在审理保证合同纠纷案件时,是否应当将"与保证期间有关的事实"作为案件基本事实予以查明?

### 要点解答

《民法典担保制度解释》第34条第1款是关于该问题的规定,"人民法院在审

---

[①] 可以参见本书关于"28.担保合同被确认无效后,担保人该如何承担责任?"的讲解内容。

理保证合同纠纷案件时,应当将保证期间是否届满、债权人是否在保证期间内依法行使权利等事实作为案件基本事实予以查明"。

保证期间是确定保证人承担保证责任的期间,债权人在保证期间内未依法行使权利的,保证责任消灭。因此,"保证期间是否经过"关系到保证人的实体权利义务,属于人民法院应查明的事实,人民法院应主动予以审查。

人民法院在审理保证合同纠纷案件时,应当将"与保证期间相关的事实"作为案件基本事实予以查明,其中"相关事实"主要包括:

1. 保证合同条款中是否约定了保证期间;

2. 保证期间是否已经届满;

3. 一般保证的债权人在保证期间内是否针对主债务人提起诉讼或申请仲裁;

4. 连带责任保证的债权人是否在保证期间内请求保证人承担保证责任。

## 60. 债权人在保证期间内未依法行使权利,保证期间届满后,如果保证人在催款通知书上签章的,则保证人是否仍需要承担保证责任?

### ▲ 要点解答

《民法典担保制度解释》第34条第2款对此问题进行了规定,"债权人在保证期间内未依法行使权利的,保证责任消灭。保证责任消灭后,债权人书面通知保证人要求承担保证责任,保证人在通知书上签字、盖章或者按指印,债权人请求保证人继续承担保证责任的,人民法院不予支持,但是债权人有证据证明成立了新的保证合同的除外"。

**我们依据该条款的规定,我们整理出如下知识点:**

该条款强调了保证期间制度的核心规定,即债权人在保证期间内未依法向保证人行使权利,保证期间届满后,保证人的保证责任消灭。

保证债务消灭后,如果债权人书面通知保证人要求其承担保证责任,保证人又在该通知书上签字、盖章或者按指印,那么债权人能否据此请求保证人继续承担保证责任,要区分具体的情形对待:

1. 保证期间届满后,保证人即使在催款通知书上签字、盖章或者按指印,原则上也不再承担保证责任。

2. 只有当催款通知书的内容符合《民法典》有关保证合同成立的相关规定,保证人在催款通知书上签字、盖章或者按指印,当能够认定成立新的保证合同时,那么债权人可以请求保证人继续承担保证责任。

## 61. 如何理解一般保证的债权人在保证期间内对债务人提起诉讼(或申请仲裁)的重要性?

### 要点解答

《民法典》第693条第1款是关于该问题的规定,"一般保证的债权人未在保证期间对债务人提起诉讼或者申请仲裁的,保证人不再承担保证责任"。

在一般保证中,债权人必须在保证期间内通过对债务人提起诉讼或者申请仲裁的方式行使权利,否则,保证责任消灭,一般保证的保证人不再承担保证责任。

很多金融机构从业人员向我们咨询:"在一般保证中,当借款人逾期还款后,债权人在保证期间内如果仅向一般保证人发送催款函,而不对债务人提起诉讼(或申请仲裁)",这样操作是否可以呢?

**我们对此问题回复如下:**

在一般保证中,由于一般保证的保证人享有先诉抗辩权,在保证期间内如果债权人仅对一般保证人发送催款函请求其承担保证责任,而不对主债务人提起诉讼(或申请仲裁),保证人则有权行使先诉抗辩权。

债务人不履行到期债务,在保证期间内如果债权人没有按照法律规定的方式先向债务人主张权利(提起诉讼或申请仲裁),而只是采取向一般保证人发送催款函等行为,不能视为债权人依法行使了保证权利,保证期间届满后,将会发生保证责任消灭的法律后果。

表3-17 一般保证的债权人未在保证期间内行权的有关规定对比

| 《民法典》 | 《担保法》(已废止) |
| --- | --- |
| 第693条第1款<br>　　一般保证的债权人未在保证期间对债务人提起诉讼或者申请仲裁的,保证人不再承担保证责任。 | 第25条<br>　　一般保证的保证人与债权人未约定保证期间的,保证期间为主债务履行期届满之日起六个月。<br>　　在合同约定的保证期间和前款规定的保证期间,债权人未对债务人提起诉讼或者申请仲裁的,保证人免除保证责任;债权人已提起诉讼或者申请仲裁的,保证期间适用诉讼时效中断的规定。 |

## 62. 一般保证的债权人,如果在保证期间内对债务人提起诉讼(或申请仲裁)后,又撤回起诉(或仲裁)申请,会产生什么法律后果?

▶ 要点解答

《民法典担保制度解释》第31条第1款是关于该问题的规定,"一般保证的债权人在保证期间内对债务人提起诉讼或者申请仲裁后,又撤回起诉或者仲裁申请,债权人在保证期间届满前未再行提起诉讼或者申请仲裁,保证人主张不再承担保证责任的,人民法院应予支持"。

另外,《民法典》第693条第1款规定:"一般保证的债权人未在保证期间对债务人提起诉讼或者申请仲裁的,保证人不再承担保证责任。"

因此,一般保证的债权人在保证期间内对债务人提起诉讼或者申请仲裁后,又撤回起诉或者仲裁申请,如果债权人在保证期间届满前未再行提起诉讼(或者申请仲裁),则保证人不需要承担保证责任。

## 63. 一般保证的债权人在保证期间依据公证债权文书对债务人申请强制执行,对保证人会产生什么法律效力?

### 要点解答

《民法典担保制度解释》第 27 条是关于该问题的规定,"一般保证的债权人取得对债务人赋予强制执行效力的公证债权文书后,在保证期间内向人民法院申请强制执行,保证人以债权人未在保证期间内对债务人提起诉讼或者申请仲裁为由主张不承担保证责任的,人民法院不予支持"。

《民法典担保制度解释》第 27 条是对《民法典》第 693 条第 1 款的补充。**在一般保证中**,如果债权人取得对债务人赋予强制执行效力的公证债权文书后,**必须在保证期间内向人民法院申请对债务人的强制执行**,否则可能会导致保证人的保证责任免除,从而使自己的债权面临更大的风险。

> **关联知识点**
>
> ▶ **债权人依据公证债权文书可对债务人申请强制执行**
>
> 我国《公证法》第 37 条第 1 款规定:"对经公证的以给付为内容并载明债务人愿意接受强制执行承诺的债权文书,债务人不履行或者履行不适当的,债权人可以依法向有管辖权的人民法院申请执行。"
>
> 另外,我国《民事诉讼法》(2023 年修正)第 249 条第 1 款规定:"对公证机关依法赋予强制执行效力的债权文书,一方当事人不履行

的,对方当事人可以向有管辖权的人民法院申请执行,受申请的人民法院应当执行。"

因此,当债权人已经取得对债务人赋予强制执行效力的公证债权文书后,就可以直接向人民法院申请强制执行,而无须再向债务人提起诉讼或者申请仲裁。

# 64. 一般保证的债权人,在保证期间届满前对债务人提起诉讼(或申请仲裁),从何时开始计算保证债务的诉讼时效?即一般保证的保证期间与保证债务的诉讼时效之间如何衔接?

## ▲ 要点解答

1. 一般保证的"保证期间"与"保证债务的诉讼时效"的衔接。

《民法典》第 694 条第 1 款规定:"一般保证的债权人在保证期间届满前对债务人提起诉讼或者申请仲裁的,从保证人拒绝承担保证责任的权利消灭之日起,开始计算保证债务的诉讼时效。"第 188 条第 1 款规定:"向人民法院请求保护民事权利的诉讼时效期间为三年。法律另有规定的,依照其规定。"

因此,在一般保证中,如果债权人在保证期间届满前对债务人提起诉讼或者申请仲裁的,则从保证人拒绝承担保证责任的权利消灭之日起,开始计算保证债务的诉讼时效,保证债务的诉讼时效期间为 3 年。

在一般保证中,如果债权人在保证期间届满前对债务人提起诉讼(或申请仲裁),将会导致保证之债(保证债务)的出现,此时保证期间制度的使命完成。

但是,对于一般保证人而言,保证债务的诉讼时效并不从债权人对债务人提起诉讼或申请仲裁之日起算,而是从一般保证的保证人拒绝承担保证责任的权利消灭之日才开始计算。

其中"保证人拒绝承担保证责任的权利消灭",是指一般保证中保证人享有的先诉抗辩权的消灭。

2.《民法典担保制度解释》第28条是关于<u>一般保证诉讼时效起算</u>的具体规定,"一般保证中,债权人依据生效法律文书对债务人的财产依法申请强制执行,保证债务诉讼时效的起算时间按照下列规则确定:

(一)人民法院作出终结本次执行程序裁定,或者依照民事诉讼法第二百五十七条第三项、第五项的规定作出终结执行裁定的,自裁定送达债权人之日起开始计算;

(二)人民法院自收到申请执行书之日起一年内未作出前项裁定的,自人民法院收到申请执行书满一年之日起开始计算,但是保证人有证据证明债务人仍有财产可供执行的除外。

一般保证的债权人在保证期间届满前对债务人提起诉讼或者申请仲裁,债权人举证证明存在民法典第六百八十七条第二款但书规定情形的,保证债务的诉讼时效自债权人知道或者应当知道该情形之日起开始计算"。

**结合《民法典担保制度解释》第28条,从"一般保证的保证人拒绝承担保证责任的权利消灭之日"开始计算保证债务的诉讼时效,具体包括以下情形:**

(1)一般保证中,债权人依据生效法律文书对债务人的财产依法申请强制执行,如果人民法院<u>作出终结本次执行程序裁定的</u>,[①]自裁定送达债权人之日起开始计算保证债务诉讼时效。

(2)一般保证中,债权人依据生效法律文书对债务人的财产依法申请强制执行,如果人民法院依照《民事诉讼法》(2023年修正)第268条第3项、第5项的规定<u>作出终结执行裁定的</u>,自裁定送达债权人之日起开始计算保证债务诉讼时效。

(3)一般保证中,债权人依据生效法律文书对债务人的财产依法申请强制执

---

① 关于"终结本次执行程序"的相关规定,可以参见最高人民法院于2016年下发的《关于严格规范终结本次执行程序的规定(试行)》。

行,人民法院自收到申请执行书之日起 1 年内未作出终结本次执行或者终结执行裁定的,自人民法院收到申请执行书满 1 年起开始计算保证债务诉讼时效,但是保证人有证据证明债务人仍有财产可供执行的除外。

(4)一般保证的债权人在保证期间届满前对债务人提起诉讼或者申请仲裁,如果债权人能够举证证明一般保证的保证人存在先诉抗辩权灭失的四种情形时,保证债务的诉讼时效自债权人知道或者应当知道该情形之日起开始计算。

**表 3-18　一般保证诉讼时效起算有关规定对比**

| 《民法典》 | 《担保法解释》(已废止) |
| --- | --- |
| 第 694 条第 1 款<br>　　一般保证的债权人在保证期间届满前对债务人提起诉讼或者申请仲裁的,<u>从保证人拒绝承担保证责任的权利消灭之日起</u>,开始计算保证债务的诉讼时效。 | 第 34 条第 1 款<br>　　一般保证的债权人在保证期间届满前对债务人提起诉讼或者申请仲裁的,<u>从判决或者仲裁裁决生效之日起</u>,开始计算保证合同的诉讼时效。 |
| **对比分析**<br>　　《民法典》第 694 条是在《担保法解释》第 34 条基础上修改而成的。《民法典》第 694 条将一般保证债务诉讼时效的起算点由"判决或者仲裁裁决生效之日"修改为"保证人拒绝承担保证责任的权利消灭之日"。 ||

## 相关规定

《民事诉讼法》(2023 年修正)第 268 条

有下列情形之一的,人民法院裁定终结执行:

(一)申请人撤销申请的;

(二)据以执行的法律文书被撤销的;

(三)作为被执行人的公民死亡,无遗产可供执行,又无义务承担人的;

(四)追索赡养费、扶养费、抚养费案件的权利人死亡的;

(五)作为被执行人的公民因生活困难无力偿还借款,无收入来源,又丧失劳动能力的;

(六)人民法院认为应当终结执行的其他情形。

# 65. 连带责任保证的债权人,如果未在保证期间请求保证人承担保证责任的,保证人是否还需要承担保证责任?

## 要点解答

《民法典》第693条第2款是关于该问题的规定,"连带责任保证的债权人未在保证期间请求保证人承担保证责任的,保证人不再承担保证责任"。

由于连带责任保证的保证人无先诉抗辩权,因此在主债务履行期间届满后,债权人可以直接请求保证人承担保证责任。

对比分析:

一般保证的债权人在保证期间内行使权利的方式和连带责任保证的债权人在保证期间内行使权利的方式。对比见表3-19。

表3-19 不同保证方式的债权人在保证期间内行权对比

| 一般保证的债权人<br>在保证期间内行使权利的方式 | 连带责任保证的债权人<br>在保证期间内行使权利的方式 |
| --- | --- |
| 《民法典》第693条第1款<br>　一般保证的债权人未在保证期间对债务人提起诉讼或者申请仲裁的,保证人不再承担保证责任。<br><br>【总结】<br>　在一般保证中,债权人必须在保证期间内通过对债务人提起诉讼或者申请仲裁的方式行使权利。 | 《民法典》第693条第2款<br>　连带责任保证的债权人未在保证期间请求保证人承担保证责任的,保证人不再承担保证责任。<br><br>【总结】<br>　连带责任保证的债权人必须在保证期间内请求保证人承担保证责任,具体方式主要包括:<br>　对保证人提起诉讼(或申请仲裁)请求保证人承担保证责任,通过人民法院或者仲裁机构将起诉状或者仲裁文书的副本送达给保证人。 |

| 一般保证的债权人<br>在保证期间内行使权利的方式 | 连带责任保证的债权人<br>在保证期间内行使权利的方式 |
| --- | --- |
|  | 以书面形式请求保证人承担保证责任,债权人请求的意思表示须到达保证人。<br>其他方式,如双方协商达成保证责任履行协议等。 |

### 相关规定

《最高人民法院对关于担保期间债权人向保证人主张权利的方式及程序问题的请示的答复》([2002]民二他字第32号)

本院2002年8月1日下发的《关于处理担保法生效前发生保证行为的保证期间问题的通知》第一条规定的"向保证人主张权利"和第二条规定的"向保证人主张债权",其主张权利的方式可以包括"提起诉讼"和"送达清收债权通知书"等。其中"送达"既可由债权人本人送达,也可以委托公证机关送达或公告送达(在全国或省级有影响的报纸上刊发清收债权公告)。

## 66. 连带责任保证的债权人,如果在保证期间届满前请求保证人承担保证责任的,从何时开始计算保证债务的诉讼时效?连带责任保证的保证期间与保证债务的诉讼时效之间如何衔接?

### 要点解答

《民法典》第694条第2款是关于该问题的规定,"连带责任保证的债权人在保证期间届满前请求保证人承担保证责任的,<u>从债权人请求保证人承担保证责任</u>

之日起,开始计算保证债务的诉讼时效"。

另外,《民法典》第 188 条第 1 款规定:"向人民法院请求保护民事权利的诉讼时效期间为三年。法律另有规定的,依照其规定。"

因此,连带责任保证的债权人,如果在保证期间届满前请求保证人承担保证责任的,从债权人请求保证人承担保证责任之日起,开始计算保证债务的诉讼时效,诉讼时效期间为 3 年。

与一般保证不同,连带责任保证的保证人没有先诉抗辩权。

因此,在连带责任保证中,如果债务履行期限届满主债务人没有清偿债务,债权人在保证期间内请求保证人承担保证责任的,保证债务的诉讼时效期间开始起算。

**对比分析:**

一般保证的保证期间与保证债务的诉讼时效的衔接与连带责任保证的保证期间与保证债务的诉讼时效的衔接。对比见表 3-20。

表 3-20 不同保证方式的保证期间与保证债务的诉讼时效衔接对比

| 一般保证的保证期间<br>与保证债务的诉讼时效的衔接 | 连带责任保证的保证期间<br>与保证债务的诉讼时效的衔接 |
| --- | --- |
| 第 694 条第 1 款<br>一般保证的债权人在保证期间届满前对债务人提起诉讼或者申请仲裁的,从保证人拒绝承担保证责任的权利消灭之日起,开始计算保证债务的诉讼时效。 | 第 694 条第 2 款<br>连带责任保证的债权人在保证期间届满前请求保证人承担保证责任的,从债权人请求保证人承担保证责任之日起,开始计算保证债务的诉讼时效。 |

# 67. 连带责任保证的债权人,如果在保证期间内对保证人提起诉讼(或申请仲裁),又撤回起诉(或仲裁申请),会产生什么法律后果?

**要点解答**

《民法典担保制度解释》第 31 条第 2 款是关于该问题的规定,"连带责任保证的债权人在保证期间内对保证人提起诉讼或者申请仲裁后,又撤回起诉或者仲裁申请,起诉状副本或者仲裁申请书副本已经送达保证人的,人民法院应当认定债权人已经在保证期间内向保证人行使了权利"。

> **关联法条**
>
> 《民法典》第693条第2款
> 　　连带责任保证的债权人未在保证期间请求保证人承担保证责任的,保证人不再承担保证责任。

其中,债权人请求连带责任保证人承担保证责任的方式就包括对保证人提起诉讼(或申请仲裁)。

**对比分析:**

一般保证的债权人在保证期间内对债务人提起诉讼又撤诉的法律后果和连带责任保证的债权人在保证期间内对保证人提起诉讼又撤诉的法律后果。对比见表3-21。

表3-21　不同保证方式在保证期间内对债务人提起诉讼又撤诉的法律后果对比

| 一般保证的债权人<br>在保证期间内对债务人起诉又撤诉 | 连带责任保证的债权人<br>在保证期间内对保证人起诉又撤诉 |
| --- | --- |
| 《民法典》第693条第1款<br>　　一般保证的债权人未在保证期间对债务人提起诉讼或者申请仲裁的,保证人不再承担保证责任。 | 《民法典》第693条第2款<br>　　连带责任保证的债权人未在保证期间请求保证人承担保证责任的,保证人不再承担保证责任。 |
| 《民法典担保制度解释》第31条第1款<br>　　一般保证的债权人在保证期间内对债务人提起诉讼或者申请仲裁后,又撤回起诉或者仲裁申请,债权人在保证期间届满前未再行提起诉讼或者申请仲裁,保证人主张不再承担保证责任的,人民法院应予支持。 | 《民法典担保制度解释》第31条第2款<br>　　连带责任保证的债权人在保证期间内对保证人提起诉讼或者申请仲裁后,又撤回起诉或者仲裁申请,起诉状副本或者仲裁申请书副本已经送达保证人的,人民法院应当认定债权人已经在保证期间内向保证人行使了权利。 |

## 68. 同一债务有两个以上保证人的,如果债权人在保证期间内仅向部分保证人行使权利,会有什么法律风险?

### 要点解答

**《民法典担保制度解释》第 29 条第 1 款**是关于该问题的规定,"同一债务有两个以上保证人,债权人以其已经在保证期间内依法向部分保证人行使权利为由,主张已经在保证期间内向其他保证人行使权利的,人民法院不予支持"。

因此,在共同保证中,债务履行期限届满主债务人没有清偿债务,如果债权人在保证期间内仅向部分保证人行使权利,不代表其已经向其他保证人行使权利,当保证期间届满后,其他保证人可以主张免除保证责任。

### 风险提示

不要将"共同保证中的保证期间制度"与"连带债务关系中的诉讼时效制度"相混淆。

### 相关规定

《最高人民法院关于审理民事案件适用诉讼时效制度若干问题的规定》(2020年修正)第 15 条第 2 款

对于连带债务人中的一人发生诉讼时效中断效力的事由,应当认定对其他连带债务人也发生诉讼时效中断的效力。

## 69. 如何理解"保证期间"与"保证债务的诉讼时效期间"的区别？

### 要点解答

表3-22 保证期间与保证债务的诉讼时效期间对比

| 保证期间 | 保证债务的诉讼时效期间 |
| --- | --- |
| 保证期间是确定保证人承担保证责任的期间。<br>主合同履行期限届满时债务人未履行债务，债权人需要在保证期间内依法定方式行使权利，具体区分为：<br>1. 一般保证中，主合同履行期限届满时债务人未履行债务，债权人需要在保证期间内对债务人提起诉讼或者申请仲裁，否则保证人不再承担保证责任。<br>2. 连带责任保证中，主合同履行期限届满时债务人未履行债务，债权人需要在保证期间内请求保证人承担保证责任，否则保证人不再承担保证责任。 | 主合同履行期限届满时债务人未履行债务，如债权人在保证期间内以法定方式行使权利后，会导致保证债务的出现，此时保证期间的使命已经完成，诉讼时效制度开始发挥作用。<br>保证债务的诉讼时效期间，是债权人得以诉讼的方式请求人民法院等保护其保证权的法定期间。<br>由此可见，保证人既受到保证期间制度的保护，也受到诉讼时效制度的保护。<br>一般保证中，主合同履行期限届满时债务人未履行债务，在保证期间内，如债权人不向债务人以提起诉讼或者申请仲裁的方式主张权利，则保证人不再承担保证责任，那么也就没有保证债务诉讼时效之适用空间。<br>连带责任保证中，主合同履行期限届满时债务人未履行债务，在保证期间内，如债权人不请求保证人承担保证责任，则保证人不再承担保证责任，那么也就没有保证债务诉讼时效之适用空间。 |
| 保证期间由当事人约定或者法律规定。保证期间以约定为原则，以法定为例外。如果当事人对保证期间没有约定或者约定不明确的，保证期间为6个月。 | 诉讼时效期间是法定的，不允许当事人自由约定。<br>其中借款合同纠纷案件、保证合同纠纷案件、担保物权纠纷案件等诉讼时效期间是3年。 |

续表

| 保证期间 | 保证债务的诉讼时效期间 |
| --- | --- |
| 保证期间一般是自主债务履行期限届满之日起开始计算。 | <u>一般保证中</u>,主合同履行期限届满时债务人未履行债务,债权人在保证期间届满前对债务人提起诉讼(或申请仲裁)的,<u>保证债务的诉讼时效从保证人拒绝承担保证责任的权利消灭之日起算</u>。<br><u>连带责任保证中</u>,主合同履行期限届满时债务人未履行债务,债权人在保证期间届满前请求保证人承担保证责任的,<u>保证债务的诉讼时效从债权人请求保证人承担保证责任之日起算</u>。 |
| 保证期间是不变期间,不发生中止、中断和延长。 | 诉讼时效期间是可变期间,会因法定事由而发生相应的中断、中止、延长。 |
| 保证期间经过,即债权人在保证期间内不以法定方式行使权利即导致保证人不再承担保证责任的法律后果。 | 保证债务的诉讼时效期间经过,债权人不行使权利的,其实体民事权利并不消灭,仅使保证债务下的债务人取得时效经过的抗辩权。 |

CHAPTER

4

第四章

抵押

## 专题 1

# 关于抵押的一般规定

## 70. 什么是"抵押权"?

**要点解答**

> 一、《民法典》第 394 条是关于抵押权基本概念的规定

抵押权,是指为担保债务的履行,债务人或者第三人不转移财产的占有,将该财产抵押给债权人的,债务人不履行到期债务或者发生当事人约定的实现抵押权的情形,债权人可就该财产折价或者就拍卖、变卖该财产的价款优先受偿的权利。

> 二、抵押权的主要特征

1. 抵押权具有从属性。

抵押权作为担保物权的一种,抵押权与所担保的主债权之间形成主从关系。

2. 抵押权是一种不转移抵押财产占有的担保物权。

抵押权设定后,抵押人不必将抵押财产转移给抵押权人占有,抵押人仍享有对抵押财产的占有、使用、收益和处分的权利,这是抵押权区别于质权、留置权的主要特征。

3. 抵押物的提供者,即抵押人,可以是债务人本人,也可以是债务人以外的第三人。

4. 抵押权人依法享有就抵押财产优先受偿的权利。优先受偿性是抵押权的主要效力,但是法律另有规定的除外。

5. 抵押权的物上代位性。

当抵押物发生毁损灭失而得到赔偿时,抵押权人可以对赔偿金行使相应的权利。

### 相关规定

《民法典》第 394 条

为担保债务的履行,债务人或者第三人不转移财产的占有,将该财产抵押给债权人的,债务人不履行到期债务或者发生当事人约定的实现抵押权的情形,债权人有权就该财产优先受偿。

前款规定的债务人或者第三人为抵押人,债权人为抵押权人,提供担保的财产为抵押财产。

《民法典》第 386 条

担保物权人在债务人不履行到期债务或者发生当事人约定的实现担保物权的情形,依法享有就担保财产优先受偿的权利,但是法律另有规定的除外。

## 71. 如果登记的抵押权人与实际的抵押权人不一致,谁有权主张行使抵押权?

### 要点解答

《民法典担保制度解释》第 4 条是关于因债权人与他人之间存在委托关系,导致"登记的担保物权人"与"实际的担保物权人"不一致时,谁有权主张行使担保物权的规定,即"有下列情形之一,<u>当事人将担保物权登记在他人名下</u>,债务人不履行到期债务或者发生当事人约定的实现担保物权的情形,债权人或者其受托人主张就该财产优先受偿的,人民法院依法予以支持:

(一)为债券持有人提供的担保物权登记在债券受托管理人名下;

(二)为委托贷款人提供的担保物权登记在受托人名下；

(三)担保人知道债权人与他人之间存在委托关系的其他情形"。

> **一、为债券持有人提供的担保物权登记在债券受托管理人名下**

为债券持有人提供的担保物权登记在债券受托管理人名下，债务人不履行到期债务或者发生当事人约定的实现担保物权的情形，债权人或者其受托人均有权主张就该财产优先受偿。

> **关联法条**
>
> 《最高人民法院关于〈国土资源部办公厅关于征求为公司债券持有人办理国有土地使用权抵押登记意见函〉的答复》(〔2010〕民二他字第16号)
>
> 基于公司债券持有人具有分散性、群体性、不易保护自身权利的特点，《公司债券发行试点办法》(以下简称《办法》)规定了公司债券受托管理人制度，以保护全体公司债券持有人的权益。基于此，《办法》第二十五条对公司债券受托管理人的法定职责进行了规定，同时允许当事人约定权利义务范围。
>
> 根据《物权法》的规定，函中所述案例的抵押权人为全体公司债券持有人。抵押权的设定有利于保护全体公司债券持有人的利益。在公司债券持有人因其不确定性、群体性而无法申请办理抵押权登记的情形下，认定公司债券受托管理人可以代理办理抵押权登记手续，符合设立公司债券受托管理人制度的目的，也不违反《办法》第二十五条的规定。在法律没有禁止性规定以及当事人之间没有禁止代为办理抵押登记约定的情形下，应认定公司债券受托管理人可代理全体公司债券持有人申请办理土地抵押登记。

该答复并未明确指出"债券持有人能否就登记在受托管理人名下的担保物权主张权利"。

> **关联法条**
>
> 《全国法院审理债券纠纷案件座谈会纪要》（法〔2020〕185号）第18条
>
> 登记在受托管理人名下的担保物权行使。根据《最高人民法院关于〈国土资源部办公厅关于征求为公司债券持有人办理国有土地使用权抵押登记意见函〉的答复》精神，<u>为债券设定的担保物权可登记在受托管理人名下</u>，受托管理人根据民事诉讼法第一百九十六条、第一百九十七条的规定或者通过普通程序<u>主张担保物权的，人民法院应当予以支持，但应在裁判文书主文中明确由此所得权益归属于全体债券持有人</u>。受托管理人仅代表部分债券持有人提起诉讼的，人民法院还应当根据其所代表的债券持有人份额占当期发行债券的比例明确其相应的份额。

该纪要也未明确"登记在受托管理人名下的担保物权是否可由债券持有人主张"。

### ➢ 二、为委托贷款人提供的担保物权登记在受托人名下

<u>为委托贷款人提供的担保物权登记在受托人名下</u>，债务人不履行到期债务或者发生当事人约定的实现担保物权的情形，债权人或者其受托人均有权主张就该财产优先受偿。

> **关联知识点**
>
> ➢ 什么是委托贷款？
>
> 《商业银行委托贷款管理办法》（银监发〔2018〕2号）第3条第1

款规定:"本办法所称**委托贷款**,是指委托人提供资金,由商业银行(受托人)根据委托人确定的借款人、用途、金额、币种、期限、利率等代为发放、协助监督使用、协助收回的贷款,不包括现金管理项下委托贷款和住房公积金项下委托贷款。"

**关联法条**

《民法典》第925条【受托人以自己名义从事受托事务的法律效果】

受托人以自己的名义,在委托人的授权范围内与第三人订立的合同,第三人在订立合同时知道受托人与委托人之间的代理关系的,该合同直接约束委托人和第三人;但是,有确切证据证明该合同只约束受托人和第三人的除外。

### 三、担保人知道债权人与他人之间存在委托关系的其他情形

《民法典担保制度解释》第4条第3项作了兜底性规定,即"当事人将担保物权登记在他人名下,债务人不履行到期债务或者发生当事人约定的实现担保物权的情形,债权人或者其受托人主张就该财产优先受偿的,人民法院依法予以支持:……(三)**担保人知道债权人与他人之间存在委托关系的其他情形**,则债权人或者其受托人均有权主张就该财产优先受偿"。

1. 本项作为兜底条款,其前提是担保人**知道**"债权人"与"担保物权的登记名义人"之间存在委托关系。

2. 这里的"**其他情形**"主要包括:

(1)因登记机构的原因导致登记抵押权人与实际抵押权人不一致的。比如有些登记部门拒绝将自然人登记为担保物权人,可能会出现代持的情形。

(2)数个债权人委托其中一个债权人代持全部担保物权。比如在银团贷款、组合贷款中,将担保物权登记在受托行名下。

(3)在债权转让实务中,可能存在债权受让人并未变更登记成为抵押权人,抵押权依然登记在原债权人名下的情形。

## 72. 什么是"抵押合同"？

> **要点解答**

1. 设立抵押权，当事人应当采用书面形式订立抵押合同。

《民法典》第 469 条第 1 款规定："当事人订立合同，可以采用**书面形式、口头形式或者其他形式**。"第 400 条第 1 款规定："设立抵押权，当事人应当采用**书面形式**订立抵押合同。"

因此，订立抵押合同应采用书面形式。抵押合同是抵押人与抵押权人之间签订的旨在设立抵押权的合同。

2. 订立抵押合同应采用书面形式，"书面形式"具体指的是什么？

《民法典》第 469 条第 2 款、第 3 款规定："**书面形式**是合同书、信件、电报、电传、传真等可以有形地表现所载内容的形式。

以电子数据交换、电子邮件等方式能够有形地表现所载内容，并可以随时调取查用的数据电文，**视为书面形式**。"

3. 依据《民法典》第 400 条第 2 款之规定，抵押合同一般包括以下条款：

（1）被担保债权的种类和数额；

（2）债务人履行债务的期限；

（3）抵押财产的名称、数量等情况；

（4）担保的范围。

抵押合同除包括上述四项内容外，当事人之间可能还有其他认为需要约定的事项，这些内容也可以在协商一致的情况下在抵押合同中进行约定。

4. 在抵押合同的条款中能否对抵押财产采用"一般性"或者"概括性"描述？

《民法典担保制度解释》第 53 条对此作出了相应规定，"当事人在动产和权利担保合同中对担保财产进行概括描述，该描述能够合理识别担保财产的，人民法院应当认定担保成立"。

因此,如果在**动产抵押合同**中对抵押财产采取概括性描述,该描述必须达到能够合理识别抵押财产的程度。

表4-1 抵押合同有关规定对比

| 《民法典》 | 《物权法》(已废止) |
|---|---|
| 第400条<br>　　设立抵押权,当事人应当采用书面形式订立抵押合同。<br>　　抵押合同一般包括下列条款:<br>　　(一)被担保债权的种类和数额;<br>　　(二)债务人履行债务的期限;<br>　　(三)抵押财产的名称、数量等情况;<br>　　(四)担保的范围。 | 第185条<br>　　设立抵押权,当事人应当采取书面形式订立抵押合同。<br>　　抵押合同一般包括下列条款:<br>　　(一)被担保债权的种类和数额;<br>　　(二)债务人履行债务的期限;<br>　　(三)抵押财产的名称、数量、质量、状况、所在地、所有权归属或者使用权归属;<br>　　(四)担保的范围。 |

**对比分析**
　　《民法典》第400条是在《物权法》第185条基础上修改而成的。《民法典》第400条删除了《物权法》第185条第2款第3项中"质量、状况、所在地、所有权归属或者使用权归属"这一表述,而以"等情况"作以取代,采概括式描述。

# 73.《民法典》对抵押合同中的"流抵条款"是如何规定的?

### 🔺 要点解答

**什么是流抵条款?**

流抵条款,也称流押条款,是指债权人与抵押人双方于主债务履行期限届满前在抵押合同中约定,当债务人不履行到期债务时,由债权人取得抵押财产所有权的合同条款。

《民法典》第401条关于流抵条款法律效力作出了明确的规定,"抵押权人在债务履行期限届满前,与抵押人约定债务人不履行到期债务时抵押财产归债权人所有的,只能依法就抵押财产优先受偿"。

依据《民法典》第 401 条之规定,我们整理出如下知识点:

1. 在债务履行期限届满前,当事人之间约定流抵条款,即当事人约定债务人不履行到期债务时抵押财产归债权人所有的条款,当发生实现抵押权的情形时,抵押财产不能直接归债权人所有,而应当根据《民法典》第 410 条、第 413 条规定的实现抵押权的方式就抵押财产优先受偿。

2. 当事人之间订有流抵条款的,当发生实现抵押权的情形,债权人想要依法就抵押财产优先受偿的,仍需要满足抵押权已经有效设立的前提条件。因此,流抵条款本身并不涉及担保物权的法律效力问题,要想具有担保物权效力,前提是抵押权须已有效设立。

表 4-2 流抵条款效力有关规定对比

| 《民法典》 | 《物权法》(已废止) |
| --- | --- |
| 第 401 条<br>　　抵押权人在债务履行期限届满前,与抵押人约定债务人不履行到期债务时抵押财产归债权人所有的,只能依法就抵押财产优先受偿。 | 第 186 条<br>　　抵押权人在债务履行期限届满前,不得与抵押人约定债务人不履行到期债务时抵押财产归债权人所有。 |
| 对比分析<br>　　《民法典》第 401 条是在《物权法》第 186 条基础上修改而成的。与《物权法》第 186 条相比,《民法典》第 401 条删除了"不得",增加了"只能依法就抵押财产优先受偿"这一表述。 ||

## 相关规定

《最高人民法院关于适用〈中华人民共和国民法典〉时间效力的若干规定》第 7 条

民法典施行前,当事人在债务履行期限届满前约定债务人不履行到期债务时抵押财产或者质押财产归债权人所有的,适用民法典第四百零一条和第四百二十八条的规定。

《民法典》第 410 条【抵押权实现的方式和程序】

债务人不履行到期债务或者发生当事人约定的实现抵押权的情形,抵押权人可以与抵押人协议以抵押财产折价或者以拍卖、变卖该抵押财产所得的价款优先受偿。协议损害其他债权人利益的,其他债权人可以请求人民法院撤销该协议。

抵押权人与抵押人未就抵押权实现方式达成协议的,抵押权人可以请求人民法院拍卖、变卖抵押财产。

抵押财产折价或者变卖的,应当参照市场价格。

《民法典》第413条【抵押财产变价款的归属原则】

抵押财产折价或者拍卖、变卖后,其价款超过债权数额的部分归抵押人所有,不足部分由债务人清偿。

## 专题 2

# 抵 押 财 产

## 74.《民法典》对"可作为抵押财产的范围"是如何规定的？

**要点解答**

可抵押财产必须符合两个条件：其一是抵押人（债务人或者第三人）对抵押财产须有处分权；其二是抵押财产须属于《民法典》第395条规定范围内的财产。

《民法典》第395条是关于可抵押财产范围的规定。依据该条款的规定，可抵押财产的范围分类如下：

1. 不动产，主要包括：

(1) 建筑物和其他土地附着物；

(2) 正在建造的建筑物。

2. 特定的动产，主要包括：

(1) 交通运输工具，主要包括飞机、船舶、火车、各种机动车辆等；

(2) 正在建造的船舶、航空器；

(3) 生产设备、原材料、半成品、产品。

3. 特定的权利，主要包括：

(1) 建设用地使用权；

(2) 海域使用权；

(3)土地经营权。

4.法律、行政法规未禁止抵押的其他财产。

这属于兜底性规定,如探矿权、采矿权抵押等。

表4-3 可抵押财产范围有关规定对比

| 《民法典》 | 《物权法》(已废止) |
| --- | --- |
| 第395条<br>　　债务人或者第三人有权处分的下列财产可以抵押:<br>　(一)建筑物和其他土地附着物;<br>　(二)建设用地使用权;<br>　(三)海域使用权;<br>　(四)生产设备、原材料、半成品、产品;<br>　(五)正在建造的建筑物、船舶、航空器;<br>　(六)交通运输工具;<br>　(七)法律、行政法规未禁止抵押的其他财产。<br>　　抵押人可以将前款所列财产一并抵押。 | 第180条<br>　　债务人或者第三人有权处分的下列财产可以抵押:<br>　(一)建筑物和其他土地附着物;<br>　(二)建设用地使用权;<br>　(三)以招标、拍卖、公开协商等方式取得的荒地等土地承包经营权;<br>　(四)生产设备、原材料、半成品、产品;<br>　(五)正在建造的建筑物、船舶、航空器;<br>　(六)交通运输工具;<br>　(七)法律、行政法规未禁止抵押的其他财产。<br>　　抵押人可以将前款所列财产一并抵押。 |
| **对比分析**<br>　　《民法典》第395条是在《物权法》第180条基础上修改而成的。<br>　　与《物权法》第180条相比,《民法典》第395条删去了"以招标、拍卖、公开协商等方式取得的荒地等土地承包经营权";增加了"海域使用权"。 ||

# 75.《民法典》对"禁止抵押的财产范围"是如何规定的?

### 要点解答

《民法典》第399条是关于禁止抵押财产的规定。根据该条款的规定,禁止抵押的财产可分为两类:

1. 禁止市场流通的财产。

主要是指《民法典》第 399 条第 1 项至第 3 项：

(1)土地所有权；

(2)宅基地、自留地、自留山等集体所有土地的使用权，但是法律规定可以抵押的除外；

(3)学校、幼儿园、医疗机构等为公益目的成立的非营利法人的教育设施、医疗卫生设施和其他公益设施。

2. 处分权受到限制的财产。

主要是指《民法典》第 399 条第 4 项至第 5 项：

(1)所有权、使用权不明或者有争议的财产；

(2)依法被查封、扣押、监管的财产。

另外，在《民法典》第 399 条规定的禁止抵押的财产范围中，其中第 6 项规定，"法律、行政法规规定不得抵押的其他财产"。这是一项兜底性规定，即除了《民法典》第 399 条前 5 项所列不得抵押的财产外，在设定抵押权时，还要注意其他法律、行政法规有无禁止抵押的相关规定。

表 4-4 禁止抵押财产有关规定对比

| 《民法典》 | 《物权法》(已废止) |
| --- | --- |
| 第 399 条<br>下列财产不得抵押：<br>(一)土地所有权；<br>(二)宅基地、自留地、自留山等集体所有土地的使用权，但是法律规定可以抵押的除外；<br>(三)学校、幼儿园、医疗机构等为公益目的成立的非营利法人的教育设施、医疗卫生设施和其他公益设施；<br>(四)所有权、使用权不明或者有争议的财产；<br>(五)依法被查封、扣押、监管的财产；<br>(六)法律、行政法规规定不得抵押的其他财产。 | 第 184 条<br>下列财产不得抵押：<br>(一)土地所有权；<br>(二)耕地、宅基地、自留地、自留山等集体所有的土地使用权，但法律规定可以抵押的除外；<br>(三)学校、幼儿园、医院等以公益为目的的事业单位、社会团体的教育设施、医疗卫生设施和其他社会公益设施；<br>(四)所有权、使用权不明或者有争议的财产；<br>(五)依法被查封、扣押、监管的财产；<br>(六)法律、行政法规规定不得抵押的其他财产。 |

续表

| 《民法典》 | 《物权法》(已废止) |
| --- | --- |

**对比分析**
　　《民法典》第 399 条是在《物权法》第 184 条基础上修改而成的。与《物权法》第 184 条相比,《民法典》第 399 条的修改之处：
　　(1) 删除了《物权法》第 184 条第 2 项表述中的"耕地"；
　　(2) 将《物权法》第 184 条第 3 项中的"医院"修改为"医疗机构",将"事业单位、社会团体"修改为"非营利法人"。

---

> **关联法条**
>
> 《文物保护法》(2017 年修正)第 24 条
> 　　国有不可移动文物不得转让、抵押。建立博物馆、保管所或者辟为参观游览场所的国有文物保护单位,不得作为企业资产经营。
>
> 《文物保护法》(2017 年修正)第 25 条
> 　　非国有不可移动文物不得转让、抵押给外国人。非国有不可移动文物转让、抵押或者改变用途的,应当根据其级别报相应的文物行政部门备案。
>
> 《宗教事务条例》(2017 年修订)第 54 条
> 　　宗教活动场所用于宗教活动的房屋、构筑物及其附属的宗教教职人员生活用房不得转让、抵押或者作为实物投资。

# 76. 抵押权的效力范围是否及于抵押财产的"孳息"？

## 要点解答

### 一、什么是孳息？

孳息是与原物相对而言的,是指由原物而产生的物,孳息分为天然孳息和法定孳息。

天然孳息,是指原物依照自然规律(或自然属性)产生的物,如种植果树所结的果实,牲畜产下的幼崽等。

法定孳息,是指原物依照法律关系(或法律规定)产生的物,如出租房屋的租金、存款的利息、依股本金所得的股息等。

因此,<u>抵押财产的孳息,也会分为抵押财产的天然孳息和法定孳息</u>。

---

**关联法条**

《民法典》第 321 条

<u>天然孳息</u>,由所有权人取得;既有所有权人又有用益物权人的,由用益物权人取得。当事人另有约定的,按照其约定。

<u>法定孳息</u>,当事人有约定的,按照约定取得;没有约定或者约定不明确的,按照交易习惯取得。

---

### ▶ 二、抵押权设立后,抵押权的效力是否及于孳息?

抵押权设立后,由于抵押人仍然享有对抵押财产的占有权、使用权和收益权,因此,因抵押财产的使用而产生的孳息应归抵押人所有,抵押权的效力不应及于该孳息。

但是抵押权设立后,<u>如果出现债务人不履行到期债务或者发生当事人约定的实现抵押权的情形</u>,抵押权的效力是否及于该抵押财产的孳息呢?《民法典》第 412 条是关于该问题的相关规定,"债务人不履行到期债务或者发生当事人约定的实现抵押权的情形,致使抵押财产被人民法院依法扣押的,自扣押之日起,抵押权人有权收取该抵押财产的天然孳息或者法定孳息,但是抵押权人未通知应当清偿法定孳息义务人的除外。前款规定的孳息应当先充抵收取孳息的费用"。

**依据《民法典》第 412 条之规定,我们整理如下知识点:**

抵押权设立后,如果出现债务人不履行到期债务或者发生当事人约定的实现抵押权的情形,因抵押权人行使抵押权致使抵押财产被人民法院依法扣押的:

(1)自扣押之日起抵押权人有权收取该抵押财产的<u>天然孳息</u>。

（2）自扣押之日起抵押权人有权收取该抵押财产的**法定孳息**,但是抵押权人未通知应当清偿**法定孳息**义务人的除外。

（3）孳息应当先充抵收取孳息的费用。

## 风险提示

抵押权人收取抵押物的法定孳息,需要同时具备下列三个条件:

1. 抵押权依法设立后出现债务人不履行到期债务或者发生当事人约定的实现抵押权的情形。

2. 抵押财产被人民法院依法扣押。

3. 抵押权人需要通知应清偿法定孳息的义务人。

# 77. 抵押权的效力是否及于抵押财产的"从物"？

## 要点解答

> 一、什么是"从物"？

按照物之间的相互关系,物可被分为主物和从物。主物和从物均为单独的物,从物不是主物的组成部分。从物必须与主物同属于一人。

从物在物理性质上与主物是可分离的,并有其独立存在的价值。从物是辅助主物发挥作用的。

举例说明:张三购买了一辆小轿车,安装在该轿车上的四个车轮子就不能作为该小轿车的从物,而是该小轿车的组成部分。但是该辆小轿车出厂时带有一条备胎放在后备厢里,该备胎是小轿车的从物。

> **关联法条**
>
> 《民法典》第 320 条
>
> 主物转让的,从物随主物转让,但是当事人另有约定的除外。
>
> 《民法典》第 631 条
>
> 因标的物的主物不符合约定而解除合同的,解除合同的效力及于从物。因标的物的从物不符合约定被解除的,解除的效力不及于主物。

### ➤ 二、《民法典担保制度解释》第 40 条是关于抵押权的效力是否及于抵押财产从物的规定

依据该条款之规定:

(1) 从物产生于抵押权依法设立前,抵押权人主张抵押权的效力及于从物的,人民法院应予支持,但是当事人另有约定的除外。

(2) 从物产生于抵押权依法设立后,抵押权人主张抵押权的效力及于从物的,人民法院不予支持,但是在抵押权实现时可以一并处分。此时,由于抵押权的效力不能及于从物,抵押权人优先受偿的范围仅在主物的价值范围内。

表 4-5 抵押物从物抵押权效力有关规定对比

| 《民法典担保制度解释》 | 《担保法解释》(已废止) |
|---|---|
| 第 40 条<br>　　从物产生于抵押权依法设立前,抵押权人主张抵押权的效力及于从物的,人民法院应予支持,但是当事人另有约定的除外。<br>　　从物产生于抵押权依法设立后,抵押权人主张抵押权的效力及于从物的,人民法院不予支持,但是在抵押权实现时可以一并处分。 | 第 63 条<br>　　抵押权设定前为抵押物的从物的,抵押权的效力及于抵押物的从物。但是,抵押物与其从物为两个以上的人分别所有时,抵押权的效力不及于抵押物的从物。 |

## 78. 抵押权的效力是否及于抵押财产的"添附物"?

### 要点解答

> 《民法典担保制度解释》第 41 条是关于抵押权的效力是否及于添附物的规定。

依据该条款之规定:

1. 抵押权依法设立后,抵押财产被添附,如果添附物归第三人所有,抵押权人主张抵押权效力及于补偿金的,人民法院应予支持。

2. 抵押权依法设立后,抵押财产被添附,如果抵押人对添附物享有所有权,抵押权人主张抵押权的效力及于添附物的,人民法院应予支持,但是添附导致抵押财产价值增加的,抵押权的效力不及于增加的价值部分。

3. 抵押权依法设立后,抵押人与第三人因添附成为添附物的共有人,抵押权人主张抵押权的效力及于抵押人对共有物享有的份额的,人民法院应予支持。

> **关联知识点**
>
> ➤ **什么是"添附"?**
>
> 添附,包括附合、混合与加工。
>
> 1. 附合,是指不同所有人的物密切结合在一起而成为一种新物。比如误将他人的油漆刷在了自己的墙面上。
>
> 2. 混合,是指不同所有人的动产混杂在一起,难以分开或者虽能分开但花费很大,从而产生所有权变动的法律事实。比如误将两人的稻米混合在了一起。

> 3. 加工,是指行为人与标的物所有人没有约定的前提下,行为人在他人之物上进行劳动从而提升了该物之价值并最终制造成了新物。比如行为人误将他人的树根进行了艺术创作并最终雕刻成为非常珍贵的根雕艺术品。
>
> ➢ **因添附而产生的物的归属问题**
>
> 《民法典》第 322 条对因添附而产生的物的归属问题作出了规定。因加工、附合、混合而产生的物的归属,按照以下原则确定:
>
> 1. 有约定的,按照约定;
>
> 2. 没有约定或者约定不明确的,依照法律规定;
>
> 3. 法律没有规定的,按照充分发挥物的效用以及保护无过错当事人的原则确定。
>
> 另外,将添附物确定归一方所有,会造成另一方的损害。因此《民法典》第 322 条规定,因一方当事人的过错或者确定物的归属造成另一方当事人损害的,应当给予赔偿或者补偿。

**表 4-6　抵押财产添附物抵押权效力有关规定对比**

| 《民法典担保制度解释》 | 《担保法解释》(已废止) |
| --- | --- |
| 第41条<br>　　抵押权依法设立后,抵押财产被添附,添附物归第三人所有,抵押权人主张抵押权效力及于补偿金的,人民法院应予支持。<br>　　抵押权依法设立后,抵押财产被添附,抵押人对添附物享有所有权,抵押权人主张抵押权的效力及于添附物的,人民法院应予支持,但是添附导致抵押财产价值增加的,抵押权的效力不及于增加的价值部分。<br>　　抵押权依法设立后,抵押人与第三人因添附成为添附物的共有人,抵押权人主张抵押权的效力及于抵押人对共有物享有的份额的,人民法院应予支持。<br>　　本条所称添附,包括附合、混合与加工。 | 第62条<br>　　抵押物因附合、混合或者加工使抵押物的所有权为第三人所有的,抵押权的效力及于补偿金;抵押物所有人为附合物、混合物或者加工物的所有人的,抵押权的效力及于附合物、混合物或者加工物;第三人与抵押物所有人为附合物、混合物或者加工物的共有人的,抵押权的效力及于抵押人对共有物享有的份额。 |

## 相关规定

**《民法典》第 322 条**

因加工、附合、混合而产生的物的归属,有约定的,按照约定;没有约定或者约定不明确的,依照法律规定;法律没有规定的,按照充分发挥物的效用以及保护无过错当事人的原则确定。因一方当事人的过错或者确定物的归属造成另一方当事人损害的,应当给予赔偿或者补偿。

# 79. 以所有权、使用权不明或者有争议的财产设立抵押的法律效力是什么?

## 要点解答

> **《民法典担保制度解释》第 37 条第 1 款关于"以权属不明、有争议的财产进行抵押"作出了明确的规定**,"当事人以所有权、使用权不明或者有争议的财产抵押,经审查构成无权处分的,人民法院应当依照民法典第三百一十一条的规定处理"。

当事人以所有权、使用权不明或者有争议的财产设定抵押,如果标的物不属于抵押人所有或者抵押人没有处分权,即抵押人构成无权处分。

在此前提下,债权人是否取得抵押权,应当依照《民法典》第 311 条关于"**善意取得制度**"的相关规定处理,即债权人如果构成善意取得,则抵押权生效;债权人如果不构成善意取得,则抵押权未生效。

> **《民法典》第 311 条对物权的"善意取得制度"作出了明确的规定。**

其中《民法典》第 311 条第 1 款规定了无权处分不动产或动产时,受让人善意取得不动产或动产所有权的要件,即"无处分权人将不动产或者动产转让给受让人的,所有权人有权追回;除法律另有规定外,符合下列情形的,受让人取得该不动产或者动产的所有权:(一)受让人受让该不动产或者动产时是善意;(二)以合理的价格转让;(三)转让的不动产或者动产依照法律规定应当登记的已经登记,不需要登记的已经交付给受让人"。

另外,该条第3款规定:"当事人善意取得**其他物权**的,参照适用前两款规定。"其中该款中的"其他物权"就是指所有权之外的其他物权,包括用益物权和担保物权。而抵押权属于担保物权,因此关于抵押权的善意取得也应适用《民法典》第311条的规定内容。

另外,《民法典物权编解释(一)》①第14条和第15条对"善意"的认定标准作出了具体的规定。

其中,第14条规定:"受让人受让不动产或者动产时,<u>不知道转让人无处分权,且无重大过失的,应当认定受让人为善意</u>。真实权利人主张受让人不构成善意的,应当承担举证证明责任。"

第15条规定:"<u>具有下列情形之一的,应当认定不动产受让人知道转让人无处分权</u>:(一)登记簿上存在有效的异议登记;(二)预告登记有效期内,未经预告登记的权利人同意;(三)登记簿上已经记载司法机关或者行政机关依法裁定、决定查封或者以其他形式限制不动产权利的有关事项;(四)受让人知道登记簿上记载的权利主体错误;(五)受让人知道他人已经依法享有不动产物权。真实权利人有证据证明不动产受让人应当知道转让人无处分权的,应当认定受让人具有重大过失。"

## 风险提示

当涉及以所有权、使用权不明或者有争议的财产进行抵押时,抵押权善意取得制度便发挥了关键作用,结合上述规定内容,我们认为抵押权善意取得的构成要件如下:

1. 抵押人对标的物构成无权处分,如抵押物的所有权存在争议。

2. 抵押权人取得抵押权时是善意的。

3. 债权人已经对标的物完成了抵押登记。只有办理了抵押登记,才能使抵押权具有对抗第三人的效力。

4. 在抵押权的善意取得要件中,对于债权人是否需要支付合理对价是存在一

---

① 《民法典物权编解释(一)》自2021年1月1日起施行。

定争议的,但我们认为交易行为仍应具有一定的合理性。

## 80. 夫妻关系存续期间购买的登记在夫妻一方名下的房屋,未经配偶同意设定抵押,抵押权是否有效?

### 要点解答

夫妻关系存续期间购买的房屋虽然登记在一方名下,但由于房产购置于夫妻关系存续期间,一般会被认定为属于夫妻共同财产。

> **关联法条**
>
> 《民法典》第1062条
>
> 夫妻在婚姻关系存续期间所得的下列财产,为夫妻的共同财产,归夫妻共同所有:
>
> (一)工资、奖金、劳务报酬;
>
> (二)生产、经营、投资的收益;
>
> (三)知识产权的收益;
>
> (四)继承或者受赠的财产,但是本法第一千零六十三条第三项规定的除外;
>
> (五)其他应当归共同所有的财产。
>
> 夫妻对共同财产,有平等的处理权。
>
> 《最高人民法院关于适用〈中华人民共和国民法典〉婚姻家庭编的解释(一)》第27条
>
> 由一方婚前承租、婚后用共同财产购买的房屋,登记在一方名下的,应当认定为夫妻共同财产。

**如果房屋被认定是夫妻共同财产**,夫妻一方未取得配偶同意擅自将房屋抵押,属于处分夫妻重大财产的行为,超出了日常家事代理的范畴,其行为构成无权处分。

《民法典担保制度解释》第 37 条第 1 款规定:"当事人以所有权、使用权不明或者有争议的财产抵押,经审查构成无权处分的,人民法院应当依照民法典第三百一十一条的规定处理。"

《民法典》第 311 条规定了物权的"善意取得制度"(详见本书关于"79. 以所有权、使用权不明或者有争议的财产设立抵押的法律效力是什么?"的内容)。

### 风险提示

夫妻关系存续期间购买的房屋虽然登记在一方名下,如果该房屋被认定是夫妻共同财产,夫妻一方未取得配偶同意擅自将房屋抵押,抵押权的效力存在以下几种情形:

1. 抵押权人在设立抵押权时如果未尽到合理的审查义务,不能构成善意取得,从而认定抵押权无效。

2. 如果抵押权人构成善意取得,即抵押权人在设立抵押权时不知道且不应当知道房屋为夫妻共同财产,并且尽到了合理的审查义务,同时办理了抵押登记,那么抵押权人有可能构成善意取得,抵押权有效。

3. 如果抵押权人能够证据证明房屋的其他共有人知道或应当知道其配偶将房屋设立抵押而未明确提出异议的,我们认为在这种情形下认定抵押权有效也是合理的。

## 81. 以依法被查封、扣押或监管的财产设立抵押的法律效力是什么?

### 要点解答

《民法典担保制度解释》第 37 条第 2 款、第 3 款关于以被查封、扣押、监管的

**财产进行抵押作出了明确的规定,**"当事人以依法被查封或者扣押的财产抵押,抵押权人请求行使抵押权,经审查查封或者扣押措施已经解除的,人民法院应予支持。抵押人以抵押权设立时财产被查封或者扣押为由主张抵押合同无效的,人民法院不予支持。以依法被监管的财产抵押的,适用前款规定"。

基于上述规定,当事人以依法被查封、扣押或监管的财产抵押,抵押权人请求行使抵押权,经审查查封、扣押或监管措施已经解除的,人民法院应予支持。反之,如果当事人以依法被查封、扣押或监管的财产抵押,抵押权人请求行使抵押权,经审查查封、扣押或监管措施没有解除的,抵押权人不得请求行使抵押权。

另外,如果标的物在先已经依法设定了抵押,即债权人已依法取得抵押权,之后该抵押财产被抵押人的其他债权人申请人民法院查封、扣押的,在此背景下,在先设定的抵押权是否仍有效呢?对此问题,我们倾向认为,在先设立的抵押权如果是基于合法的抵押合同和登记程序以及正常的交易产生的,其效力不受后续查封、扣押行为的影响。

## 相关规定

《最高人民法院关于人民法院民事执行中查封、扣押、冻结财产的规定》(2020年修正)第24条

被执行人就已经查封、扣押、冻结的财产所作的移转、设定权利负担或者其他有碍执行的行为,不得对抗申请执行人。

第三人未经人民法院准许占有查封、扣押、冻结的财产或者实施其他有碍执行的行为的,人民法院可以依据申请执行人的申请或者依职权解除其占有或者排除其妨害。

人民法院的查封、扣押、冻结没有公示的,其效力不得对抗善意第三人。

## 82. 如果抵押人的行为足以使得抵押财产价值减少的（或已经使抵押财产价值减少的），抵押权人可采取什么保全措施？

### ▲ 要点解答

抵押权，是指为担保债务的履行，债务人或者第三人不转移财产的占有，将该财产抵押给债权人的，债务人不履行到期债务或者发生当事人约定的实现抵押权的情形，债权人依照法律规定的程序就该财产优先受偿的权利。

抵押权作为一种不转移抵押财产占有的担保物权，抵押权设定后，抵押人不必将抵押财产转移于抵押权人占有，在抵押期间，就有可能出现因抵押人的行为致使抵押财产价值减少，从而损害抵押权人的利益的情形，《民法典》第408条对此作出了明确的规定，"抵押人的行为足以使抵押财产价值减少的，抵押权人有权请求抵押人停止其行为；抵押财产价值减少的，抵押权人有权请求恢复抵押财产的价值，或者提供与减少的价值相应的担保。抵押人不恢复抵押财产的价值，也不提供担保的，抵押权人有权请求债务人提前清偿债务"。

依据该条款之内容，我们整理出以下知识点：

1. 在抵押权存续期间，如果抵押人的行为足以使抵押财产价值减少的，抵押权人有权请求抵押人停止其行为。

2. 在抵押权存续期间，如果抵押人的行为已经使抵押财产的价值减少的，此时，抵押权人有权请求恢复抵押财产的价值，或者提供与减少的价值相应的担保。如果抵押人不恢复抵押财产的价值，也不提供担保的，抵押权人有权请求债务人提前清偿债务。

## 专题 3

# 不动产抵押权

## 83. 如何理解不动产抵押权自登记时设立？

**要点解答**

《民法典》第 402 条关于"不动产抵押登记"作出了明确规定，"以本法第三百九十五条第一款第一项至第三项规定的财产或者第五项规定的正在建造的建筑物抵押的，应当办理抵押登记。抵押权自登记时设立"。

《民法典》第 395 条规定了可抵押财产的范围，其中以"第一款第一项至第三项规定的财产或者第五项规定的正在建造的建筑物"设立抵押时，应当办理抵押登记，抵押权自登记时设立。具体包括：

第 1 款第 1 项：建筑物和其他土地附着物；

第 1 款第 2 项：建设用地使用权；

第 1 款第 3 项：海域使用权；

第 1 款第 5 项：正在建造的建筑物。

另外，《民法典》第 400 条第 1 款规定："设立抵押权，当事人应当采用书面形式订立抵押合同。"

因此，以上述抵押物设立抵押权，不仅应采用书面形式订立抵押合同，还应当办理抵押登记，抵押权自登记时设立。

## 相关规定

《不动产登记暂行条例实施细则》(2024年修正)第65条

对下列财产进行抵押的,可以申请办理不动产抵押登记:

(一)建设用地使用权;

(二)建筑物和其他土地附着物;

(三)海域使用权;

(四)以招标、拍卖、公开协商等方式取得的荒地等土地承包经营权;

(五)正在建造的建筑物;

(六)法律、行政法规未禁止抵押的其他不动产。

以建设用地使用权、海域使用权抵押的,该土地、海域上的建筑物、构筑物一并抵押;以建筑物、构筑物抵押的,该建筑物、构筑物占用范围内的建设用地使用权、海域使用权一并抵押。

《民法典》第469条

当事人订立合同,可以采用书面形式、口头形式或者其他形式。

书面形式是合同书、信件、电报、电传、传真等可以有形地表现所载内容的形式。

以电子数据交换、电子邮件等方式能够有形地表现所载内容,并可以随时调取查用的数据电文,视为书面形式。

# 84. 如何理解"不动产登记簿"对不动产抵押权设立的重要影响?

## 要点解答

设立不动产抵押权,应当办理抵押登记,不动产抵押权自登记时设立。《民法典》第214条规定:"不动产物权的设立、变更、转让和消灭,依照法律规定应当登记的,自记载于不动产登记簿时发生效力。"

《民法典》第216条明确了不动产登记簿的权威性。《民法典》第216条规定:"不动产登记簿是物权归属和内容的根据。不动产登记簿由登记机构管理。"

《民法典》第217条规定了不动产权属证书与不动产登记簿的关系。《民法典》第217条规定:"不动产权属证书是权利人享有该不动产物权的证明。不动产权属证书记载的事项,应当与不动产登记簿一致;记载不一致的,除有证据证明不动产登记簿确有错误外,以不动产登记簿为准。"

结合《民法典》第216条和第217条的相关规定,判断不动产抵押权是否设立以及设立时间,不动产登记簿的登记是核心依据。如果不动产权属证书与不动产登记簿的记载不一致,除有证据证明不动产登记簿确有错误外,应以不动产登记簿为准。

## 85. 当事人申请办理抵押登记,因登记机构的过错致使其不能办理抵押登记或者因登记机构的过错导致登记错误的,登记机构应当承担什么责任?

### ▶ 要点解答

当事人申请办理抵押登记,如因登记机构的过错导致登记错误而造成债权人损害的,登记机构应当承担赔偿责任。《民法典》第222条第2款规定:"因登记错误,造成他人损害的,登记机构应当承担赔偿责任。登记机构赔偿后,可以向造成登记错误的人追偿。"

如果是当事人自身的原因,如未依法提交完整、准确的抵押权登记的申请材料,或者故意提供虚假的申请材料等,登记机构依法不予办理登记的,则不产生登记机构的赔偿责任问题。

另外,《民法典担保制度解释》第 48 条进一步明确了在抵押登记过程中,因登记机构的过错致使当事人不能办理抵押登记时的责任承担问题。该条款规定:"当事人申请办理抵押登记手续时,<u>因登记机构的过错致使其不能办理抵押登记</u>,当事人请求登记机构承担赔偿责任的,人民法院依法予以支持。"

## 相关规定

《国家赔偿法》(2012 年修正)第 2 条

国家机关和国家机关工作人员行使职权,有本法规定的侵犯公民、法人和其他组织合法权益的情形,造成损害的,受害人有依照本法取得国家赔偿的权利。

本法规定的赔偿义务机关,应当依照本法及时履行赔偿义务。

《国家赔偿法》(2012 年修正)第 4 条

行政机关及其工作人员在行使行政职权时有下列侵犯财产权情形之一的,受害人有取得赔偿的权利:

(一)违法实施罚款、吊销许可证和执照、责令停产停业、没收财物等行政处罚的;

(二)违法对财产采取查封、扣押、冻结等行政强制措施的;

(三)违法征收、征用财产的;

(四)造成财产损害的其他违法行为。

## 86. 不动产抵押合同签订后,如果抵押人未配合办理抵押登记,抵押权人有何救济措施?

## 要点解答

1. 签订不动产抵押合同但未进行抵押登记的,不动产抵押权并未设立。

《民法典》第 402 条是关于不动产抵押登记的相关规定,"以本法第三百九十五条第一款第一项至第三项规定的财产或者第五项规定的正在建造的建筑物抵押的,应当办理抵押登记。抵押权自登记时设立"。

依据该条款之规定,以建筑物和其他土地附着物、建设用地使用权、海域使用权以及正在建造的建筑物等不动产设定抵押的,应当办理抵押登记,抵押权自登记时设立。

因此,对于不动产抵押,采登记要件主义,即设立不动产抵押权,应当办理抵押登记,抵押权自登记时设立。当事人签订不动产抵押合同后如未办理抵押登记,抵押权未设立,债权人未取得抵押权。

2. 签订不动产抵押合同但未进行抵押登记,不影响抵押合同效力。

《民法典》第215条规定:"当事人之间订立有关设立、变更、转让和消灭不动产物权的合同,除法律另有规定或者当事人另有约定外,自合同成立时生效;未办理物权登记的,不影响合同效力。"

《民法典》第215条确定了物权变动的原因与结果相区分的原则,将是否办理物权登记不作为合同效力的判断因素,是否登记仅仅是物权变动是否发生效力的依据。

因此,当事人签订不动产抵押合同后,虽未办理抵押登记,但不影响抵押合同的效力。不动产抵押合同生效后,对双方都有约束力,抵押人依约负有办理抵押登记的义务,如果抵押人拒不协助债权人申请抵押权登记,抵押权人请求抵押人办理抵押登记手续的,人民法院应予支持。

3.《民法典担保制度解释》第46条是关于不动产抵押合同生效后但未办理抵押权登记时相关民事责任的规定。依据该条款之规定,分析如下:

(1)不动产抵押合同生效后未办理抵押登记手续,债权人请求抵押人办理抵押登记手续的,人民法院应予支持。

(2)不动产抵押合同生效后,抵押权人请求抵押人办理抵押登记手续的,如抵押财产因不可归责于抵押人自身的原因灭失或者被征收等导致不能办理抵押登记的,债权人不能请求抵押人在约定的担保范围内承担责任,但如抵押人已经获得保险金、赔偿金或者补偿金等,债权人可以请求抵押人在其所获金额范围内承担赔偿责任。

（3）不动产抵押合同生效后,抵押权人请求抵押人办理抵押登记手续的,如因<u>抵押人转让抵押财产或者其他可归责于抵押人自身的原因导致不能办理抵押登记</u>,债权人可以请求抵押人在约定的担保范围内承担责任,但是不得超过抵押权能够设立时抵押人应当承担的责任范围。

## 相关规定

《民法典担保制度解释》第 46 条

不动产抵押合同生效后未办理抵押登记手续,债权人请求抵押人办理抵押登记手续的,人民法院应予支持。

抵押财产因不可归责于抵押人自身的原因灭失或者被征收等导致不能办理抵押登记,债权人请求抵押人在约定的担保范围内承担责任的,人民法院不予支持;但是抵押人已经获得保险金、赔偿金或者补偿金等,债权人请求抵押人在其所获金额范围内承担赔偿责任的,人民法院依法予以支持。

因抵押人转让抵押财产或者其他可归责于抵押人自身的原因导致不能办理抵押登记,债权人请求抵押人在约定的担保范围内承担责任的,人民法院依法予以支持,但是不得超过抵押权能够设立时抵押人应当承担的责任范围。

《九民会议纪要》第 60 条【未办理登记的不动产抵押合同的效力】

不动产抵押合同依法成立,但未办理抵押登记手续,债权人请求抵押人办理抵押登记手续的,人民法院依法予以支持。因抵押物灭失以及抵押物转让他人等原因不能办理抵押登记,债权人请求抵押人以抵押物的价值为限承担责任的,人民法院依法予以支持,但其范围不得超过抵押权有效设立时抵押人所应当承担的责任。

## 专题 4

# 在建建筑物抵押权

## 87. 什么是"在建建筑物抵押权"?

**要点解答**

依据《民法典》第 395 条第 1 款第 5 项的规定,债务人或者第三人有权处分的正在建造的建筑物可以抵押。

另外,依据《城市房地产抵押管理办法》(2021 年修订)第 3 条第 5 款的规定,在建工程抵押,是指抵押人为取得在建工程继续建造资金的贷款,以其合法方式取得的土地使用权连同在建工程的投入资产,以不转移占有的方式抵押给贷款银行作为偿还贷款履行担保的行为。

1. 如何设立"在建建筑物抵押权"?

依据《民法典》第 402 条之规定,以正在建造的建筑物抵押的,应当办理抵押登记。抵押权自登记时设立。

另外,依据《民法典》第 400 条第 1 款之规定,"设立抵押权,当事人应当采用书面形式订立抵押合同"。

因此,以正在建造的建筑物抵押的,当事人订立抵押合同后,还应当办理抵押登记,抵押权自登记时设立;未经登记,抵押权不设立。

2. 在建建筑物抵押合同应载明哪些内容?

《民法典》第 400 条规定,"设立抵押权,当事人应当采用书面形式订立抵押合同。抵押合同一般包括下列条款:(一)被担保债权的种类和数额;(二)债务人履行债务的期限;(三)抵押财产的名称、数量等情况;(四)担保的范围"。

另外,依据《城市房地产抵押管理办法》(2021年修订)第28条之规定,"以在建工程抵押的,抵押合同还应当载明以下内容:(一)《国有土地使用权证》、《建设用地规划许可证》和《建设工程规划许可证》编号;(二)已交纳的土地使用权出让金或需交纳的相当于土地使用权出让金的款额;(三)已投入在建工程的工程款;(四)施工进度及工程竣工日期;(五)已完成的工作量和工程量"。

3. 申请在建建筑物抵押权首次登记应提交的材料。

《不动产登记暂行条例实施细则》(2024年修正)第76条规定:"申请在建建筑物抵押权首次登记的,当事人应当提交下列材料:(一)抵押合同与主债权合同;(二)享有建设用地使用权的不动产权属证书;(三)建设工程规划许可证;(四)其他必要材料。"

## ▲ 相关规定

《城市房地产抵押管理办法》(2021年修订)

第11条:"以在建工程已完工部分抵押的,其土地使用权随之抵押。"

第34条第2款:"以预售商品房或者在建工程抵押的,登记机关应当在抵押合同上作记载。抵押的房地产在抵押期间竣工的,当事人应当在抵押人领取房地产权属证书后,重新办理房地产抵押登记。"

《不动产登记暂行条例实施细则》(2024年修正)

第75条:"以建设用地使用权以及全部或者部分在建建筑物设定抵押的,应当一并申请建设用地使用权以及在建建筑物抵押权的首次登记。

当事人申请在建建筑物抵押权首次登记时,**抵押财产不包括已经办理预告登记的预购商品房和已经办理预售备案的商品房**。

前款规定的在建建筑物,是指正在建造、尚未办理所有权首次登记的房屋等建筑物。"

第76条:"**申请在建建筑物抵押权首次登记的**,当事人应当提交下列材料:

（一）抵押合同与主债权合同；

（二）享有建设用地使用权的不动产权属证书；

（三）建设工程规划许可证；

（四）其他必要材料。"

第77条："<u>在建建筑物抵押权变更、转移或者消灭的</u>，当事人应当提交下列材料，申请变更登记、转移登记、注销登记：

（一）不动产登记证明；

（二）在建建筑物抵押权发生变更、转移或者消灭的材料；

（三）其他必要材料。

在建建筑物竣工，办理建筑物所有权首次登记时，当事人应当申请将在建建筑物抵押权登记转为建筑物抵押权登记。"

第86条第4款："<u>申请预告登记的商品房已经办理在建建筑物抵押权首次登记的</u>，当事人应当<u>一并申请在建建筑物抵押权注销登记</u>，并提交不动产权属转移材料、不动产登记证明。不动产登记机构应当先办理<u>在建建筑物抵押权注销登记</u>，再办理预告登记。"

# 88. 以正在建造的建筑物抵押，抵押权的效力范围是否及于之后建造的部分？

### 要点解答

当事人以正在建造的建筑物抵押，关于抵押权的效力范围问题，《民法典担保制度解释》第51条第2款明确规定，<u>抵押权的效力范围限于已办理抵押登记的部分</u>。

另外，以正在建造的建筑物抵押的，对于已办理抵押登记的部分是经过公示的，具有公信力；而续建部分、新增建筑物以及规划中尚未建造的建筑物尚未进行抵押登记,缺乏公示性。即使抵押权人按照抵押合同的约定,主张抵押权的效力及于续建部分、新增建筑物以及规划中尚未建造的建筑物的,对此人民法院也不予支持。

表 4-7 抵押在建建筑物抵押权效力有关规定对比

| 《民法典担保制度解释》 | 《担保法解释》(已废止) |
| --- | --- |
| 第 51 条第 2 款<br>　　当事人以正在建造的建筑物抵押,抵押权的效力范围限于已办理抵押登记的部分。当事人按照担保合同的约定,主张抵押权的效力及于续建部分、新增建筑物以及规划中尚未建造的建筑物的,人民法院不予支持。 | 第 47 条<br>　　以依法获准尚未建造的或者正在建造中的房屋或者其他建筑物抵押的,当事人办理了抵押物登记,人民法院可以认定抵押有效。 |

### 风险提示

在建工程属于未完成的、尚待继续建造的建筑物,随着不断施工建造,由当初的未竣工状态到后来的竣工状态,其价值会处于不断增值的过程中。因此,如果以在建工程抵押的,在办理首次抵押登记之后,随着续建部分不断完成,还需要不断地办理变更登记。

## 专题 5

# 不动产抵押权预告登记制度

## 89. 什么是"预告登记制度"？

### 要点解答

> **一、预告登记制度的适用范围**

关于"预告登记"，《民法典》第 221 条第 1 款规定："当事人签订买卖房屋的协议或者签订其他不动产物权的协议，为保障将来实现物权，按照约定可以向登记机构申请预告登记。预告登记后，未经预告登记的权利人同意，处分该不动产的，不发生物权效力。"

因此，预告登记制度既可以适用于当事人签订的房屋买卖协议，也可以适用于当事人签订的其他不动产物权协议。

另外，《不动产登记暂行条例实施细则》（2024 年修正）第 85 条第 1 款规定了当事人可以申请不动产预告登记的具体情形，主要包括：

(1) 商品房等不动产预售的；

(2) 不动产买卖、抵押的；

(3) 以预购商品房设定抵押权的；

(4) 法律、行政法规规定的其他情形。

> **二、申请预告登记后产生的法律效果**

依据《民法典》第 221 条第 1 款之规定，预告登记后，未经预告登记的权利人同意,处分该不动产的,不发生物权效力。

另外,《民法典物权编解释(一)》①第 4 条规定:"未经预告登记的权利人同意,转让不动产所有权等物权,或者设立建设用地使用权、居住权、地役权、抵押权等其他物权的,应当依照民法典第二百二十一条第一款的规定,认定其不发生物权效力。"

因此,当事人签订买卖房屋的协议或者签订其他不动产物权的协议,向登记机构申请预告登记后,<u>未经预告登记的权利人同意,处分该不动产的(包括转让不动产所有权等物权,或者设立建设用地使用权、居住权、地役权、抵押权等其他物权的),不发生物权效力</u>。

> ### 三、预告登记失效的情形

依据《民法典》第 221 条第 2 款之规定,预告登记后,债权消灭或者自能够进行不动产登记之日起 90 日内未申请登记的,预告登记失效。

表 4-8 预告登记有关规定对比

| 《民法典》 | 《物权法》(已废止) |
|---|---|
| 第 221 条<br>　　<u>当事人签订买卖房屋的协议或者签订其他不动产物权的协议</u>,为保障将来实现物权,按照约定可以向登记机构申请预告登记。预告登记后,未经预告登记的权利人同意,处分该不动产的,不发生物权效力。<br>　　预告登记后,债权消灭或者自能够进行不动产登记之日起<u>九十日</u>内未申请登记的,预告登记失效。 | 第 20 条<br>　　<u>当事人签订买卖房屋或者其他不动产物权的协议</u>,为保障将来实现物权,按照约定可以向登记机构申请预告登记。预告登记后,未经预告登记的权利人同意,处分该不动产的,不发生物权效力。<br>　　预告登记后,债权消灭或者自能够进行不动产登记之日起<u>三个月</u>内未申请登记的,预告登记失效。 |

### ▲ 相关规定

《最高人民法院关于人民法院办理执行异议和复议案件若干问题的规定》(2020 年修正)第 30 条

金钱债权执行中,对被查封的办理了受让物权<u>预告登记</u>的不动产,受让人提

---

① 《最高人民法院关于适用〈中华人民共和国民法典〉物权编的解释(一)》自 2021 年 1 月 1 日起施行。

出停止处分异议的,人民法院应予支持;符合物权登记条件,受让人提出排除执行异议的,应予支持。

## 90. 什么是"以预购商品房设定抵押预告登记"?

### 要点解答

> **一、预购商品房贷款抵押**

依据《城市房地产抵押管理办法》(2021 年修订)第 3 条第 4 款之规定,"**预购商品房贷款抵押**,是指购房人在支付首期规定的房价款后,由贷款银行代其支付其余的购房款,将所购商品房抵押给贷款银行作为偿还贷款履行担保的行为"。

开发商在获得预售许可后,将在建商品房出售给预购人,预购人向银行申请按揭贷款。

预购人向开发商支付首期房屋价款后,由贷款银行代其支付其余的购房款。预购人以预购商品房抵押时,因预购商品房尚未建造完毕或正在建造,开发商没有办理房屋所有权首次登记,因此预购人无法办理房屋所有权转移登记。

此时,预购人如果要向银行抵押预购的商品房,双方可以约定办理预购商品房抵押权的预告登记。

> **二、当事人可以申请不动产预告登记的具体情形中包括"以预购商品房设定抵押权的预告登记"**

《不动产登记暂行条例实施细则》(2024 年修正)第 85 条第 1 款规定:"有下列情形之一的,当事人可以按照约定申请不动产预告登记:

(一)商品房等不动产预售的;

(二)不动产买卖、抵押的;

(三)**以预购商品房设定抵押权的;**

(四)法律、行政法规规定的其他情形。"

## 91. "不动产抵押预告登记"是否具有优先受偿的效力？

### 📍 要点解答

#### ➤ 一、以预购商品房设定抵押权的预告登记

在抵押权预告登记实务中，从目前我国的不动产登记实践来看，办理数量最多的就是<u>预购商品房抵押权的预告登记</u>。

《不动产登记暂行条例实施细则》(2024年修正)第85条第1款第3项规定，以预购商品房设定抵押权的，当事人可以按照约定申请不动产预告登记。

另外，《城市房地产抵押管理办法》(2021年修订)第3条第4款规定："<u>预购商品房贷款抵押</u>，是指购房人在支付首期规定的房价款后，由贷款银行代其支付其余的购房款，将所购商品房抵押给贷款银行作为偿还贷款履行担保的行为。"

#### ➤ 二、满足一定条件下抵押预告登记权利人可享有优先受偿权

抵押预告登记不同于正式的抵押权登记，债权人(抵押预告登记权利人)是否就抵押财产享有优先受偿权？对此，《民法典担保制度解释》第52条第1款作出了相关规定。依据该条款规定内容，我们整理如下知识点：

<u>抵押预告登记虽不是正式的抵押登记</u>，但是依据《民法典担保制度解释》第52条第1款之规定，可在一定条件下赋予权利人享有优先受偿权，即当事人办理抵押预告登记后，如果建筑物所有权首次登记已经办理，且不存在预告登记失效等情形的，预告登记权利人可以请求就抵押财产优先受偿，并应当认定抵押权自预告登记之日起设立。

具体分述之：

1.建筑物已经办理所有权首次登记。

依据《不动产登记暂行条例实施细则》(2024年修正)第24条规定，"不动产首次登记，是指不动产权利第一次登记。未办理不动产首次登记的，不得办理不

动产其他类型登记,但法律、行政法规另有规定的除外"。

在预购商品房贷款抵押业务中,当事人办理抵押预告登记后,建筑物已经办理所有权首次登记,这里的"首次登记",是指房地产开发企业在建筑物竣工验收后就建筑物所有权办理的首次登记。

2. 不存在预告登记失效的情形。

依据《民法典》第 221 条第 2 款之规定,"预告登记后,债权消灭或者自能够进行不动产登记之日起九十日内未申请登记的,预告登记失效"。

预告登记失效的原因主要有两种:

一是债权消灭使得预告登记失去了存在的基础,因此而失效。

二是能够进行不动产登记之日起 90 日内未申请正式抵押登记,导致预告登记失效。

因此,商业银行在办理预告登记后,还应持续跟进房地产开发企业为购房人办理房屋不动产权证事宜,避免因超过法定期间导致抵押预告登记失效。

3. 在满足上述条件后,在认定抵押预告登记权利人享有优先受偿权的同时,**应当认定抵押权自预告登记之日起设立**,其原先在不动产登记簿上的抵押顺位不发生变化,仍应以预告登记的顺位为准。

> 三、抵押预告登记权利人不享有优先受偿权的情形

当事人办理抵押预告登记后,如出现尚未办理建筑物所有权首次登记、预告登记的财产与办理建筑物所有权首次登记时的财产不一致、抵押预告登记已经失效等情形,导致不具备办理抵押登记条件的,则预告登记权利人不享有优先受偿权。

# 92. 在抵押人破产的情况下,抵押预告登记权利人是否可主张就抵押财产优先受偿?

▲ 要点解答

《民法典担保制度解释》第 52 条第 2 款是关于该问题的规定,"当事人办理了

抵押预告登记,抵押人破产,经审查抵押财产属于破产财产,预告登记权利人主张就抵押财产优先受偿的,<u>人民法院应当在受理破产申请时抵押财产的价值范围内予以支持</u>,但是在人民法院受理破产申请前一年内,债务人对没有财产担保的债务设立抵押预告登记的除外"。

依据《民法典担保制度解释》第 52 条第 2 款之规定,我们整理出如下知识点:

1. 当事人办理了抵押预告登记后,在抵押人破产的情形下,即使抵押预告登记权利人仍不具备办理抵押登记的条件,<u>可直接赋予预告登记权利人就预告登记的抵押财产优先受偿的权利</u>;且抵押权预告登记权利人以人民法院受理破产申请时抵押财产的价值范围为标准来确定优先受偿的范围。

2. 抵押人破产,在赋予预告登记权利人就预告登记的抵押财产优先受偿权利的同时,<u>该条款还规定了例外情形</u>,即"但是在人民法院受理破产申请前一年内,债务人对没有财产担保的债务设立抵押预告登记的除外"。

因此,如果债务人是对没有财产担保的债务设立抵押预告登记,且该预告登记是在人民法院受理债务人破产申请前一年内办理的,<u>则预告登记权利人不得就该抵押财产主张优先受偿权</u>。

## 相关规定

《企业破产法》第 31 条

人民法院受理破产申请前一年内,涉及债务人财产的下列行为,管理人有权请求人民法院予以撤销:

(一)无偿转让财产的;

(二)以明显不合理的价格进行交易的;

**(三)对没有财产担保的债务提供财产担保的;**

(四)对未到期的债务提前清偿的;

(五)放弃债权的。

# 专题 6

# 抵押权与房地一体原则

## 93. 如何理解"房随地走、地随房走"的房地一体原则?

**要点解答**

由于房屋等建筑物、构筑物及其附属设施均属于地上定着物,与土地有着极为密切的关系,基于房与地之间的天然联系,决定了建设用地使用权与建筑物、构筑物及其附属设施应一并处分的原则,此即所谓"房地一体原则",俗称"房随地走、地随房走"。

> **一、《民法典》关于"房地一体原则"的规定**

《民法典》第356条规定的是"房随地走"原则,"建设用地使用权转让、互换、出资或者赠与的,附着于该土地上的建筑物、构筑物及其附属设施<u>一并处分</u>。"

《民法典》第357条规定的是"地随房走"原则,"建筑物、构筑物及其附属设施转让、互换、出资或者赠与的,该建筑物、构筑物及其附属设施占用范围内的建设用地使用权<u>一并处分</u>。"

> **二、房地一体原则在查封程序中的适用**

《最高人民法院关于人民法院民事执行中查封、扣押、冻结财产的规定》(2020年修正)第21条规定:"<u>查封地上建筑物的效力及于该地上建筑物使用范围内的</u>

土地使用权,查封土地使用权的效力及于地上建筑物,但土地使用权与地上建筑物的所有权分属被执行人与他人的除外。地上建筑物和土地使用权的登记机关不是同一机关的,应当分别办理查封登记。"在查封执行中,查封地上建筑物的效力及于土地使用权,查封土地使用权的效力及于地上建筑物,这一规则确保了被执行财产的完整性,也避免了因分别查封可能导致的权利冲突问题。

另外,房地一体原则在抵押中也适用,即房地一体抵押。对此,我们将在本书中后续用专题讲解。

## 相关规定

《城市房地产管理法》(2019年修正)第32条

房地产转让、抵押时,房屋的所有权和该房屋占用范围内的土地使用权同时转让、抵押。

《城镇国有土地使用权出让和转让暂行条例》(2020年修订)第23条

土地使用权转让时,其地上建筑物、其他附着物所有权随之转让。

《城镇国有土地使用权出让和转让暂行条例》(2020年修订)第24条

地上建筑物、其他附着物的所有人或者共有人,享有该建筑物、附着物使用范围内的土地使用权。

土地使用者转让地上建筑物、其他附着物所有权时,其使用范围内的土地使用权随之转让,但地上建筑物、其他附着物作为动产转让的除外。

## 94. 什么是"房地一体化抵押"?

## 要点解答

房地一体化抵押是在不动产抵押领域遵循"房地一体"原则的具体体现。《民法典》第397条对此作出了明确规定,"以建筑物抵押的,该建筑物占用范围内的建设用地使用权一并抵押。以建设用地使用权抵押的,该土地上的建筑物一并抵押。抵押人未依据前款规定一并抵押的,未抵押的财产视为一并抵押"。

另外,《不动产登记暂行条例实施细则》(2024年修正)第65条第2款对房地一体化抵押也作出了规定,"以建设用地使用权、海域使用权抵押的,该土地、海域上的建筑物、构筑物一并抵押;以建筑物、构筑物抵押的,该建筑物、构筑物占用范围内的建设用地使用权、海域使用权一并抵押"。

**《民法典》第397条是房地一致原则在房地产抵押中的具体体现,也即房地一体化抵押,该条款具体包括以下基本内容:**

1. 以建筑物抵押的,该建筑物占用范围内的建设用地使用权一并抵押。

2. 以建设用地使用权抵押的,该土地上的建筑物一并抵押。

3. 如果抵押人仅以建筑物抵押的,该建筑物占用范围内的建设用地使用权视为一并抵押。在实现建筑物抵押权时,该建筑物占用范围内的建设用地使用权也一并作为抵押财产。

4. 如果抵押人仅以建设用地使用权抵押的,该土地上的建筑物视为一并抵押。在实现建设用地使用权的抵押权时,该土地上的建筑物也一并作为抵押财产。

### ▲ 风险提示

**乡镇、村企业的建设用地使用权不能单独设定抵押。**

《民法典》第398条规定:"乡镇、村企业的建设用地使用权不得单独抵押。以乡镇、村企业的厂房等建筑物抵押的,其占用范围内的建设用地使用权一并抵押。"

乡镇、村企业不能仅以集体所有的建设用地使用权抵押,但可以将乡镇、村企业的厂房等建筑物抵押;以厂房等建筑物抵押的,根据《民法典》第397条"地随房走"的原则,其占用范围内的建设用地使用权一并抵押。

## 95. 仅以建设用地使用权抵押的，抵押权的效力是否及于正在建造的建筑物的续建部分以及新增建筑物？

### 要点解答

根据房地一体抵押原则，如果抵押人仅以建设用地使用权抵押的，该土地上的建筑物视为一并抵押。

但是在实践中会存在这种现象：在以建设用地使用权抵押时，该土地上尚无建筑物，或者虽然有建筑物但属于正在建造的建筑物；但是在建设用地使用权抵押权设立之后，该土地上可能会出现新增的建筑物或者正在建造的建筑物出现续建的部分。

那么，建设用地使用权抵押权的效力范围能否及于该土地上新增的建筑物或正在建造的建筑物的续建部分？

对此问题，《民法典》第417条以及《民法典担保制度解释》第51条第1款作出了明确规定。

《民法典》第417条规定："建设用地使用权抵押后，该土地上新增的建筑物不属于抵押财产。该建设用地使用权实现抵押权时，应当将该土地上新增的建筑物与建设用地使用权一并处分。但是，新增建筑物所得的价款，抵押权人无权优先受偿。"

《民法典担保制度解释》第51条第1款对此进一步明确："当事人仅以建设用地使用权抵押，债权人主张抵押权的效力及于土地上已有的建筑物以及正在建造的建筑物已完成部分的，人民法院应予支持。债权人主张抵押权的效力及于正在建造的建筑物的续建部分以及新增建筑物的，人民法院不予支持。"

> **关联知识点**
>
> ➤ 如何判断"新增建筑物"的时间基准点?
>
> 《民法典》第417条规定的是"建设用地使用权抵押后,该土地上新增的建筑物不属于抵押财产"。
>
> 而《城市房地产管理法》(2019年修正)第52条规定的是"房地产抵押合同签订后,土地上新增的房屋不属于抵押财产"。
>
> 两者经对比,可以看出在判断新增建筑物是否属于抵押财产范围的时间基准问题上,《民法典》与《城市房地产管理法》的相关规定并不一致。
>
> 对此,我们倾向认为应优先适用《民法典》第417条的规定,即结合建设用地使用权抵押权设立登记的时间与建筑物形成的时间进行比较判断。

# 96. 在房地一体化原则之下,如果出现房、地分别抵押给不同的债权人,该如何确定清偿顺序?

**要点解答**

房地分别抵押,即建设用地使用权抵押给一个债权人,而其上的建筑物又抵押给另一个债权人的情况下,可能产生两个抵押权的冲突问题,该如何确定不同抵押权人之间的清偿顺序?

对此问题,《九民会议纪要》第61条规定:"在房地分别抵押,即建设用地使用权抵押给一个债权人,而其上的建筑物又抵押给另一个人的情况下,可能产生两个抵押权的冲突问题。基于'房地一体'规则,此时应当将建筑物和建设用地使用权视为同一财产,从而依照《物权法》第 199 条的规定确定清偿顺序:登记在先的先清偿;同时登记的,按照债权比例清偿。同一天登记的,视为同时登记……"

另外,《民法典担保制度解释》第 51 条第 3 款对房地分别抵押时抵押权的实现顺序问题也作出了明确规定,"抵押人将建设用地使用权、土地上的建筑物或者正在建造的建筑物分别抵押给不同债权人的,人民法院应当根据抵押登记的时间先后确定清偿顺序"。

> **关联知识点**
>
> ➤ **不动产统一登记制度**
>
> 在我国施行不动产统一登记制度之前,房屋和土地往往由不同的行政部门进行管理和登记,即房屋登记机构负责房屋的登记,土地登记机构负责建设用地使用权的登记。在此背景下,不仅会出现建筑物和建设用地使用权分别抵押的情形,还有可能会出现不同抵押权人于同一天在不同登记机关办理登记的情形。
>
> 对此,《九民会议纪要》第 61 条规定:"在房地分别抵押,即建设用地使用权抵押给一个债权人,而其上的建筑物又抵押给另一个人的情况下,可能产生两个抵押权的冲突问题。基于'房地一体'规则,此时应当将建筑物和建设用地使用权视为同一财产,从而依照《物权法》第 199 条的规定确定清偿顺序:登记在先的先清偿;同时登记的,按照债权比例清偿。同一天登记的,视为同时登记。"
>
> 我国施行不动产统一登记制度之后,建筑物抵押和建设用地使用权抵押都在同一登记机构办理抵押登记,抵押登记顺序可按照登记机构受理时间进行确定。对此,《不动产登记暂行条例实施细则》(2024 年修正)第 67 条规定:"同一不动产上设立多个抵押权的,不动产登记机构应当按照受理时间的先后顺序依次办理登记,并记载于不动产登记簿。当事人对抵押权顺位另有约定的,从其规定办理登记。"

## 专题 7

# 建设用地使用权抵押权

## 97. 什么是"建设用地使用权"?

**要点解答**

《民法典》第二编"物权"第三分编"用益物权"第十二章(第 344 条至第 361 条)是关于"**建设用地使用权**"的相关规定。

> 一、建设用地使用权的概念

《民法典》第 344 条规定:"建设用地使用权人依法对国家所有的土地享有占有、使用和收益的权利,有权利用该土地建造建筑物、构筑物及其附属设施。"

> 二、建设用地使用权的设立方式:出让和划拨

《民法典》第 347 条第 1 款规定:"设立建设用地使用权,可以采取**出让或者划拨**等方式。"

1. 出让。

《城市房地产管理法》(2019 年修正)第 8 条规定:"**土地使用权出让**,是指国家将国有土地使用权在一定年限内出让给土地使用者,由土地使用者向国家支付土地使用权出让金的行为。"

《城市房地产管理法》(2019 年修正)第 13 条第 1 款规定:"土地使用权出让,可以采取拍卖、招标或者双方协议的方式。"

《民法典》第 347 条第 2 款规定:"工业、商业、旅游、娱乐和商品住宅等经营性

用地以及同一土地有两个以上意向用地者的,应当采取招标、拍卖等公开竞价的方式出让。"

2.划拨。

《城市房地产管理法》(2019年修正)第23条第1款规定:"**土地使用权划拨**,是指县级以上人民政府依法批准,在土地使用者缴纳补偿、安置等费用后将该幅土地交付其使用,或者将土地使用权无偿交付给土地使用者使用的行为。"

《民法典》第347条第3款规定:"**严格限制以划拨方式设立建设用地使用权。**"

> 三、建设用地使用权自登记时设立

《民法典》第349条规定:"设立建设用地使用权的,应当向登记机构申请建设用地使用权登记。建设用地使用权自登记时设立。登记机构应当向建设用地使用权人发放权属证书。"

> 四、建设用地使用权人的权利和限制

《民法典》第350条规定:"建设用地使用权人应当合理利用土地,不得改变土地用途;需要改变土地用途的,应当依法经有关行政主管部门批准。"

第352条规定:"建设用地使用权人建造的建筑物、构筑物及其附属设施的所有权属于建设用地使用权人,但是有相反证据证明的除外。"

第353条规定:"建设用地使用权人有权将建设用地使用权转让、互换、出资、赠与或者抵押,但是法律另有规定的除外。"

第354条规定:"建设用地使用权转让、互换、出资、赠与或者抵押的,当事人应当采用书面形式订立相应的合同。使用期限由当事人约定,但是不得超过建设用地使用权的剩余期限。"

第355条规定:"建设用地使用权转让、互换、出资或者赠与的,应当向登记机构申请变更登记。"

> 五、房地一体化原则

《民法典》第356条规定:"建设用地使用权转让、互换、出资或者赠与的,附着于该土地上的建筑物、构筑物及其附属设施一并处分。"

第357条规定:"建筑物、构筑物及其附属设施转让、互换、出资或者赠与的,该建筑物、构筑物及其附属设施占用范围内的建设用地使用权一并处分。"

> 六、建设用地使用权期限届满后的续期

《民法典》第359条规定:"住宅建设用地使用权期限届满的,自动续期。续期费用的缴纳或者减免,依照法律、行政法规的规定办理。

非住宅建设用地使用权期限届满后的续期,依照法律规定办理。该土地上的房屋以及其他不动产的归属,有约定的,按照约定;没有约定或者约定不明确的,依照法律、行政法规的规定办理。"

> 七、建设用地使用权的消灭

《民法典》第360条规定:"建设用地使用权消灭的,出让人应当及时办理注销登记。登记机构应当收回权属证书。"

# 98. 以划拨方式取得的建设用地使用权设立抵押,是否需要办理审批手续?

## 要点解答

在2010年7月国务院发文《关于第五批取消和下放管理层级行政审批项目的决定》,将国有划拨土地使用权抵押审批作为取消的行政审批项目予以列明。至此,划拨土地使用权办理抵押登记无须审批。

另外,《民法典担保制度解释》第50条第2款也规定:"当事人以划拨方式取得的建设用地使用权抵押,抵押人以未办理批准手续为由主张抵押合同无效或者不生效的,人民法院不予支持。已经依法办理抵押登记,抵押权人主张行使抵押权的,人民法院应予支持。"

## 相关规定

《国务院关于第五批取消和下放管理层级行政审批项目的决定》(国发

〔2010〕21号）

国务院决定取消的行政审批项目目录：

<u>23. 国有划拨土地使用权抵押审批</u>

《国土资源部关于公布已废止或者失效的规范性文件目录的公告》（国土资源部公告2016年第10号）

根据《国务院办公厅关于做好行政法规部门规章和文件清理工作有关事项的通知》（国办发〔2016〕12号）的有关要求，国土资源部开展了规范性文件清理工作，现将国土资源部已废止或者失效的规范性文件目录予以公布。

<u>121. 关于国有划拨土地使用权抵押登记有关问题的通知</u>

## 99. 以划拨方式取得的建设用地使用权设立抵押，抵押权在实现时是否需要补缴建设用地使用权出让金？

### ▲ 要点解答

依据《民法典担保制度解释》第50条第2款的规定，当事人以划拨方式取得的建设用地使用权抵押，抵押人以未办理批准手续为由主张抵押合同无效或者不生效的，人民法院不予支持。已经依法办理抵押登记，抵押权人主张行使抵押权的，人民法院应予支持。<u>抵押权依法实现时所得的价款，应当优先用于补缴建设用地使用权出让金。</u>

### ▲ 相关规定

《城市房地产管理法》（2019年修正）第51条

设定房地产抵押权的土地使用权是以划拨方式取得的，依法拍卖该房地产后，应当从拍卖所得的价款中缴纳相当于应缴纳的土地使用权出让金的款额后，抵押权人方可优先受偿。

《国务院办公厅关于完善建设用地使用权转让、出租、抵押二级市场的指导意见》（国办发〔2019〕34号）第12条

明确不同权能建设用地使用权抵押的条件。<u>以划拨方式取得的建设用地使用权可以依法依规设定抵押权，划拨土地抵押权实现时应优先缴纳土地出让收入</u>。以出让、作价出资或入股等方式取得的建设用地使用权可以设定抵押权。以租赁方式取得的建设用地使用权，承租人在按规定支付土地租金并完成开发建设后，根据租赁合同约定，其地上建筑物、其他附着物连同土地可以依法一并抵押。

# 100. 以划拨建设用地上的建筑物设立抵押是否合法有效？

## ▲ 要点解答

依据《民法典担保制度解释》第50条第1款的规定，抵押人以划拨建设用地上的建筑物抵押，当事人以该建设用地使用权不能抵押或者未办理批准手续为由主张抵押合同无效或者不生效的，人民法院不予支持。

抵押人以划拨建设用地上的建筑物抵押，抵押权依法实现时，拍卖、变卖建筑物所得的价款，<u>应当优先用于补缴建设用地使用权出让金</u>。

如果当事人仅以划拨建设用地上的建筑物抵押的，根据《民法典》第397条关于房地一体化抵押的规定，其抵押权的效力范围及于该建筑物占用范围内划拨建设用地使用权。因此，在实现抵押权时，可以将建筑物和划拨建设用地使用权一并拍卖、变卖，且应该是从<u>整个拍卖、变卖价款</u>中缴纳建设用地使用权出让金的款额后，抵押权人方可优先受偿。

## ▲ 相关规定

《民法典》第397条

以建筑物抵押的,该建筑物占用范围内的建设用地使用权一并抵押。以建设用地使用权抵押的,该土地上的建筑物一并抵押。抵押人未依据前款规定一并抵押的,未抵押的财产视为一并抵押。

## 专题 8

# 动产抵押权

## 101. 关于"动产抵押权"的一般规则是什么？

### ▲ 要点解答

#### ➤ 一、可抵押的动产范围

《民法典》第 395 条规定的是可以抵押的财产范围,其中可以设立"动产抵押权"的财产主要包括：

1. 交通运输工具；
2. 正在建造的船舶、航空器；
3. 生产设备、原材料、半成品、产品；
4. 法律、行政法规未禁止抵押的其他动产。

#### ➤ 二、动产抵押权采"登记对抗主义"

《民法典》第 403 条规定："以动产抵押的,抵押权自抵押合同生效时设立；未经登记,不得对抗善意第三人。"

因此,《民法典》第 403 条对动产抵押并没有采用登记生效主义,而是采取的登记对抗主义,即以动产抵押的,可以办理动产抵押登记,也可以不办理抵押登记,动产抵押权不以登记为生效条件,而是自抵押合同生效时设立。但是未经登记的,动产抵押权不得对抗善意第三人。

#### ➤ 三、如何理解动产抵押未经登记,不得对抗善意第三人

《民法典担保制度解释》第 54 条关于动产抵押未经登记不能对抗善意第三人

范围作出了明确的规定。

抵押人与债权人订立书面抵押合同,抵押合同成立时即产生抵押权设立的效力。但是,在办理抵押登记之前,动产抵押权不得对抗善意第三人。其中,"善意第三人"的范围包括:

1. 动产抵押物的善意受让人。抵押人转让动产抵押物,善意受让人取得所有权后,动产抵押权消灭。

2. 动产抵押物的善意承租人。抵押人将抵押物出租给承租人并交付的,抵押权人行使抵押权的,善意承租人可对抵押物受让人主张买卖不破租赁。

3. 对抵押物申请保全或者执行抵押财产的抵押人的债权人。人民法院已经作出财产保全裁定或者采取执行措施,未经登记的动产抵押权人不得主张对抵押财产优先受偿。

4. 抵押人的破产债权人。抵押人破产,抵押权人不得主张对抵押财产优先受偿。

## 相关规定

《民法典》第 395 条

债务人或者第三人有权处分的下列财产可以抵押:

(一)建筑物和其他土地附着物;

(二)建设用地使用权;

(三)海域使用权;

(四)生产设备、原材料、半成品、产品;

(五)正在建造的建筑物、船舶、航空器;

(六)交通运输工具;

(七)法律、行政法规未禁止抵押的其他财产。

抵押人可以将前款所列财产一并抵押。

《民法典担保制度解释》第 54 条

动产抵押合同订立后未办理抵押登记,动产抵押权的效力按照下列情形分别处理：

（一）抵押人转让抵押财产，受让人占有抵押财产后，抵押权人向受让人请求行使抵押权的，人民法院不予支持，但是抵押权人能够举证证明受让人知道或者应当知道已经订立抵押合同的除外；

（二）抵押人将抵押财产出租给他人并移转占有，抵押权人行使抵押权的，租赁关系不受影响，但是抵押权人能够举证证明承租人知道或者应当知道已经订立抵押合同的除外；

（三）抵押人的其他债权人向人民法院申请保全或者执行抵押财产，人民法院已经作出财产保全裁定或者采取执行措施，抵押权人主张对抵押财产优先受偿的，人民法院不予支持；

（四）抵押人破产，抵押权人主张对抵押财产优先受偿的，人民法院不予支持。

## 102. 办理动产抵押的登记机构是什么？

**要点解答**

> 一、动产抵押的登记机构

1. 对于生产设备、原材料、半成品、产品的动产抵押，中国人民银行征信中心是其抵押登记机构。

2. 对于机动车、船舶、航空器的动产抵押，不在中国人民银行征信中心办理抵押登记，而是依其各自的行政管理部门分别确定不同的抵押登记机构。

> **关联法条**①
>
> 《关于实施动产和权利担保统一登记的决定》②
>
> 第1条规定:"自2021年1月1日起,在全国范围内实施动产和权利担保统一登记。"
>
> 第2条第1项和第7项规定:"纳入动产和权利担保统一登记范围的担保类型包括:
>
> (一)生产设备、原材料、半成品、产品抵押;
>
> ……
>
> (七)其他可以登记的动产和权利担保,但<u>机动车抵押、船舶抵押、航空器抵押</u>、债券质押、基金份额质押、股权质押、知识产权中的财产权质押除外。"
>
> 第5条规定:"<u>国家市场监督管理总局不再承担'管理动产抵押物登记'职责</u>。中国人民银行负责制定生产设备、原材料、半成品、产品抵押和应收账款质押统一登记制度,推进登记服务便利化。中国人民银行、国家市场监督管理总局应当明确生产设备、原材料、半成品、产品抵押登记的过渡安排,妥善做好存量信息的查询、变更、注销服务和数据移交工作,确保有关工作的连续性、稳定性、有效性。"

### ➢ 二、机动车、船舶、航空器的抵押登记机构

1. 设定机动车抵押权,机动车所有人和抵押权人可以向<u>登记地车辆管理所</u>申请抵押登记。

2. 设定船舶抵押权,由抵押权人和抵押人共同向<u>船舶登记机关</u>办理抵押权

---

① 《动产抵押登记办法》已于2021年1月1日失效,被《国家市场监督管理总局关于修改和废止部分规章的决定》(国家市场监督管理总局令第34号)废止。

② 2020年12月国务院印发《关于实施动产和权利担保统一登记的决定》,该决定自2021年1月1日起施行。为落实《国务院关于实施动产和权利担保统一登记的决定》的相关要求,中国人民银行于2021年12月28日发布《动产和权利担保统一登记办法》,该办法于2022年2月1日正式施行。

登记。

3.设定航空器抵押权,由国务院民用航空主管部门主管民用航空器权利登记工作。

以下具体分述之:

1.机动车抵押登记。

《机动车登记规定》[①]第31条:"机动车作为抵押物抵押的,机动车所有人和抵押权人应当向登记地车辆管理所申请抵押登记;抵押权消灭的,应当向登记地车辆管理所申请解除抵押登记。"

2.船舶抵押登记。

《船舶登记条例》第20条规定:"对20总吨以上的船舶设定抵押权时,抵押权人和抵押人应当持下列文件到船籍港船舶登记机关申请办理船舶抵押权登记:

(一)双方签字的书面申请书;

(二)船舶所有权登记证书或者船舶建造合同;

(三)船舶抵押合同。

该船舶设定有其他抵押权的,还应当提供有关证明文件。

船舶共有人就共有船舶设定抵押权时,还应当提供三分之二以上份额或者约定份额的共有人的同意证明文件。"

《船舶登记条例》第21条规定:"对经审查符合本条例规定的,船籍港船舶登记机关应当自收到申请之日起7日内将有关抵押人、抵押权人和船舶抵押情况以及抵押登记日期载入船舶登记簿和船舶所有权登记证书,并向抵押权人核发船舶抵押权登记证书。"

《船舶登记办法》第47条规定:"20总吨以上船舶的抵押权登记,由船舶抵押人和抵押权人共同向船籍港船舶登记机关申请。"

《船舶登记办法》第48条规定:"申请办理船舶抵押权登记,应当提交以下材料:

---

① 《机动车登记规定》自2022年5月1日起施行。2008年5月27日发布的《机动车登记规定》(公安部令第102号)和2012年9月12日发布的《公安部关于修改〈机动车登记规定〉的决定》(公安部令第124号)同时废止。

（一）船舶抵押合同及其主合同；

（二）船舶所有权登记证书或者船舶建造合同；

（三）共有船舶的，全体共同共有人或者三分之二以上份额或约定份额的按份共有人同意船舶抵押的证明文件；

（四）已办理光船租赁登记的船舶，承租人同意船舶抵押的证明文件。

<u>申请办理**建造中船舶抵押权**登记</u>，除提交上述第一至三项材料外，还应当提交抵押人出具的船舶未在其它登记机关办理过抵押权登记并且不存在法律、法规禁止船舶设置抵押权的声明。"

《船舶登记办法》第53条规定："20总吨以下船舶申请办理抵押权登记的，可以参照本节有关规定办理。"

3. 民用航空器抵押登记。

《民用航空器权利登记条例》第3条第1款规定："<u>国务院民用航空主管部门主管民用航空器权利登记工作</u>，设立民用航空器权利登记簿，统一记载民用航空器权利登记事项。"第4条第1款规定："办理民用航空器所有权、占有权或者<u>抵押权登记</u>的，民用航空器权利人应当按照国务院民用航空主管部门的规定，分别填写民用航空器所有权、占有权或者<u>抵押权登记申请书</u>，并向国务院民用航空主管部门提交本条例第五条至第七条规定的相应文件。"

# 103. 在动产抵押中，抵押权人能否对抗正常经营活动中的买受人？

### ▶ 要点解答

抵押权，是指为担保债务的履行，债务人或者第三人不转移财产的占有，将该财产抵押给债权人的，债务人不履行到期债务或者发生当事人约定的实现抵押权的情形，债权人依照法律规定的程序就该财产优先受偿的权利。

抵押权作为一种不转移抵押财产占有的担保物权,抵押权设定后,抵押人不必将抵押财产转移于抵押权人占有,因此在动产抵押中就有可能会出现这样的情形:即抵押人将动产抵押给债权人之后,在抵押期间内抵押人又将该抵押财产转让给了第三人。

在此背景下,抵押权人能否对抗该抵押财产的买受人?

1.《民法典》第404条对此问题作了原则性的规定,"以动产抵押的,不得对抗正常经营活动中已经支付合理价款并取得抵押财产的买受人"。

因此,动产抵押权人不得对抗正常经营活动中已经支付合理价款并取得抵押财产的买受人。

2.《民法典担保制度解释》第56条在《民法典》第404条的基础上作出了限制性解释。

(1)如何认定"出卖人的正常经营活动"?

依据《民法典担保制度解释》第56条第2款之规定,"出卖人正常经营活动,是指出卖人的经营活动属于其营业执照明确记载的经营范围,且出卖人持续销售同类商品"。

(2)《民法典担保制度解释》第56条第1款列举了五种除外情形。

买受人在出卖人正常经营活动中通过支付合理对价取得已被设立担保物权的动产,担保物权人请求就该动产优先受偿的,人民法院不予支持,但是有下列情形之一的除外:

①购买商品的数量明显超过一般买受人;

②购买出卖人的生产设备;

③订立买卖合同的目的在于担保出卖人或者第三人履行债务;

④买受人与出卖人存在直接或者间接的控制关系;

⑤买受人应当查询抵押登记而未查询的其他情形。

(3)《民法典担保制度解释》第56条将"正常经营活动中买受人的认定规则"扩张到已经办理登记的所有权保留、融资租赁业务中。

由于所有权保留和融资租赁的标的物也是动产,且以登记作为公示方式,因此在所有权保留、融资租赁中,为了保护正常经营活动中买受人的交易安全,《民法典担保制度解释》第 56 条第 2 款规定:"前款所称担保物权人,是指已经办理登记的抵押权人、所有权保留买卖的出卖人、融资租赁合同的出租人。"

表 4-9 动产抵押有关规定对比

| 《民法典》 | 《物权法》(已废止) |
| --- | --- |
| 第 404 条<br>　　以动产抵押的,不得对抗正常经营活动中已经支付合理价款并取得抵押财产的买受人。 | 第 189 条<br>　　企业、个体工商户、农业生产经营者以本法第一百八十一条规定的动产抵押的,应当向抵押人住所地的工商行政管理部门办理登记。抵押权自抵押合同生效时设立;未经登记,不得对抗善意第三人。<br>　　依照本法第一百八十一条规定抵押的,不得对抗正常经营活动中已支付合理价款并取得抵押财产的买受人。 |
| **对比分析**<br>　　《民法典》第 404 条是在《物权法》第 189 条的基础上做的实质性修改。<br>　　《物权法》第 189 条规定的是"动产浮动抵押权人不得对抗正常经营活动中已支付合理价款并取得抵押财产的买受人"。<br>　　而《民法典》第 404 条将这一规则上升为动产抵押的一般规则,不再局限于浮动抵押领域。 ||

## ▲ 相关规定

《民法典担保制度解释》第 56 条

买受人在出卖人正常经营活动中通过支付合理对价取得已被设立担保物权的动产,担保物权人请求就该动产优先受偿的,人民法院不予支持,但是有下列情形之一的除外:

(一)购买商品的数量明显超过一般买受人;

(二)购买出卖人的生产设备;

(三)订立买卖合同的目的在于担保出卖人或者第三人履行债务;

(四)买受人与出卖人存在直接或者间接的控制关系;

(五)买受人应当查询抵押登记而未查询的其他情形。

前款所称出卖人正常经营活动,是指出卖人的经营活动属于其营业执照明确记载的经营范围,且出卖人持续销售同类商品。前款所称担保物权人,是指已经办理登记的抵押权人、所有权保留买卖的出卖人、融资租赁合同的出租人。

## 104. 什么是"动产浮动抵押权"?

### 要点解答

#### 一、动产浮动抵押的概念

依据《民法典》第 396 条的规定,动产浮动抵押是指"<u>企业、个体工商户、农业生产经营者</u>可以将现有的以及将有的<u>生产设备、原材料、半成品、产品抵押</u>,债务人不履行到期债务或者发生当事人约定的实现抵押权的情形,债权人有权就<u>抵押财产确定时的动产优先受偿</u>"。

其中,动产浮动抵押的抵押人限于"企业、个体工商户、农业生产经营者"。动产浮动抵押的标的物是"现有以及将有的生产设备、原材料、半成品、产品"。

#### 二、抵押财产具有浮动性

动产浮动抵押设定后,抵押财产是经营者所有的集合动产,包括现有或者将有的生产设备、原材料、半成品、产品。

动产浮动抵押设定后,抵押财产的范围和价值具有变动性。在抵押期间,随着抵押人生产经营活动的正常进行,浮动抵押物的范围处于动态变化中。

例如抵押人在其正常生产经营活动中处分抵押财产的,抵押财产的范围会减少;反之,如果抵押人新增加同类财产,也会使抵押财产的范围增加。

#### 三、抵押财产确定的具体情形

浮动抵押设定后,抵押的财产不断发生变化,当发生《民法典》第 411 条规定的情形时,抵押财产才确定,此时浮动抵押转化为固定抵押。

《民法典》第 411 条规定:"依据本法第三百九十六条规定设定浮动抵押的,<u>抵</u>

押财产自下列情形之一发生时确定:

(一)主债务履行期限届满,债权未实现的,抵押财产确定。

(二)抵押人被宣告破产或者解散,抵押财产确定。

(三)发生当事人约定的实现抵押权的情形的,抵押财产确定。

(四)发生严重影响债权实现的其他情形的,抵押财产确定。"

> **四、登记对抗主义**

《民法典》第400条第1款规定:"设立抵押权,当事人应当采用书面形式订立抵押合同。"第403条规定:"以动产抵押的,抵押权自抵押合同生效时设立;未经登记,不得对抗善意第三人。"

**因此,设立动产浮动抵押权,当事人也应当采用书面形式订立抵押合同。浮动抵押权自抵押合同生效时设立,自登记时具有对抗效力。**

表4-10 动产浮动抵押有关规定对比

| 《民法典》 | 《物权法》(已废止) |
| --- | --- |
| 第396条<br>　　企业、个体工商户、农业生产经营者可以将现有的以及将有的生产设备、原材料、半成品、产品抵押,债务人不履行到期债务或者发生当事人约定的实现抵押权的情形,债权人有权就抵押财产确定时的动产优先受偿。 | 第181条<br>　　经当事人书面协议,企业、个体工商户、农业生产经营者可以将现有的以及将有的生产设备、原材料、半成品、产品抵押,债务人不履行到期债务或者发生当事人约定的实现抵押权的情形,债权人有权就实现抵押权时的动产优先受偿。 |
| 对比分析<br>　　《民法典》第396条是在《物权法》(已废止)第181条基础上修改而成的。与《物权法》第181条相比,《民法典》的修改之处主要体现在:债务人不履行到期债务或者发生当事人约定的实现抵押权的情形,将"债权人有权就**实现抵押权时**的动产优先受偿"修改为"债权人有权就**抵押财产确定时**的动产优先受偿"。 ||

## 相关规定

《民法典担保制度解释》第57条

担保人在设立动产浮动抵押并办理抵押登记后又购入或者以融资租赁方式承租新的动产,下列权利人为担保价款债权或者租金的实现而订立担保合同,并

在该动产交付后十日内办理登记,主张其权利优先于在先设立的浮动抵押权的,人民法院应予支持:

(一)在该动产上设立抵押权或者保留所有权的出卖人;

(二)为价款支付提供融资而在该动产上设立抵押权的债权人;

(三)以融资租赁方式出租该动产的出租人。

买受人取得动产但未付清价款或者承租人以融资租赁方式占有租赁物但是未付清全部租金,又以标的物为他人设立担保物权,前款所列权利人为担保价款债权或者租金的实现而订立担保合同,并在该动产交付后十日内办理登记,主张其权利优先于买受人为他人设立的担保物权的,人民法院应予支持。

同一动产上存在多个价款优先权的,人民法院应当按照登记的时间先后确定清偿顺序。

## 专题 9

# 抵押财产的转让

## 105. 民法典关于"抵押财产转让"的一般规则是什么？

### ▶ 要点解答

1.《民法典》第 406 条是关于抵押期间转让抵押财产的规定，"抵押期间，抵押人可以转让抵押财产。当事人另有约定的，按照其约定。抵押财产转让的，抵押权不受影响。

抵押人转让抵押财产的，应当及时通知抵押权人。抵押权人能够证明抵押财产转让可能损害抵押权的，可以请求抵押人将转让所得的价款向抵押权人提前清偿债务或者提存。转让的价款超过债权数额的部分归抵押人所有，不足部分由债务人清偿"。

**根据《民法典》第 406 条的内容，我们整理出如下知识点：**

(1) 基本规则：抵押期间，抵押人可以转让抵押财产。抵押财产转让的，抵押权不受影响。<u>即《民法典》在承认抵押权具有追及效力的基础上，允许抵押人自由转让抵押物</u>。

(2) 当事人另有约定的，按照其约定。<u>即当事人可以约定限制或者禁止抵押物的转让</u>。

(3) 抵押人的通知义务：抵押人转让抵押财产的，<u>应当及时通知抵押权人</u>。

(4)抵押权人的权利保护:抵押人转让抵押财产的,抵押权人能够证明抵押财产转让可能损害抵押权的,可以请求抵押人将转让所得的价款向抵押权人提前清偿债务或者提存。

2.如何理解抵押财产转让的,抵押权不受影响。

抵押人在抵押权设定后,将抵押财产的所有权让与第三人,其原设定的抵押权,仍然随着抵押财产的存在而存在。当债务人不履行到期债务或者发生当事人约定的实现抵押权的情形时,抵押权人仍有权对抵押财产进行追及并行使抵押权,依据《民法典》第410条之规定就抵押财产优先受偿。

3.转让抵押财产,抵押人负有通知义务。

《民法典》第406条第2款规定:"抵押人转让抵押财产的,应当及时通知抵押权人。"

但是,《民法典》并未就抵押人违反该通知义务的法律后果作出规定。实践中,如果抵押人转让抵押财产的,抵押人大多会选择不通知抵押权人。如果抵押人未将抵押财产转让的事实及时告知抵押权人,从而导致抵押权人增加了实现抵押权的费用的,抵押人应对此承担相应的赔偿责任;如果导致抵押权人无法行使抵押权的,抵押人应对抵押权人的损失承担赔偿责任。

表4-11 抵押财产转让有关规定对比

| 《民法典》 | 《物权法》(已废止) |
| --- | --- |
| 第406条<br>　　抵押期间,抵押人可以转让抵押财产。当事人另有约定的,按照其约定。抵押财产转让的,抵押权不受影响。<br>　　抵押人转让抵押财产的,应当及时通知抵押权人。抵押权人能够证明抵押财产转让可能损害抵押权的,可以请求抵押人将转让所得的价款向抵押权人提前清偿债务或者提存。转让的价款超过债权数额的部分归抵押人所有,不足部分由债务人清偿。 | 第191条<br>　　抵押期间,抵押人经抵押权人同意转让抵押财产的,应当将转让所得的价款向抵押权人提前清偿债务或者提存。转让的价款超过债权数额的部分归抵押人所有,不足部分由债务人清偿。<br>　　抵押期间,抵押人未经抵押权人同意,不得转让抵押财产,但受让人代为清偿债务消灭抵押权的除外。 |

| 《民法典》 | 《物权法》（已废止） |
| --- | --- |
| **对比分析**<br>　　《民法典》第406条是在《物权法》第191条基础上修改而成的。<br>　　《民法典》第406条的修改之处主要体现在：<br>　　删去《物权法》第191条中有关限制抵押人转让抵押财产的相关规定，代之以"抵押期间，抵押人可以转让抵押财产。当事人另有约定的，按照其约定。抵押财产转让的，抵押权不受影响"。<br>　　增加"抵押人转让抵押财产的，应当及时通知抵押权人"的规定。<br>　　在抵押人转让抵押物所得价款的处理上，《民法典》第406条采以"抵押权人能够证明抵押财产转让可能损害抵押权的，可以请求抵押人将转让所得的价款向抵押权人提前清偿债务或者提存"的表述，取代了《物权法》第191条规定的"应当将转让所得的价款向抵押权人提前清偿债务或者提存"。<br>　　删去《物权法》第191条第2款"抵押期间，抵押人未经抵押权人同意，不得转让抵押财产，但受让人代为清偿债务消灭抵押权的除外"的规定。 ||

# 106. 抵押权人将"禁止或者限制抵押物转让的约定"进行登记后产生的法律效果是什么？

### 要点解答

　　《民法典》第406条第1款规定："抵押期间，抵押人可以转让抵押财产。当事人另有约定的，按照其约定。"因此，当事人可以约定限制或者禁止抵押物的转让。

　　那么，在当事人已经明确约定限制或者禁止抵押物转让的情形下，如果抵押人违反约定仍转让抵押物的，会产生什么法律后果？物权变动是否有效？

　　《民法典担保制度解释》第43条关于该问题作出了明确规定。根据该条款之内容，我们整理出如下知识点，具体分述之：

　　1. 当事人之间关于"禁止或者限制转让抵押财产的约定"没有登记的：

　　（1）当事人之间关于禁止或者限制转让抵押财产的约定如未登记，则该约定仅在抵押人与抵押权人之间发生效力。

(2)抵押人违反该约定转让抵押财产的,抵押人作为抵押财产转让人与受让人之间的抵押财产转让合同的效力并不因此受到影响,抵押权人无权请求确认该转让合同无效。

(3)抵押人违反该约定转让抵押财产的,虽然抵押权人无权请求确认转让合同无效,但是抵押权人有权请求抵押人承担违约责任。

(4)抵押人违反该约定转让抵押财产的,抵押人作为转让人与受让人基于有效的抵押财产转让合同,如果完成了<u>抵押财产的公示手续的</u>,则发生物权变动的效力,受让人取得抵押财产的所有权。但是,如抵押权人<u>有证据证明受让人知道的除外</u>。

2. 当事人之间关于"禁止或者限制转让抵押财产的约定"已经登记的:

(1)当事人之间关于禁止或者限制转让抵押财产的约定已经登记的,则该约定不仅在抵押人与抵押权人之间发生效力,该约定还具有对抗第三人的效力。

(2)当事人之间关于禁止或者限制转让抵押财产的约定已经登记的,如果抵押人违反该约定转让抵押财产,抵押人作为转让人与受让人之间的抵押财产转让合同并不因此而无效。

(3)如果抵押财产已经交付或者登记,抵押权人有权主张抵押财产的转让不发生物权变动效力,受让人不能取得抵押财产的所有权,受让人可以基于抵押财产转让合同请求抵押人承担违约责任。但是,因受让人代替债务人清偿债务导致抵押权消灭的除外。

## ▶ 相关规定

《民法典担保制度解释》第 43 条

<u>当事人约定禁止或者限制转让抵押财产但是未将约定登记</u>,抵押人违反约定转让抵押财产,抵押权人请求确认转让合同无效的,人民法院不予支持;抵押财产已经交付或者登记,抵押权人请求确认转让不发生物权效力的,人民法院不予支持,但是抵押权人有证据证明受让人知道的除外;抵押权人请求抵押人承担违约责任的,人民法院依法予以支持。

当事人约定禁止或者限制转让抵押财产且已经将约定登记，抵押人违反约定转让抵押财产，抵押权人请求确认转让合同无效的，人民法院不予支持；抵押财产已经交付或者登记，抵押权人主张转让不发生物权效力的，人民法院应予支持，但是因受让人代替债务人清偿债务导致抵押权消灭的除外。

《自然资源部关于做好不动产抵押权登记工作的通知》第3条

保障抵押不动产依法转让。当事人申请办理不动产抵押权首次登记或抵押预告登记的，不动产登记机构应当根据申请在不动产登记簿"**是否存在禁止或限制转让抵押不动产的约定**"栏记载转让抵押不动产的约定情况。有约定的填写"是"，抵押期间依法转让的，应当由受让人、抵押人（转让人）和抵押权人共同申请转移登记；没有约定的填写"否"，抵押期间依法转让的，应当由受让人、抵押人（转让人）共同申请转移登记。约定情况发生变化的，不动产登记机构应当根据申请办理变更登记。

《民法典》施行前已经办理抵押登记的不动产，抵押期间转让的，未经抵押权人同意，不予办理转移登记。

## 107. 开发商出售的房产如已在先抵押给银行，则商品房消费者的权利能否对抗抵押权人？

### 要点解答

在商品房销售或者预售过程中，如果开发商将土地使用权或者建筑物在先予以抵押给银行，之后再出售房屋给购房人。如果开发商的债权人因债权没有实现而行使抵押权，则债权人的权利将会与购房消费者的权利发生冲突。

在此背景下，作为商品房消费者买受人的权利能否优先于在先设定的抵押权？

1.《最高人民法院关于人民法院办理执行异议和复议案件若干问题的规定》(2020年修正)第29条具体规定。

关于该问题的规定,"金钱债权执行中,买受人对登记在被执行的房地产开发企业名下的商品房提出异议,符合下列情形且其权利能够排除执行的,人民法院应予支持:

(一)在人民法院查封之前已签订合法有效的书面买卖合同;

(二)所购商品房系用于居住且买受人名下无其他用于居住的房屋;

(三)已支付的价款超过合同约定总价款的百分之五十"。

《最高人民法院关于人民法院办理执行异议和复议案件若干问题的规定》第29条是基于对消费者生存权这一价值的维护,赋予消费者对买受房屋的物权期待权以排除执行的效力,即作为商品房消费者的买受人在符合一定条件的情形下,其权利应优先于抵押权。

在金钱债权执行中,买受人对登记在被执行的房地产开发企业名下的商品房提出执行异议时,获得人民法院支持应同时满足三个要件:在人民法院查封之前已签订合法有效的书面买卖合同、所购商品房系用于居住且买受人名下无其他用于居住的房屋以及支付的价款超过合同约定总价款的50%。

以下具体分述之:

(1)《最高人民法院关于人民法院办理执行异议和复议案件若干问题的规定》第29条保护的对象必须是"消费者"。

依据《消费者权益保护法》(2013年修正)第2条之规定,消费者是为生活消费需要而购买商品、使用商品或者接受服务的人。

依据《九民会议纪要》第125条之规定,"商品房消费者向房地产开发企业购买商品房,往往没有及时办理房地产过户手续。房地产开发企业因欠债而被强制执行,人民法院在对尚登记在房地产开发企业名下但已出卖给消费者的商品房采取执行措施时,商品房消费者往往会提出执行异议,以排除强制执行"。

依据《九民会议纪要》第126条之规定,"这里的商品房消费者应当仅限于符合本纪要第125条规定的商品房消费者。买受人不是本纪要第125条规定的商品房消费者,而是一般的房屋买卖合同的买受人,不适用上述处理规则"。

(2)对于其中"所购商品房系用于居住且买受人名下无其他用于居住的房屋"如何理解?

依据《九民会议纪要》第125条之规定,"'买受人名下无其他用于居住的房屋',可以理解为在案涉房屋同一设区的市或者县级市范围内商品房消费者名下没有用于居住的房屋。商品房消费者名下虽然已有1套房屋,但购买的房屋在面积上仍然属于满足基本居住需要的,可以理解为符合该规定的精神"。

(3)对于其中"已支付的价款超过合同约定总价款的百分之五十"如何理解?

依据《九民会议纪要》第125条之规定,"如果商品房消费者支付的价款接近于百分之五十,且已按照合同约定将剩余价款支付给申请执行人或者按照人民法院的要求交付执行的,可以理解为符合该规定的精神"。

2.《最高人民法院关于人民法院办理执行异议和复议案件若干问题的规定》第29条与《最高人民法院关于建设工程价款优先受偿权问题的批复》之间的关系。

最高人民法院执行局编著的《最高人民法院关于人民法院办理执行异议和复议案件若干问题规定理解与适用》一书,其中关于第29条的条文理解中提到:"房屋消费者物权期待权保护,也叫弱者保护,是指在执行程序中,基于对消费者生存权这一更高价值的维护,赋予消费者对买受房屋的物权期待权以排除执行的效力。这一原则是从最高人民法院《关于建设工程价款优先受偿权问题的批复》中推论出来的。"

另外,《九民会议纪要》第126条规定:"根据《最高人民法院关于建设工程价款优先受偿权问题的批复》第1条、第2条的规定,交付全部或者大部分款项的商品房消费者的权利优先于抵押权人的抵押权,故抵押权人申请执行登记在房地产开发企业名下但已销售给消费者的商品房,消费者提出执行异议的,人民法院依法予以支持。"

根据2021年1月1日起实施的《最高人民法院关于废止部分司法解释及相关规范性文件的决定》规定,《最高人民法院关于建设工程价款优先受偿权问题的批复》已经被废止。

然而,《民法典》《民法典担保制度解释》《最高人民法院关于审理建设工程施工合同纠纷案件适用法律问题的解释(一)》均未规定消费者物权期待权优先于工程价款优先受偿权。

2021年1月1日《民法典》实施后,《最高人民法院关于建设工程价款优先受偿权问题的批复》已经废止,在此背景下,商品房消费者的物权期待权还能否对抗成立在先的抵押权?

最高人民法院民事审判第二庭编著的《最高人民法院民法典担保制度司法解释理解与适用》一书中,其中关于第43条的理解与适用中提到:"考虑到《民法典》施行后,《工程款优先受偿批复》被废止,该司法解释的相关精神和内容将被纳入正在制定中的执行异议之诉司法解释。因此,对商品房预售或者销售中的消费者进行特别保护,届时可以通过执行异议之诉司法解释予以解决,不必在《民法典担保制度解释》另作规定。"

3.《九民会议纪要》关于商品房消费者物权期待权的规定。

《九民会议纪要》第125条【案外人系商品房消费者】

实践中,**商品房消费者**向房地产开发企业购买商品房,往往没有及时办理房地产过户手续。房地产开发企业因欠债而被强制执行,人民法院在对尚登记在房地产开发企业名下但已出卖给消费者的商品房采取执行措施时,商品房消费者往往会提出执行异议,以排除强制执行。对此,《最高人民法院关于人民法院办理执行异议和复议案件若干问题的规定》第29条规定,符合下列情形的,应当支持商品房消费者的诉讼请求:一是在人民法院查封之前已签订合法有效的书面买卖合同;二是所购商品房系用于居住且买受人名下无其他用于居住的房屋;三是已支付的价款超过合同约定总价款的百分之五十。人民法院在审理执行异议之诉案件时,可参照适用此条款。

问题是,对于其中"所购商品房系用于居住且买受人名下无其他用于居住的房屋"如何理解,审判实践中掌握的标准不一。"买受人名下无其他用于居住的房屋",可以理解为在案涉房屋同一设区的市或者县级市范围内商品房消费者名下没有用于居住的房屋。商品房消费者名下虽然已有1套房屋,但购买的房屋在面积上仍然属于满足基本居住需要的,可以理解为符合该规定的精神。

对于其中"已支付的价款超过合同约定总价款的百分之五十"如何理解,审判实践中掌握的标准也不一致。如果商品房消费者支付的价款接近于百分之五十,且已按照合同约定将剩余价款支付给申请执行人或者按照人民法院的要求交付执行的,可以理解为符合该规定的精神。

《九民会议纪要》第126条【商品房消费者的权利与抵押权的关系】

根据《最高人民法院关于建设工程价款优先受偿权问题的批复》第1条、第2条的规定,交付全部或者大部分款项的商品房消费者的权利优先于抵押权人的抵押权,<u>故抵押权人申请执行登记在房地产开发企业名下但已销售给消费者的商品房,消费者提出执行异议的,人民法院依法予以支持</u>。但应当特别注意的是,此情况是针对实践中存在的商品房预售不规范现象为保护消费者生存权而作出的例外规定,必须严格把握条件,避免扩大范围,以免动摇抵押权具有优先性的基本原则。因此,这里的商品房消费者应当仅限于符合本纪要第125条规定的商品房消费者。买受人不是本纪要第125条规定的商品房消费者,而是一般的房屋买卖合同的买受人,不适用上述处理规则。

4.《最高人民法院关于商品房消费者权利保护问题的批复》关于商品房消费者权利保护的规定。

《关于商品房消费者权利保护问题的批复》自2023年4月20日起正式施行。这一批复的出台,对于维护商品房消费者的合法权益具有极其重要的意义。

该批复的具体内容:

(1)建设工程价款优先受偿权、抵押权以及其他债权之间的权利顺位关系,按照《最高人民法院关于审理建设工程施工合同纠纷案件适用法律问题的解释(一)》第36条的规定处理。

(2)商品房消费者以居住为目的的购买房屋并已支付全部价款,主张其房屋交付请求权优先于建设工程价款优先受偿权、抵押权以及其他债权的,人民法院应当予以支持。只支付了部分价款的商品房消费者,在一审法庭辩论终结前已实际支付剩余价款的,可以适用前款规定。

(3)在房屋不能交付且无实际交付可能的情况下,商品房消费者主张价款返还请求权优先于建设工程价款优先受偿权、抵押权以及其他债权的,人民法院应当予以支持。

## 108. 动产抵押中,抵押物转让涉及哪些法律问题?

### 要点解答

在动产抵押中,抵押物转让所涉及的抵押权的效力问题,主要包括两个方面:

1. 受让人取得动产抵押物的所有权,如果受让人符合《民法典》第404条规定的"正常经营活动买受人"规则,抵押权不具有追及效力。

2. 受让人取得动产抵押物的所有权,如果受让人不符合《民法典》第404条规定的"正常经营活动买受人"规则,对于抵押权是否具有追及效力需要区分动产抵押权已经登记以及动产抵押权未登记两种情形。

以下具体分述之:

1. 受让人取得动产抵押物的所有权,如果受让人符合《民法典》第404条规定的"正常经营活动买受人"规则,抵押权不具有追及效力。

虽然《民法典》第406条第1款规定:"抵押期间,抵押人可以转让抵押财产。当事人另有约定的,按照其约定。抵押财产转让的,抵押权不受影响。"

但是对于动产抵押,《民法典》第404条规定:"以动产抵押的,不得对抗正常经营活动中已经支付合理价款并取得抵押财产的买受人。"

《民法典》第404条规定的"正常经营活动买受人"规则构成《民法典》第406条第1款的例外,作为对抵押权追及效力的限制。

(1)在动产抵押中,如果抵押物受让人同时具备如下条件的,构成"正常经营活动买受人"：

①买受人在抵押人的正常经营活动中购买抵押物，即抵押人的经营活动属于其营业执照明确记载的经营范围，且抵押人持续销售同类商品；

②买受人已经支付了合理的对价；

③买受人已经取得了抵押物的所有权。

(2) 如果抵押物买受人具有如下情形之一的，不构成"正常买受人"：

①购买商品的数量明显超过一般买受人；

②购买抵押人的生产设备；

③订立买卖合同的目的在于担保债务的履行；

④买受人与抵押人存在直接或者间接的控制关系。

> **关联法条**
>
> 《民法典担保制度解释》第56条
>
> 买受人在出卖人正常经营活动中通过支付合理对价取得已被设立担保物权的动产，担保物权人请求就该动产优先受偿的，人民法院不予支持，但是有下列情形之一的除外：
>
> （一）购买商品的数量明显超过一般买受人；
>
> （二）购买出卖人的生产设备；
>
> （三）订立买卖合同的目的在于担保出卖人或者第三人履行债务；
>
> （四）买受人与出卖人存在直接或者间接的控制关系；
>
> （五）买受人应当查询抵押登记而未查询的其他情形。
>
> 前款所称出卖人正常经营活动，是指出卖人的经营活动属于其营业执照明确记载的经营范围，且出卖人持续销售同类商品。前款所称担保物权人，是指已经办理登记的抵押权人、所有权保留买卖的出卖人、融资租赁合同的出租人。

2.受让人取得动产抵押物的所有权,但是受让人不符合《民法典》第404条规定的"正常经营活动买受人"规则,对于动产抵押权是否具有追及效力需要区分动产抵押权是否进行了登记。

(1)如果动产抵押权已经登记的:

《民法典》第403条规定:"以动产抵押的,抵押权自抵押合同生效时设立;未经登记,不得对抗善意第三人。"

在抵押物为动产的情形下,抵押权的设立不以办理抵押登记为生效要件,即使未办理抵押登记,也不影响抵押权的设立,但根据《民法典》第403条的规定,该抵押权不具有对抗善意第三人的效力。

因此,动产抵押权已经登记的,抵押物转让,抵押权一般不受影响,抵押权具有追及效力。

但是,对于特定化程度不高的动产(如原辅材料),即使进行抵押登记,但在抵押登记时仅作概括描述,抵押期间如果发生抵押物转让的,动产抵押权人也很难行使其追及权。但此时,动产抵押权人依据《民法典》第406条第2款之规定,仍可以请求抵押人将转让所得的价款向抵押权人提前清偿债务或者提存。

(2)如果动产抵押权未登记的:

如果动产抵押权未登记,抵押物转让时,如果受让人是善意的,且受让人已依物权变动规则取得抵押物的所有权,则动产抵押权的追及效力被阻断,受让人取得无抵押负担的所有权。但此时,抵押权人有权就抵押人转让抵押物所得的价金,主张提前清偿或提存。但是,如果抵押权人有证据证明受让人为恶意的,则抵押权不受影响,抵押权仍具有追及效力。

## 专题 10

# 抵押权的权利冲突

## 109. 同一财产向两个以上债权人抵押的，拍卖、变卖抵押财产所得的价款，按照什么顺序进行清偿？

### ▶ 要点解答

依据《民法典》第 414 条第 1 款之规定，同一财产向两个以上债权人抵押的，拍卖、变卖抵押财产所得的价款依照下列规定清偿：

1. 抵押权已经登记的，按照登记的时间先后确定清偿顺序。

按照抵押权登记的时间先后确定清偿顺序的原则，既适用于以登记为抵押权生效要件的不动产抵押，也适用于以登记为抵押权对抗要件的动产抵押。

2. 抵押权已经登记的先于未登记的受偿。

按照抵押权已登记的先于未登记的受偿的原则，是针对动产抵押权而言的。由于不动产抵押是以登记为抵押权生效要件，未办理抵押登记的，不发生抵押权的效力，自然也就不会发生未登记的抵押权与已登记的抵押权之间清偿顺序的问题。

3. 抵押权未登记的，按照债权比例清偿。

按照抵押权未登记按照债权比例清偿的原则，也是针对动产抵押权而言的。

表 4-12　抵押权受偿顺序有关规定对比

| 《民法典》 | 《物权法》(已废止) |
| --- | --- |
| 第 414 条<br>　　同一财产向两个以上债权人抵押的,拍卖、变卖抵押财产所得的价款依照下列规定清偿:<br>　　(一)抵押权已经登记的,按照登记的<u>时间</u>先后确定清偿顺序;<br>　　(二)抵押权已经登记的先于未登记的受偿;<br>　　(三)抵押权未登记的,按照债权比例清偿。<br>　　<u>其他可以登记的担保物权,清偿顺序参照适用前款规定。</u> | 第 199 条<br>　　同一财产向两个以上债权人抵押的,拍卖、变卖抵押财产所得的价款依照下列规定清偿:<br>　　(一)抵押权已经登记的,按照登记的先后顺序清偿;<u>顺序相同的,按照债权比例清偿</u>;<br>　　(二)抵押权已经登记的先于未登记的受偿;<br>　　(三)抵押权未登记的,按照债权比例清偿。 |

**对比分析**

《民法典》第 414 条是在《物权法》第 199 条基础上修改而成的。

与《物权法》第 199 条相比,《民法典》第 414 条的修改之处主要体现在:

1. 删除《物权法》第 199 条第 1 项中"顺序相同的,按照债权比例清偿"的规定,并增加"时间"二字;

2. 增设第 2 款之规定,"其他可以登记的担保物权,清偿顺序参照适用前款规定",将权利质权等其他可以登记的担保物权的优先受偿顺位规则进行统一。

### ▶ 关联知识点

1. 不动产抵押的登记时间一般以登记簿记载的时间为准。

《不动产登记暂行条例实施细则》(2024 年修正)第 67 条规定:"同一不动产上设立多个抵押权的,不动产登记机构应当按照受理时间的先后顺序依次办理登记,<u>并记载于不动产登记簿</u>。当事人对抵押权顺位另有约定的,从其规定办理登记。"

《民法典》第 216 条明确了不动产登记簿的权威性,"不动产登记簿是物权归属和内容的根据。不动产登记簿由登记机构管理"。

《民法典》第 217 条规定了不动产权属证书与不动产登记簿的关系,"不动产权属证书是权利人享有该不动产物权的证明。不动产权

> 属证书记载的事项,应当与不动产登记簿一致;记载不一致的,除有证据证明不动产登记簿确有错误外,以不动产登记簿为准"。
>
> 　　2.对于"其他可以登记的担保物权"之间的清偿顺序参照上述规则。
>
> 　　《民法典》第414条第2款规定:"其他可以登记的担保物权,清偿顺序参照适用前款规定。"
>
> 　　其中"其他可以登记的担保物权",主要包括采用登记生效主义的权利质权,如基金份额质权;股权质权;知识产权质权;应收账款质权;没有权利凭证的"汇票、本票、支票、债券、存款单、仓单、提单"质权。
>
> 　　另外,"其他可以登记的担保物权"还包括可以登记的非典型担保,比如出卖人对标的物保留的所有权也是可以登记的。

## 110. 在同一财产上既设立抵押权又设立质权的,拍卖、变卖该财产所得的价款,在不同权利人之间应按照什么顺序进行清偿?

### ▎要点解答

　　1.在同一动产上可同时设立抵押权和质权。

　　抵押权,是指为担保债务的履行,债务人或者第三人不转移财产的占有,将该财产抵押给债权人的,债务人不履行到期债务或者发生当事人约定的实现抵押权的情形,债权人依照法律规定的程序就该财产优先受偿的权利。抵押权作为一种不转移抵押财产占有的担保物权,抵押权设定后,抵押人不必将抵押财产转移于抵押权人占有。

对于动产质权,依据《民法典》第429条的规定,以动产质押的,质权自出质人交付质押财产时设立。

因此,动产既可以成为抵押权的标的,也可以成为质权的标的。在同一动产上可能既设有抵押权又设有质权。

2.《民法典》第415条是关于在同一动产上抵押权与质权竞存时,该如何确定清偿顺序的规定,"同一财产既设立抵押权又设立质权的,拍卖、变卖该财产所得的价款按照登记、交付的时间先后确定清偿顺序"。

登记和交付作为物权变动的公示方法,动产抵押权自登记之时产生对抗第三人的效力;动产质权自出质人交付质押财产时设立。

因此,同一动产上既设立抵押权又设立质权的,应对动产抵押权登记的时间和动产质物交付的时间进行比较。

(1)如果动产抵押权登记在先,动产质权设立(交付)在后,则动产抵押权优先;

(2)如果动产质权设立(交付)在先,动产抵押权登记在后,则动产质权优先;

(3)如果动产抵押合同生效但未办理动产抵押登记的,即使动产质权设立在动产抵押合同生效之后,动产质权也优先。

表4-13 抵押权与质权竞存时清偿顺序有关规定对比

| 《民法典》 | 《担保法解释》(已废止) |
| --- | --- |
| 第415条<br>　　同一财产既设立抵押权又设立质权的,拍卖、变卖该财产所得的价款按照登记、交付的时间先后确定清偿顺序。 | 第79条第1款<br>　　同一财产法定登记的抵押权与质权并存时,抵押权人优先于质权人受偿。 |

**对比分析**
　　《民法典》第415条是基于《担保法解释》第79条第1款修改而成的,属于实质性修订条款。
　　与《担保法解释》第79条第1款相比,《民法典》第415条改为采用按照登记、交付的时间先后来确定清偿顺序的规则。

▲ 相关规定

《九民会议纪要》第65条【动产抵押权与质权竞存】

同一动产上同时设立质权和抵押权的,应当参照适用《物权法》第 199 条的规定,根据是否完成公示以及公示先后情况来确定清偿顺序:质权有效设立、抵押权办理了抵押登记的,按照公示先后确定清偿顺序;顺序相同的,按照债权比例清偿;质权有效设立,抵押权未办理抵押登记的,质权优先于抵押权;质未有效设立,抵押权未办理抵押登记的,因此时抵押权已经有效设立,故抵押权优先受偿。

根据《物权法》第 178 条规定的精神,担保法司法解释第 79 条第 1 款不再适用。

## 111. 在同一财产上存在抵押权和租赁权,承租人的权利能否对抗抵押权人的权利?

### 要点解答

《民法典》第 405 条是关于抵押权和租赁权关系的规定,"抵押权设立前,抵押财产已经出租并转移占有的,原租赁关系不受该抵押权的影响"。

因此,在判断租赁关系受不受抵押权的影响时,要判断在抵押权设立前抵押财产是否已出租并转移占有。

依据《民法典》第 405 条之内容,我们整理出如下知识点:

1. 如果承租人在抵押权设立前占有租赁物,则租赁权能够对抗抵押权,原租赁关系不受抵押权的影响,在抵押权实现时,抵押人与承租人之间原有的租赁关系不当然终止,承租人可以在租赁合同的有效期内继续享有对抵押物(租赁物)承租的权利。其中的租赁物既包括不动产,也包括动产。

2. 如果抵押权设立之后抵押财产出租的,租赁权能否对抗抵押权,需要区分动产抵押权和不动产抵押权来分别对待。

(1)以不动产抵押的,由于不动产抵押权自登记时设立,因此在不动产抵押权设立后抵押财产出租的,租赁权不能对抗已经登记的不动产抵押权。

(2)以动产抵押的,抵押权自抵押合同生效时设立;未经登记,不得对抗善意第三人。因此,对于动产抵押权设立后抵押财产出租的,已登记的抵押权可以对抗其后设立的租赁关系;未登记的则按照不得对抗善意第三人的规则来判断抵押权与租赁权之间的对抗关系。

表4-14 抵押权与租赁权的关系有关规定对比

| 《民法典》 | 《物权法》(已废止) |
| --- | --- |
| 第405条<br>　　<u>抵押权设立前,抵押财产已经出租并转移占有的</u>,原租赁关系不受该抵押权的影响。 | 第190条<br>　　订立抵押合同前抵押财产已出租的,原租赁关系不受该抵押权的影响。<u>抵押权设立后抵押财产出租的,该租赁关系不得对抗已登记的抵押权。</u> |
| 对比分析<br>《民法典》第405条是在《物权法》第190条基础上修改而成的。与《物权法》第190条相比,《民法典》第405条的修改之处主要体现在:<br>1. 将"订立抵押合同前抵押财产已出租的"修改为"抵押权设立前,抵押财产已经出租"。<br>2. 增加"并移转占有"这一表述。<br>3. 删去《物权法》第190条"抵押权设立后抵押财产出租的,该租赁关系不得对抗已登记的抵押权"的规定。 | |

## ▶ 相关规定

《民法典》第725条

租赁物在承租人按照租赁合同占有期限内发生所有权变动的,<u>不影响租赁合同的效力</u>。

《商品房屋租赁管理办法》第12条

房屋租赁期间内,因赠与、析产、继承或者买卖转让房屋的,<u>原房屋租赁合同继续有效</u>。

承租人在房屋租赁期间死亡的,与其生前共同居住的人可以按照原租赁合同租赁该房屋。

《最高人民法院关于人民法院办理执行异议和复议案件若干问题的规定》(2020年修正)第31条

承租人请求在租赁期内阻止向受让人移交占有被执行的不动产,<u>在人民法院查封之前已签订合法有效的书面租赁合同并占有使用该不动产的,人民法院应予支持</u>。

承租人与被执行人恶意串通,以明显不合理的低价承租被执行的不动产或者伪造交付租金证据的,对其提出的阻止移交占有的请求,人民法院不予支持。

《最高人民法院关于人民法院民事执行中拍卖、变卖财产的规定》(2020年修正)第28条

拍卖财产上原有的担保物权及其他优先受偿权,因拍卖而消灭,拍卖所得价款,应当优先清偿担保物权人及其他优先受偿权人的债权,但当事人另有约定的除外。

<u>拍卖财产上原有的租赁权及其他用益物权,不因拍卖而消灭,但该权利继续存在于拍卖财产上</u>,对在先的担保物权或者其他优先受偿权的实现有影响的,人民法院应当依法将其除去后进行拍卖。

## 专题 11

# 价款超级优先权

## 112. 什么是"价款抵押权"?

**要点解答**

价款抵押权,有些学者将其称为"超级抵押权",是《民法典》的新增内容。

《民法典》第416条关于价款抵押权作出了规定,"动产抵押担保的主债权是抵押物的价款,标的物交付后十日内办理抵押登记的,该抵押权人优先于抵押物买受人的其他担保物权人受偿,但是留置权人除外"。

**依据《民法典》第416条之内容,我们整理出如下知识点:**

1. 价款抵押权适用于"动产"。

即只有动产可以设立价款抵押权,不动产和知识产权等不可以设立价款抵押权。因此买卖价款抵押权也是一种特殊的动产抵押权。

2. 价款抵押权所担保的主债权是"抵押物的价款"。

《民法典》第416条规定,动产抵押担保的主债权是抵押物的价款,这意味着价款抵押权所担保的主债权仅限于购买抵押物所支付的价款金额。

举例说明:

张三为了购买一台生产设备向A银行申请贷款100万元,张三购得该设备后将该设备抵押给A银行。在这种情况下,A银行所享有的价款抵押权所担保的主债权就是这100万元的设备价款。

3.价款抵押权的抵押物与所担保的主债权之间具有对应关系。

价款抵押权的抵押物是为了担保特定的主债权而设立的,这意味着抵押物不是随意选择的,而是与特定的主债权紧密相连。

举例说明：

张三为了购买一台生产设备向 A 银行申请贷款 100 万元,张三购得该设备后将该设备抵押给 A 银行。该生产设备就是价款抵押权的抵押物,而所担保的主债权就是购买这台设备所支付的价款。因此,价款抵押权的抵押物与所担保的主债权之间具有对应关系。

4.设立价款抵押权办理抵押登记的期限要求。

<u>设立价款抵押权,必须在动产交付后 10 日内办理抵押登记。</u>

如果在动产交付后超过 10 日才办理抵押登记,或者签订抵押合同后没有办理抵押登记的,则该抵押权仅构成一般的动产抵押权,而不是价款抵押权。

5.价款抵押权的优先受偿效力。

价款抵押权依法设立后,价款抵押权人优先于抵押物买受人的其他担保物权人受偿,但是留置权人除外。这也意味着,即使价款抵押权已经依法设立,但留置权的效力仍然优先于价款抵押权。

6.价款抵押权突破了《民法典》第 414 条确立的"先登记者优先规则"。

价款抵押权之所以被称为"超级抵押权",是因为只要价款抵押权依法设立,满足《民法典》第 416 条规定的要件,则价款抵押权人的优先权效力仅劣后于留置权,而优先于抵押物买受人的其他担保物权人。

> **关联法条**
>
> 《民法典》第 414 条
>
> 同一财产向两个以上债权人抵押的,拍卖、变卖抵押财产所得的价款依照下列规定清偿：
>
> <u>(一)抵押权已经登记的,按照登记的时间先后确定清偿顺序;</u>

(二)抵押权已经登记的先于未登记的受偿;

(三)抵押权未登记的,按照债权比例清偿。

其他可以登记的担保物权,清偿顺序参照适用前款规定。

7. 设立价款抵押权需要签订抵押合同

《民法典》第400条第1款规定:"设立抵押权,当事人应当采用书面形式订立抵押合同。"

因此,设立价款抵押权,应当采用书面形式签订抵押合同。

# 113. 如何理解《民法典担保制度解释》第57条规定的"价款超级优先权"?

**要点解答**

《民法典担保制度解释》第57条是关于价款超级优先权的相关规定。该条款是对《民法典》第416条(价款抵押权)所作的解释和延伸,将"价款抵押权"的超级优先规则延伸到所有权保留买卖交易和融资租赁交易中。

1. 债务人在设定动产浮动抵押后又购入新的动产时,为担保价款的支付而在该动产上设定抵押权或保留所有权的主卖人可主张价款超级优先权。

《民法典》第396条是关于"动产浮动抵押"的相关规定。依据该条款之规定,动产浮动抵押,是指"企业、个体工商户、农业生产经营者可以将现有的以及将有的生产设备、原材料、半成品、产品抵押,债务人不履行到期债务或者发生当事人约定的实现抵押权的情形,债权人有权就抵押财产确定时的动产优先受偿"。

动产浮动抵押权一旦设定,则抵押人新购入的动产也将自动成为动产浮动抵押权的客体,当出现债务人不履行到期债务或者发生当事人约定的实现抵押权的情形,债权人有权就抵押财产确定时的动产优先受偿。

然而,在经营过程中,债务人可能会继续购入新的动产以满足生产、经营需求。在购买新的动产的交易中,出卖人承担了交付动产的义务,但如果债务人不能按时支付价款,出卖人将面临损失,因此在该动产上为出卖人通过设定抵押权或保留所有权,出卖人可以在一定程度上保障自己的债权。

当债务人在新购入的动产上同时存在为出卖人设定的抵押权或保留所有权以及在先设立的动产浮动抵押时,就会涉及优先顺位的确定。依据《民法典担保制度解释》第57条的规定,在满足一定条件下,为担保价款支付而设定的抵押权或保留所有权可以优先于在先设立的浮动抵押权。

依据《民法典担保制度解释》第57条的规定,担保人在设立动产浮动抵押并办理抵押登记后又购入新的动产,该动产的出卖人为担保价款债权的实现而订立相应的担保合同(动产抵押合同或所有权保留合同),并在该动产交付后10日内在该动产上办理抵押登记或所有权保留登记,该动产的出卖人主张其权利优先于在先设立的浮动抵押权的,人民法院应予支持。

债务人在设立动产浮动抵押并办理抵押登记后<u>又以融资租赁方式承租新的动产</u>,在此情形下,出租人为担保租金债权的实现而对租赁物享有的所有权进行登记后,融资租赁中出租人享有的所有权与所有权保留买卖中出卖人享有的所有权不仅性质相同,且效力也相似,应类推适用上述规则。

2.债务人在设定动产浮动抵押后又购入新的动产时,为价款支付提供融资而在该动产上设立抵押权的债权人可主张价款超级优先权。

债务人以其现有的以及将有的动产作为抵押物,向某债权人设定动产浮动抵押权获取资金。在设定动产浮动抵押后,债务人可能因业务发展需要继续购入新的动产。此时,为了确保新购入动产的价款能够得到支付,可能会有新的债权人专门为该价款支付提供融资,并在新购入的动产上设立抵押权。

在满足一定条件的情况下,为价款支付提供融资而在该动产上设立抵押权的债权人就该动产享有的权利优先于在先设立的浮动抵押权的权利。

依据《民法典担保制度解释》第57条的规定,担保人在设立动产浮动抵押并办理抵押登记后又购入新的动产,为价款支付提供融资的债权人,<u>为担保价款债</u>

权的实现而订立动产抵押合同,并在该动产交付后 10 日内在该动产上办理抵押登记,可主张其权利优先于在先设立的浮动抵押权。

3. 商业银行在接受抵押人以动产作为抵押物时,须审查该标的物是否属于抵押人 10 日内新购入的标的物。

依据《民法典担保制度解释》第 57 条第 2 款的规定,买受人取得动产但未付清价款或者承租人以融资租赁方式占有租赁物但是未付清全部租金,又以标的物为他人设立担保物权,下列权利人为担保价款债权或者租金的实现而订立担保合同,并在该动产交付后 10 日内办理登记,主张其权利优先于买受人为他人设立的担保物权的,人民法院应予支持。

其中,这些权利人包括:

(1)在该动产上设立抵押权或者保留所有权的出卖人;
(2)为价款支付提供融资而在该动产上设立抵押权的债权人;
(3)以融资租赁方式出租该动产的出租人。

根据上述规定,在特定情况下,对于抵押人 10 日内新购入的动产,满足特定条件的权利人(如为担保价款债权或者租金的实现而订立担保合同,并在该动产交付后 10 日内办理登记)其权利优先于买受人为他人设立的担保物权。

因此,商业银行在接受抵押人以动产作为抵押物时,须查该标的物是否属于抵押人 10 日内新购入的标的物,否则可能会面临其他权利人主张优先受偿权的风险,从而影响商业银行债权的实现。

4. 如果同一动产上存在多个价款优先权的清偿顺序问题。

对此问题,《民法典担保制度解释》第 57 条第 3 款规定:"同一动产上存在多个价款优先权的,人民法院应当按照登记的时间先后确定清偿顺序。"

## 相关规定

《民法典担保制度解释》第 57 条

担保人在设立动产浮动抵押并办理抵押登记后又购入或者以融资租赁方式承租新的动产,下列权利人为担保价款债权或者租金的实现而订立担保合同,并

在该动产交付后十日内办理登记,主张其权利优先于在先设立的浮动抵押权的,人民法院应予支持:

(一)在该动产上设立抵押权或者保留所有权的出卖人;

(二)为价款支付提供融资而在该动产上设立抵押权的债权人;

(三)以融资租赁方式出租该动产的出租人。

买受人取得动产但未付清价款或者承租人以融资租赁方式占有租赁物但是未付清全部租金,又以标的物为他人设立担保物权,前款所列权利人为担保价款债权或者租金的实现而订立担保合同,并在该动产交付后十日内办理登记,主张其权利优先于买受人为他人设立的担保物权的,人民法院应予支持。

同一动产上存在多个价款优先权的,人民法院应当按照登记的时间先后确定清偿顺序。

## 专题 12

# 最高额抵押权

## 114. 什么是最高额抵押权？

**要点解答**

实践中，由于有些借款人需要分批或者多次使用贷款，如果采取一般抵押担保的方式，借款人每次贷款都需要向银行办理抵押手续，比较烦琐。

而最高额抵押贷款只要一次性办妥抵押手续，即可为连续发生的多次贷款提供抵押担保，可以避免多次抵押的麻烦，<u>因此在商业银行实操中，最高额抵押贷款业务是比较多的</u>。

1.《民法典》第 420 条第 1 款对最高额抵押权进行了界定。

**最高额抵押权**，是指为担保债务的履行，债务人或者第三人对<u>一定期间</u>内将要<u>连续发生</u>的债权提供担保财产的，债务人不履行到期债务或者发生当事人约定的实现抵押权的情形，抵押权人有权在<u>**最高债权额限度**</u>内就该担保财产优先受偿。

正确理解最高额抵押权，需要关注《民法典》第 420 条第 1 款中出现的三个关键词：

（1）"**一定期间**"，是指被担保债权的确定期间（或决算期间），也是债权发生的期间。对超过该期间而发生的主债权不能纳入抵押担保的范围，而在起算点之前已经存在的债务则可以依当事人的约定纳入最高额抵押担保的债权范围内。

（2）"**将要连续发生**"，是指在被担保债权的确定期间内所发生的债权连续且次数不确定,因此最高额抵押权所担保的债权具有不确定性。

(3)"**最高债权额限度**",是指抵押权人基于设立的最高额抵押权可以优先受偿的债权的最高限额。最高额抵押所担保的最高债权额是确定的,但是在债权确定期间内实际发生的债权余额是不确定的;在债权确定期间届满时,通过决算可以确定出实际发生的债权余额。两者的关系具体可以分为两种情形:

①如果实际发生的债权余额大于最高债权额限度,以最高债权额为限优先受偿,超出部分的债权不具有优先受偿的效力。

②如果实际发生的债权余额低于最高债权额限度,则以实际发生的债权余额为限对抵押物优先受偿。

2.最高额抵押权的设立。

①设立最高额抵押权,当事人应当采用书面形式订立最高额抵押合同。

②以不动产设立最高额抵押权的,必须在不动产上办理最高额抵押权的登记,否则最高额抵押权不成立。

③以动产设立最高额抵押权的,抵押权自最高额抵押合同生效时设立;未登记不影响最高额抵押权的设立,但未登记不能对抗善意第三人。

## 相关规定

《民法典》第 420 条

为担保债务的履行,债务人或者第三人对一定期间内将要连续发生的债权提供担保财产的,债务人不履行到期债务或者发生当事人约定的实现抵押权的情形,抵押权人有权在最高债权额限度内就该担保财产优先受偿。

最高额抵押权设立前已经存在的债权,经当事人同意,可以转入最高额抵押担保的债权范围。

《民法典》第 424 条

最高额抵押权除适用本节规定外,适用本章第一节的有关规定。

《民法典》第 400 条第 1 款

设立抵押权,当事人应当采用书面形式订立抵押合同。

《民法典》第 402 条

以本法第三百九十五条第一款第一项至第三项规定的财产或者第五项规定的正在建造的建筑物抵押的,应当办理抵押登记。抵押权自登记时设立。

《民法典》第 403 条

以动产抵押的,抵押权自抵押合同生效时设立;未经登记,不得对抗善意第三人。

## 115. 最高额抵押权设立前已经存在的债权,是否可以转入最高额抵押担保的债权范围?

### 要点解答

1.《民法典》第 420 条第 2 款关于该问题作出了明确规定,"最高额抵押权设立前已经存在的债权,经当事人同意,可以转入最高额抵押担保的债权范围"。

**依据《民法典》第 420 条第 2 款之规定,我们整理出如下知识点:**

(1)虽然最高额抵押权担保的是将来连续发生的债权,但是在最高额抵押权设立前已经存在的债权,如果经抵押权人和抵押人同意,可以转入最高额抵押担保的债权范围。

(2)最高额抵押担保债权的确定期间(或决算期间),是债权发生的期间,对超过该期间而发生的主债权不能纳入抵押担保的范围,而在起算点之前已经存在的债权则可依当事人的约定纳入最高额抵押担保的债权范围内。

其中,"已经存在的债权"中的债权人和债务人,需要与最高额抵押中的债权人和债务人相同,如果不相同则无法转入。

2. 如果在最高额抵押权已经登记之后,当事人才同意将之前已存在的债权转入最高额抵押权担保的债权范围,此时是否需要办理抵押权的变更登记?

对此问题，实务中存在不同的观点。其中有观点认为在最高额抵押权已经设立登记之后，将已存在的债权转入最高额抵押权担保的债权范围，不需要办理抵押权的变更登记。引用的是最高人民法院发布的指导案例 95 号的裁判观点，即"当事人另行达成协议将最高额抵押权设立前已经存在的债权转入该最高额抵押担保的债权范围，只要转入的债权数额仍在该最高额抵押担保的最高债权额限度内，即使未对该最高额抵押权办理变更登记手续，该最高额抵押权的效力仍然及于被转入的债权，但不得对第三人产生不利影响"。

**对此问题，我们的观点偏向保守。**

我们认为，在最高额抵押权已经办理设立登记之后，当事人才同意将之前已存在的债权转入最高额抵押权担保的债权范围，<u>尽量要去办理抵押权的变更登记</u>。理由如下：

（1）最高人民法院发布的指导案例 95 号，是 2014 年的案例，距离今天时间跨度很大，且该 95 号指导案例有其自身的背景。

（2）在最高额抵押权已经办理设立登记之后，当事人才合意将已存在的债权转入最高额抵押权担保的债权范围，且没有办理抵押权的变更登记，<u>在此背景下，如果出现了案外的第三人（抵押人的其他债权人）与最高额抵押权人发生对抗，此时最高额抵押权人的风险系数就会增大很多</u>。

## 相关规定

《不动产登记暂行条例实施细则》（2024 年修正）第 71 条

设立最高额抵押权的，当事人应当持不动产权属证书、最高额抵押合同与一定期间内将要连续发生的债权的合同或者其他登记原因材料等必要材料，申请最高额抵押权首次登记。

当事人申请最高额抵押权首次登记时，同意将最高额抵押权设立前已经存在的债权转入最高额抵押担保的债权范围的，还应当提交已存在债权的合同以及当事人同意将该债权纳入最高额抵押权担保范围的书面材料。

## 116. 最高额抵押权的首次登记、变更登记、确定登记、转移登记等相关规定是什么?

### 要点解答

> 一、关于最高额抵押权的首次登记

《不动产登记暂行条例实施细则》(2024年修正)第71条规定:

"设立最高额抵押权的,当事人应当持不动产权属证书、最高额抵押合同与一定期间内将要连续发生的债权的合同或者其他登记原因材料等必要材料,申请最高额抵押权首次登记。

当事人申请最高额抵押权首次登记时,同意将最高额抵押权设立前已经存在的债权转入最高额抵押担保的债权范围的,还应当提交已存在债权的合同以及当事人同意将该债权纳入最高额抵押权担保范围的书面材料。"

> 二、关于最高额抵押权的变更登记

《不动产登记暂行条例实施细则》(2024年修正)第72条规定:

"有下列情形之一的,当事人应当持不动产登记证明、最高额抵押权发生变更的材料等必要材料,申请最高额抵押权变更登记:

(一)抵押人、抵押权人的姓名或者名称变更的;

(二)债权范围变更的;

(三)最高债权额变更的;

(四)债权确定的期间变更的;

(五)抵押权顺位变更的;

(六)法律、行政法规规定的其他情形。

因最高债权额、债权范围、债务履行期限、债权确定的期间发生变更申请最高额抵押权变更登记时,如果该变更将对其他抵押权人产生不利影响的,当事人还应当提交其他抵押权人的书面同意文件与身份证或者户口簿等。"

> ### 三、关于确定最高额抵押权的登记

《不动产登记暂行条例实施细则》(2024年修正)第73条规定：

"当发生导致最高额抵押权担保的债权被确定的事由，从而使最高额抵押权转变为一般抵押权时，当事人应当持不动产登记证明、最高额抵押权担保的债权已确定的材料等必要材料，<u>申请办理确定最高额抵押权的登记</u>。"

> ### 四、关于最高额抵押权的转移登记

《不动产登记暂行条例实施细则》(2024年修正)第74条规定：

"最高额抵押权发生转移的，应当持不动产登记证明、部分债权转移的材料、当事人约定最高额抵押权随同部分债权的转让而转移的材料等必要材料，<u>申请办理最高额抵押权转移登记</u>。

债权人转让部分债权，当事人约定最高额抵押权随同部分债权的转让而转移的，应当分别申请下列登记：

（一）当事人约定原抵押权人与受让人共同享有最高额抵押权的，应当申请最高额抵押权的转移登记；

（二）当事人约定受让人享有一般抵押权、原抵押权人就扣减已转移的债权数额后继续享有最高额抵押权的，应当申请一般抵押权的首次登记以及最高额抵押权的变更登记；

（三）当事人约定原抵押权人不再享有最高额抵押权的，应当一并申请最高额抵押权确定登记以及一般抵押权转移登记。

最高额抵押权担保的债权确定前，债权人转让部分债权的，除当事人另有约定外，不动产登记机构不得办理最高额抵押权转移登记。"

## 117. 如何理解最高额抵押担保中的"最高债权额"？如何区分"债权最高限额说"和"本金最高限额说"？

### 要点解答

> **一、"最高债权额限度"是最高额抵押担保的核心内容**

<u>最高额抵押权</u>，是指为担保债务的履行，债务人或者第三人对一定期间内将要连续发生的债权提供担保财产的，债务人不履行到期债务或者发生当事人约定的实现抵押权的情形，抵押权人有权在**最高债权额限度**内就该担保财产优先受偿。

其中"**最高债权额限度**"，是指<u>抵押权人基于设立的最高额抵押权可以优先受偿的债权的最高限额</u>。"最高债权额限度"是最高额抵押担保的核心内容，也是其有别于一般抵押担保的显著内容。

举例说明，比如在最高额抵押合同中约定："被担保的主债权是指自 2021 年 1 月 1 日至 2023 年 12 月 31 日（'债权确定期间'）债权人与债务人之间发生的一系列债权。**抵押人所担保的最高债权额为人民币 1000 万元**。"

针对这里出现的"抵押人所担保的最高债权额为人民币 1000 万元"，有两种解释观点，分别是<u>"债权最高限额说"</u>和<u>"本金最高限额说"</u>。

1. 债权最高限额说。

**债权最高限额说**，认为抵押担保的最高额为本金、利息、违约金、损害赔偿金等所有费用总和之限额，即所有债权总额在最高限额内的，抵押权人方享有优先受偿权。

因此，根据依据"债权最高限额说"，上述示例中最高额抵押合同中约定的"**抵押人所担保的最高债权额为人民币 1000 万元**"，是指抵押人承担的抵押担保责任最高额为 1000 万元，这 1000 万元包括了本金余额＋本金的利息、违约金等之和。

2. 本金最高限额说。

**本金最高限额说**，认为抵押担保的最高额仅指本金余额之限额，即只要在债权确定期间内发生的债权本金余额之和在最高限额内，即便由本金产生的利息、违约金、罚息等其他费用与本金余额相加之和超过最高限额，债权人仍就本金余额、利息、违约金、罚息等其他费用享有优先受偿权。

因此，依据本金最高限额说，上述案例最高额抵押合同中约定的"**抵押人所担保的最高债权额为人民币 1000 万元**"，指抵押人承担的抵押担保范围是本金余额最高 1000 万元＋本金的利息、违约金等费用。

因此，与"债权最高限额说"相比，"本金最高限额说"的观点是有利于债权人的，因为其最高额仅是限制的本金，与本金相对应的利息等费用仍然属于抵押担保范围。

> **二、《民法典担保制度解释》第 15 条第 1 款关于最高债权额的观点**

在我们理解了"本金最高限额说"和"债权最高限额说"的观点之后，我们继续来看《民法典担保制度解释》对此是如何规定的。

《民法典担保制度解释》第 15 条第 1 款规定："最高额担保中的最高债权额，是指包括主债权及其利息、违约金、损害赔偿金、保管担保财产的费用、实现债权或者实现担保物权的费用等在内的全部债权，但是当事人另有约定的除外。"

**依据该条款，我们整理出如下知识点：**

1. 关于最高额担保中的"最高债权额"，应当采取当事人约定优先的原则，即当事人在最高额担保合同中可以采取"本金最高限额说"的观点来约定最高债权额限度。

2. 关于最高额担保中的"最高债权额"，当没有约定或约定不明时，采取债权最高限额说，即"最高债权额"是指"包括主债权及其利息、违约金、损害赔偿金、保管担保财产的费用、实现债权或者实现担保物权的费用等在内的全部债权"。

## 118. 在最高额抵押担保中,如果登记的最高债权额与合同约定的最高债权额不一致的,该如何确定债权人优先受偿范围?

### 要点解答

《民法典担保制度解释》第 15 条第 2 款对此问题作出了明确规定,"登记的最高债权额与当事人约定的最高债权额不一致的,<u>人民法院应当依据登记的最高债权额确定债权人优先受偿的范围</u>"。

因此,在最高额抵押贷款业务中,如果登记的最高债权额与最高额抵押合同中约定的最高债权额不一致的,人民法院应当依据登记的最高债权额确定债权人优先受偿的范围。

**《民法典担保制度解释》第 15 条第 2 款规定的内容并未延续《九民会议纪要》第 58 条的思路。**

《九民会议纪要》第 58 条规定:"以登记作为公示方式的不动产担保物权的担保范围,一般应当以登记的范围为准。但是,我国目前不动产担保物权登记,不同地区的系统设置及登记规则并不一致,人民法院在审理案件时应当充分注意制度设计上的差别,作出符合实际的判断:一是<u>多数省区市的登记系统未设置'担保范围'栏目,仅有'被担保主债权数额(最高债权数额)'的表述,且只能填写固定数字</u>。而当事人在合同中又往往约定担保物权的担保范围包括主债权及其利息、违约金等附属债权,致使合同约定的担保范围与登记不一致。显然,这种不一致是由于该地区登记系统设置及登记规则造成的该地区的普遍现象。<u>人民法院以合同约定认定担保物权的担保范围,是符合实际的妥当选择</u>。二是一些省区市不动产登记系统设置与登记规则比较规范,担保物权登记范围与合同约定一致在该地区是常态或者普遍现象,人民法院在审理案件时,应当以登记的担保范围为准。"

《九民会议纪要》第 58 条对担保债权的范围作出规定,原则上以登记的担保范围为准,但同时要求根据目前不动产担保物权登记的现实情况,作出符合实际的判断。如果登记系统未设置"担保范围"栏目,仅有"被担保主债权数额(最高债权数额)"的表述,且只能填写固定数字,则以合同约定认定担保物权的担保范围。

但是,《民法典担保制度解释》第 15 条第 2 款的规定与此有所不同,它采取以登记为准的思路,即以登记簿记载的最高债权额确定抵押权人的优先受偿范围。

另外,自然资源部在 2021 年 4 月下发《关于做好不动产抵押权登记工作的通知》,其中第 4 条规定:"完善不动产登记簿。……2. 将'抵押权登记信息'页的'最高债权数额'修改为'最高债权额'并独立为一个栏目,填写最高额抵押担保范围所对应的最高债权数额。"

因此,在办理最高额抵押登记手续时,如果在不动产登记簿的"最高债权额"栏目中登记填写了具体的数额,依据《民法典担保制度解释》第 15 条第 2 款之规定,人民法院应当依据登记的最高债权额确定债权人优先受偿的范围。

### 相关规定

《自然资源部关于做好不动产抵押权登记工作的通知》(自然资发〔2021〕54 号)

二、明确记载抵押担保范围。当事人对一般抵押或者最高额抵押的主债权及其利息、违约金、损害赔偿金和实现抵押权费用等抵押担保范围有明确约定的,不动产登记机构应当根据申请在不动产登记簿"担保范围"栏记载;没有提出申请的,填写"/"。

四、完善不动产登记簿。对《国土资源部关于启用不动产登记簿证样式(试行)的通知》(国土资发〔2015〕25 号)规定的不动产登记簿样式进行修改:

1. 在"抵押权登记信息"页、"预告登记信息"页均增加"担保范围""是否存在禁止或限制转让抵押不动产的约定"栏目。

2. 将"抵押权登记信息"页的"最高债权数额"修改为"最高债权额"并独立为一个栏目,填写最高额抵押担保范围所对应的最高债权数额。

## 119. 最高额抵押担保中,如果主债权发生全部或部分转让,对最高额抵押权会产生什么影响?

### 要点解答

《民法典》第421条是关于最高额抵押权转让的规定,"最高额抵押担保的债权确定前,部分债权转让的,最高额抵押权不得转让,但是当事人另有约定的除外"。

### 相关规定

《不动产登记暂行条例实施细则》(2024年修正)第74条

**最高额抵押权发生转移的**,应当持不动产登记证明、部分债权转移的材料、当事人约定最高额抵押权随同部分债权的转让而转移的材料等必要材料,申请办理最高额抵押权转移登记。

**债权人转让部分债权,当事人约定最高额抵押权随同部分债权的转让而转移的,应当分别申请下列登记:**

(一)当事人约定原抵押权人与受让人共同享有最高额抵押权的,应当申请最高额抵押权的转移登记;

(二)当事人约定受让人享有一般抵押权、原抵押权人就扣减已转移的债权数额后继续享有最高额抵押权的,应当申请一般抵押权的首次登记以及最高额抵押权的变更登记;

(三)当事人约定原抵押权人不再享有最高额抵押权的,应当一并申请最高额抵押权确定登记以及一般抵押权转移登记。

**最高额抵押权担保的债权确定前,债权人转让部分债权的,除当事人另有约**

定外,不动产登记机构不得办理最高额抵押权转移登记。

## 120. 抵押权人与抵押人协议变更最高额抵押有关内容的限制和影响是什么？

### ▲ 要点解答

《民法典》第422条是关于抵押权人与抵押人协议变更最高额抵押有关内容的规定,"最高额抵押担保的债权确定前,抵押权人与抵押人可以通过协议变更债权确定的期间、债权范围以及最高债权额。但是,变更的内容不得对其他抵押权人产生不利影响"。

**依据该条款内容,我们整理出如下知识点：**

在最高额抵押担保业务中,只有在最高额抵押担保的债权确定前,当事人才能协议变更债权确定的期间、债权范围以及最高债权额。

1. 最高额抵押担保的债权确定前,当事人可以对最高额抵押合同中约定的债权确定期间加以变更,既可以延长债权确定期间,也可以缩短债权确定期间。但变更的内容不得对其他抵押权人产生不利影响。

其中,债权确定的期间,也被称为"决算期",对其进行变更有两种情形,即将终止日期提前以缩短决算期或者将终止日期延后以延长决算期。

2. 最高额抵押担保的债权确定前,当事人可以对最高额抵押合同中约定的债权范围进行变更,但变更的内容不得对其他抵押权人产生不利影响。

其中债权范围的变更,是指最高额抵押权所担保的债权范围的变化,比如原约定担保的是借贷所生之债权,追加因票据关系所产生的债权。

最高额抵押担保的债权确定前,抵押权人可以与抵押人通过协议变更最高债权额,但变更的内容不得对其他抵押权人产生不利影响。

## 相关规定

《不动产登记暂行条例实施细则》(2024年修正)第72条

有下列情形之一的,当事人应当持不动产登记证明、最高额抵押权发生变更的材料等必要材料,**申请最高额抵押权变更登记**:

(一)抵押人、抵押权人的姓名或者名称变更的;

(二)债权范围变更的;

(三)最高债权额变更的;

(四)债权确定的期间变更的;

(五)抵押权顺位变更的;

(六)法律、行政法规规定的其他情形。

因最高债权额、债权范围、债务履行期限、债权确定的期间发生变更申请最高额抵押权变更登记时,如果该变更将对其他抵押权人产生不利影响的,当事人还应当提交其他抵押权人的书面同意文件与身份证或者户口簿等。

# 121. 最高额抵押权所担保债权的确定事由包括什么?

## 要点解答

最高额抵押权所担保的债权的确定,是指最高额抵押权所担保的一定范围内的不特定债权,基于一定事由的发生,而归为固定的债权。

最高额抵押权所担保的债权确定之后,如果债务人不履行到期债务或者发生当事人约定的实现抵押权的情形,则抵押权人有权在最高债权额限度内就抵押人提供的担保财产优先受偿。

《民法典》第423条关于最高额抵押权所担保的债权的确定事由作出了明确

规定。

依据该条款的规定,具有下列事由之一的,最高额抵押权所担保的债权确定:

1. 约定的债权确定期间届满;

2. 没有约定债权确定期间或者约定不明确,抵押权人或者抵押人自最高额抵押权设立之日起满2年后请求确定债权;

3. 新的债权不可能发生;

4. 抵押权人知道或者应当知道抵押财产被查封、扣押;

5. 债务人、抵押人被宣告破产或者解散;

6. 法律规定债权确定的其他情形。

### 风险提示

在最高额抵押权所担保债权确定之后,抵押权人并非有权立即行使抵押权。只有当出现债务人到期不履行债务或者出现当事人约定的实现抵押权的情形时,抵押权人才可以依据《民法典》关于一般抵押权的规定行使其抵押权,有权在最高债权额限度内就抵押人提供的担保财产优先受偿。

表 4-15  最高额抵押的担保债权确定事由有关规定对比

| 《民法典》 | 《物权法》(已废止) |
| --- | --- |
| 第423条<br>　　有下列情形之一的,抵押权人的债权确定:<br>　　(一)约定的债权确定期间届满;<br>　　(二)没有约定债权确定期间或者约定不明确,抵押权人或者抵押人自最高额抵押权设立之日起满二年后请求确定债权;<br>　　(三)新的债权不可能发生;<br>　　(四)<u>抵押权人知道或者应当知道抵押财产被查封、扣押</u>;<br>　　(五)债务人、抵押人被宣告破产或者<u>解散</u>;<br>　　(六)法律规定债权确定的其他情形。 | 第206条<br>　　有下列情形之一的,抵押权人的债权确定:<br>　　(一)约定的债权确定期间届满;<br>　　(二)没有约定债权确定期间或者约定不明确,抵押权人或者抵押人自最高额抵押权设立之日起满二年后请求确定债权;<br>　　(三)新的债权不可能发生;<br>　　(四)<u>抵押财产被查封、扣押</u>;<br>　　(五)债务人、抵押人被宣告破产或者<u>被撤销</u>;<br>　　(六)法律规定债权确定的其他情形。 |

| 《民法典》 | 《物权法》(已废止) |
| --- | --- |

**对比分析**

《民法典》第423条是在《物权法》第206条基础上修改而成的。与《物权法》第206条相比，《民法典》第423条的修改之处主要体现在：

1. 第4项新增前置"抵押权人知道或者应当知道"的规定；
2. 将第5项中债务人与抵押人"被宣告破产或者被撤销"的表述修改为"被宣告破产或者解散"。

# 122. 最高额抵押权存续期间抵押财产被查封后发放的贷款是否在担保债权范围内？

## 要点解答

《民法典》第423条对最高额抵押所担保债权的确定事由作了规定，其中第4项为"抵押权人知道或者应当知道抵押财产被查封、扣押"。根据该条款之规定，抵押权人知道或者应当知道抵押财产被查封、扣押的情形下，则最高额抵押所担保债权的确定。

因此，在抵押权人知道或者应当知道抵押财产被查封或扣押的情况之后再行发放的贷款，则不属于最高额抵押担保的债权范围。

另外，《最高人民法院关于人民法院民事执行中查封、扣押、冻结财产的规定》(2020年修正)第25条对这个问题也作出了相关规定，"人民法院查封、扣押被执行人设定最高额抵押权的抵押物的，应当通知抵押权人。抵押权人受抵押担保的债权数额自收到人民法院通知时起不再增加。

人民法院虽然没有通知抵押权人，但有证据证明抵押权人知道或者应当知道查封、扣押事实的，受抵押担保的债权数额从其知道或者应当知道该事实时起不再增加"。

表 4-16　最高额抵押权担保债权范围有关规定对比

| 《民法典》 | 《物权法》《担保法解释》(已废止) |
|---|---|
| 第 423 条<br>　　有下列情形之一的,抵押权人的债权确定:<br>　　(四)<u>抵押权人知道或者应当知道抵押财产被查封、扣押</u>; | 《物权法》第 206 条<br>　　有下列情形之一的,抵押权人的债权确定:<br>　　(四)<u>抵押财产被查封、扣押</u>;<br><br>《担保法解释》第 81 条<br>　　最高额抵押权所担保的债权范围,不包括抵押物因财产保全或者执行程序被查封后或债务人、抵押人破产后发生的债权。 |

## ▲ 风险提示

在实践中,法院查封设定最高额抵押权的标的物,一般并不会通知抵押权人。

我们建议:在最高额抵押贷款业务中,尤其是不动产最高额抵押贷款业务,金融机构在每次发放贷款之前,<u>尽量要去查询抵押物是否被法院查封</u>,而不要被动等待法院的查封通知。

## ▲ 相关规定

《人民法院办理执行案件规范》(第二版)第 463 条

人民法院查封、扣押被执行人设定最高额抵押权的抵押财产的,<u>应当通知抵押权人</u>。抵押权人受抵押担保的债权数额自收到人民法院通知时起不再增加。

人民法院虽然没有通知抵押权人,但有证据证明抵押权人<u>知道或者应当知道查封、扣押事实的</u>,受抵押担保的债权数额从其知道或者应当知道该事实时起不再增加。

CHAPTER

5

第五章

# 质押担保

第一节

# 动产质权

## 专题 1

# 动产质权的一般规定

## 123.什么是动产质权？

**要点解答**

### ➢ 一、动产质权的概念

依据《民法典》第425条、第429条对动产质权的规定,动产质权是指为担保债务的履行,债务人或者第三人将其动产出质给债权人占有的,债务人不履行到期债务或者发生当事人约定的实现质权的情形,债权人有权就该动产优先受偿。动产质权自出质人交付质押财产时设立。

其中,质权人,是指接受质押担保的债权人。质权人占有质押财产,并在债务人不履行债务或者发生当事人约定的实现质权的情形时,有权以该财产折价或者以拍卖、变卖该财产的价款优先受偿。

出质人,是指为担保债务的履行而提供质押财产的债务人或者第三人。

质押财产,也称为质物,是指出质人提供的用于担保债务履行的特定的动产。《民法典》对于可以出质的动产的范围,并没有作出具体规定。但是,《民法典》第426条规定了禁止出质的动产范围,即"法律、行政法规禁止转让的动产不得出质"。

### ➢ 二、动产质权的设立

依据《民法典》第427条第1款之规定,设立质权,当事人应当采用书面形式订立质押合同。

依据《民法典》第429条之规定,质权自出质人交付质押财产时设立。因此,动产质权的设立是以交付质押财产为生效要件。

在"订立动产质押合同"与"动产质权的设立"两者之间的关系上:动产质押合同的生效不会必然发生动产质权的设立;动产质押合同生效后,如要发生动产质权设立的法律效果,还必须交付质押财产。质押财产的交付对于动产质权的设立起到了关键作用。

双方订立动产抵押合同后,如果没有交付质押财产,则动产质权未设立,但这并不代表质押合同也无效。质押合同生效与否,应该依据《民法典》关于合同效力的相关规定来进行判断,如果质押合同生效,则权利人仅享有基于质押合同所产生的债权请求权,而不享有物权请求权。

> **关联知识点**
>
> ➢ **交付方式**
>
> 大家比较熟悉的交付方式为"现实交付",即出质人将质物的占有直接移转于质权人,由质权人实现对质物的直接控制。
>
> 但是,除"现实交付"这种方式外,《民法典》还规定了动产交付的另外三种方式,分别是简易交付、指示交付以及占有改定。
>
> 1.《民法典》第226条规定了"简易交付"的方式,即"动产物权设立和转让前,权利人已经占有该动产的,物权自民事法律行为生效时发生效力"。
>
> 另外,依据《民法典物权编解释(一)》第17条第2款的规定,当事人以《民法典》第226条规定的方式交付动产的,转让动产民事法律行为生效时为动产交付之时。
>
> 2.《民法典》第227条规定了"指示交付"的方式,即"动产物权设立和转让前,第三人占有该动产的,负有交付义务的人可以通过转让请求第三人返还原物的权利代替交付"。

> 另外,依据《民法典物权编解释(一)》第17条第2款的规定,当事人以《民法典》第227条规定的方式交付动产的,转让人与受让人之间有关转让返还原物请求权的协议生效时为动产交付之时。
>
> 3.《民法典》第228条规定了"占有改定"的方式,即"动产物权转让时,当事人又约定由出让人继续占有该动产的,物权自该约定生效时发生效力"。
>
> 设立动产质权,能否采用"占有改定"这种交付方式呢?比如当事人在质押合同中约定:"<u>动产质押合同订立后,由出质人代质权人继续占有质押财产</u>。"此种情形下,动产质权是否有效设立?
>
> 我们倾向认为:"<u>占有改定"这种交付方式,无法有效设立动产质权</u>。因为动产质押以交付的方式完成公示,动产质权的成立以动产的交付为核心要件。在占有改定这种方式下,质权人对质物的控制权是完全流于形式,并没有实际占有质押财产。

# 124. 质押合同的订立形式和具体内容是什么?

## 要点解答

依据《民法典》第427条的规定,设立质权,当事人应当<u>采用书面形式</u>订立质押合同。

什么是书面形式?《民法典》第469条规定:"当事人订立合同,可以采用<u>书面形式</u>、口头形式或者其他形式。<u>书面形式是合同书、信件、电报、电传、传真等可以有形地表现所载内容的形式</u>。以电子数据交换、电子邮件等方式能够有形地表现所载内容,并可以随时调取查用的数据电文,<u>视为书面形式</u>。"

<u>质押合同一般包括下列条款</u>:"(一)被担保债权的种类和数额;(二)债务人

履行债务的期限;(三)质押财产的名称、数量等情况;(四)担保的范围;(五)质押财产交付的时间、方式。"

《民法典》第 427 条的表述是质押合同"一般包括",而不是"应当包括",即上述条款并非都是质押合同的必备条款。

比如:当事人在质押合同中对质押担保的范围没有约定,可以直接适用《民法典》第 389 条规定的担保范围条款,即"担保物权的担保范围包括主债权及其利息、违约金、损害赔偿金、保管担保财产和实现担保物权的费用。当事人另有约定的,按照其约定"。

但是,如果当事人在质押合同中对被担保的主债权种类和数额、出质财产等要素没有进行约定,则质押合同一般不能成立。

质押合同中能否对质押财产采用"概括性描述"?《民法典担保制度解释》第 53 条对此作了相关规定,即"当事人在动产和权利担保合同中对担保财产进行概括描述,该描述能够合理识别担保财产的,人民法院应当认定担保成立"。

因此,在质押合同中可以对质押财产采取概括性描述,但该描述必须达到能够合理识别质押财产的程度。

表 5-1　质押合同有关规定对比

| 《民法典》 | 《物权法》(已废止) |
| --- | --- |
| 第 427 条<br>　　设立质权,当事人应当采用书面形式订立质押合同。<br>质押合同一般包括下列条款:<br>(一)被担保债权的种类和数额;<br>(二)债务人履行债务的期限;<br>(三)质押财产的名称、数量等情况;<br>(四)担保的范围;<br>(五)质押财产交付的时间、方式。 | 第 210 条<br>　　设立质权,当事人应当采取书面形式订立质权合同。<br>质权合同一般包括下列条款:<br>(一)被担保债权的种类和数额;<br>(二)债务人履行债务的期限;<br>(三)质押财产的名称、数量、质量、状况;<br>(四)担保的范围;<br>(五)质押财产交付的时间。 |
| 对比分析<br>　　《民法典》第 427 条是在《物权法》第 210 条基础上修改而成的。与《物权法》第 210 条相比,《民法典》第 427 条的修改之处主要体现在:<br>　　1. 将"质权合同"修改为"质押合同";<br>　　2. 删去《物权法》第 210 条第 2 款第 3 项中质押财产的"质量、状况",代之以"等情况"的表述;<br>　　3. 新增第 2 款第 5 项中质押财产交付的"方式"。 ||

## 125. 动产质押合同中如果约定了"流质条款",是否具有法律效力?

### 要点解答

流质条款,是指质权人与出质人在质押合同中约定,当债务人到期不履行债务时,质押财产的所有权即移转为质权人所有的相关条款。

《民法典》第 428 条对流质条款的法律效力问题作出了明确规定,"质权人在债务履行期限届满前,与出质人约定债务人不履行到期债务时质押财产归债权人所有的,只能依法就质押财产优先受偿"。

依据该条款的规定,即使质权人与出质人在质押合同中约定流质条款的,也不影响质押合同的效力,不影响质权的设立;但是,当债务人到期不履行债务时,不发生质押财产所有权转移的效力。此时,质权人应当根据《民法典》第 436 条和第 438 条规定的实现质权的方式就质押财产优先受偿。

表 5-2 流质条款效力有关规定对比

| 《民法典》 | 《物权法》(已废止) |
| --- | --- |
| 第 428 条<br>　　质权人在债务履行期限届满前,与出质人约定债务人不履行到期债务时质押财产归债权人所有的,只能依法就质押财产优先受偿。 | 第 211 条<br>　　质权人在债务履行期限届满前,不得与出质人约定债务人不履行到期债务时质押财产归债权人所有。 |
| **对比分析**<br>　　《民法典》第 428 条是在《物权法》第 211 条基础上修改而成的。与《物权法》第 211 条相比,《民法典》第 428 条的修改之处主要体现在:<br>　　将"不得与出质人约定债务人不履行到期债务时质押财产归债权人所有"修改为"与出质人约定债务人不履行到期债务时质押财产归债权人所有的,只能依法就质押财产优先受偿"。 ||

## 相关规定

《民法典》第 436 条

债务人履行债务或者出质人提前清偿所担保的债权的,质权人应当返还质押财产。

债务人不履行到期债务或者发生当事人约定的实现质权的情形,质权人可以与出质人协议以质押财产折价,也可以就拍卖、变卖质押财产所得的价款优先受偿。

质押财产折价或者变卖的,应当参照市场价格。

《民法典》第 438 条

质押财产折价或者拍卖、变卖后,其价款超过债权数额的部分归出质人所有,不足部分由债务人清偿。

# 126. 动产质权与动产抵押权之间的区别与联系？

## 要点解答

### 一、设立方式不同

1. 依据《民法典》第 427 条第 1 款之规定,设立质权,当事人应当采用书面形式订立质押合同。

另外,依据《民法典》第 429 条的规定,质权自出质人交付质押财产时设立。

因此,订立质押合同是设立动产质权的前提条件,动产质权的设立是以交付质押财产为生效要件。

2. 依据《民法典》第 403 条之规定,以动产抵押的,抵押权自抵押合同生效时设立;未经登记,不得对抗善意第三人。

因此，《民法典》第 403 条对动产抵押并没有采用登记生效主义，而是采取的登记对抗主义，即以动产抵押的，可以办理动产抵押登记，也可以不办理抵押登记，动产抵押权不以登记为生效条件，而是自抵押合同生效时设立。但是未经登记的，动产抵押权不得对抗善意第三人。

### ➤ 二、是否占有标的物不同

1. 动产质权的设立是以交付质押财产为生效要件。因此，在动产质权设立后的质押期间内，由质权人占有质押财产。

2. 动产抵押权设立后，抵押物不转移占有，抵押物仍由抵押人占有。

### ➤ 三、最高额质权与最高额抵押权两者之间存在类似规则

《民法典》第 439 条规定："出质人与质权人可以协议设立最高额质权。最高额质权除适用本节有关规定外，参照适用本编第十七章第二节的有关规定。"其中这里提到的"本编第十七章第二节"对应的是最高额抵押权的内容。

### ➤ 四、动产质权与动产抵押权的竞存

动产既可以成为抵押权的标的，也可以成为质权的标的。在同一动产上可能既设有抵押权又设有质权。

在同一动产上抵押权与质权竞存时，该如何确定清偿顺序？《民法典》第 415 条规定："同一财产既设立抵押权又设立质权的，拍卖、变卖该财产所得的价款按照登记、交付的时间先后确定清偿顺序。"

# 专题 2

# 动产质权的法律效力

## 127. 动产质权的效力是否及于孳息？

▲ 要点解答

《民法典》第 430 条关于质权人孳息收取权作出了明确规定,"质权人有权收取质押财产的孳息,但是合同另有约定的除外。前款规定的孳息应当先充抵收取孳息的费用"。

1. 质权人有权收取质押财产的孳息,但是出质人与质权人订立的质押合同另有约定的除外。

孳息是与原物相对而言的,指由原物而产生的物,孳息分为天然孳息和法定孳息。其中,天然孳息,是指原物依照自然规律(或自然属性)产生的物,如牲畜产下的幼崽等。法定孳息,是指原物依照法律关系(或法律规定)产生的物,如出租原物所产生的租金等。

值得注意的是,质权人依据《民法典》第 430 条的规定有权收取孳息,并不当然取得孳息的所有权,而是取得对孳息的质权,即在债务人不履行债务时,质权人可以就孳息行使优先受偿权。

如果出质人与质权人在质押合同中明确约定由出质人收取孳息,或者约定质权人无权收取质押财产的孳息,质权人则不能收取孳息作为债权的担保。

2.关于孳息的充抵顺序。

质权人依法收取的孳息首先应当充抵收取孳息的费用,然后充抵主债权的利息和主债权。

> **关联法条**
>
> 《民法典》第561条
>
> 债务人在履行主债务外还应当支付利息和实现债权的有关费用,其给付不足以清偿全部债务的,除当事人另有约定外,应当按照下列顺序履行:
>
> (一)实现债权的有关费用;
>
> (二)利息;
>
> (三)主债务。

## 128. 在动产质权存续中,质权人擅自使用、处分质押财产的法律后果是什么?

**要点解答**

**《民法典》第431条**关于该问题作出了明确规定,"质权人在质权存续期间,未经出质人同意,擅自使用、处分质押财产,造成出质人损害的,应当承担赔偿责任"。

质押财产在出质后,出质人对质物仍享有所有权,质权人只是占有质押财产并负有妥善保管质押财产的义务,并无使用、处分质押财产的权利。但是根据质押合同的约定或经出质人同意使用、处分质押财产的除外。

## 129. 在动产质押中,如何理解质权人负有妥善保管质押财产的义务?

**要点解答**

《民法典》第432条是关于该问题的规定,"质权人负有妥善保管质押财产的义务;因保管不善致使质押财产毁损、灭失的,应当承担赔偿责任。

质权人的行为可能使质押财产毁损、灭失的,出质人可以请求质权人将质押财产提存,或者请求提前清偿债务并返还质押财产"。

**风险提示**

1. 在动产质押中,由于质权人占有质物,质权人负有妥善保管质押财产的义务;质权人因保管不善致使质押财产毁损、灭失的,应当承担赔偿责任。

2. 在动产质押中,如果质权人的行为可能使质押财产毁损、灭失的,出质人可以请求质权人将质押财产提存,或者请求提前清偿债务并返还质押财产。

## 130. 在动产质权存续期间,质权人是否有权"转质"?

**要点解答**

转质,是指在质权存续期间,质权人为担保自己或者他人的债务,在占有的质押财产上再次设定质权的行为。因转质而取得质权的人为转质权人。

依据《民法典》第434条的规定,质权人在质权存续期间,如果未经出质人同意转质,造成质押财产毁损、灭失的,应当承担赔偿责任。

表 5-3 转质有关规定对比

| 《民法典》 | 《物权法》(已废止) |
| --- | --- |
| 第 434 条<br>　　质权人在质权存续期间,未经出质人同意转质,造成质押财产毁损、灭失的,<u>应当承担赔偿责任</u>。 | 第 217 条<br>　　质权人在质权存续期间,未经出质人同意转质,造成质押财产毁损、灭失的,应当向出质人承担赔偿责任。 |
| **对比分析**<br>　　《民法典》第 434 条是在《物权法》第 217 条基础上修改而成的。与《物权法》第 217 条相比,《民法典》第 434 条的修改之处主要体现在:<br>　　将"应当向出质人承担赔偿责任"**修改为**"应当承担赔偿责任",即质权人应当赔偿的对象不再限于出质人。 ||

# 131. 如果某项债权既有以债务人自己的财产质押担保,又有第三人提供担保的,如果质权人放弃对债务人享有的质权,会产生什么法律后果?

## 要点解答

质权作为一项权利,质权人有权处分自己的质权。但是当质权人以放弃质权的方式处分质权时,不得有损于其他利害关系人的利益。如果某项债权既有以债务人自己的财产质押担保,又有第三人提供担保的,如果质权人放弃质权,就会对第三人造成影响。

依据《民法典》第 435 条的规定,债务人以自己的财产出质,质权人放弃该质权的,其他担保人在质权人丧失优先受偿权益的范围内免除担保责任,但是其他担保人承诺仍然提供担保的除外。

另外,《民法典》第 392 条也规定了人保和物保并存时的处理规则,即被担保的债权既有物的担保又有人的担保的,债务人不履行到期债务或者发生当事人约定的实现担保物权的情形时,债权人按照下列顺序实现债权:

(1)债权人应当按照约定实现债权;

(2)没有约定或者约定不明确,如果债务人自己提供物的担保的,债权人应当先就该物的担保实现债权,再请求保证人承担保证责任;

(3)没有约定或者约定不明确,如果是第三人提供物的担保的,债权人可以自行选择就物的担保实现债权,也可以请求保证人承担保证责任。

## 专题 3

# 动产质权的实现

## 132. 当出现债务人不履行到期债务的情形时,质权人如何实现质权?

**要点解答**

《民法典》第 436 条第 2 款和第 3 款关于实现质权作出了明确规定,当出现债务人不履行到期债务或者发生当事人约定的实现质权的情形,质权人可以与出质人协议以质押财产折价,也可以就拍卖、变卖质押财产所得的价款优先受偿。质押财产折价或者变卖的,应当参照市场价格。

1. 动产质权的实现须满足以下条件:

(1)动产质权已依法设立。

(2)须发生债务人不履行到期债务或者发生当事人约定的实现质权的情形。

(3)在质权人实现质权之时,质权人尚须占有质押财产。在质押期间,质权人必须持续对质物的占有,动产质权的设立与存续,是以出质人的交付与质权人对质物的持续占有为前提。

2. 动产质权的实现方式有三种,即折价、拍卖、变卖。

债务人不履行到期债务或者发生当事人约定的实现质权的情形,质权人可以与出质人协议以质押财产折价,也可以就拍卖、变卖质押财产所得的价款优先受偿。质押财产折价或者变卖的,应当参照市场价格。

另外,依据《民法典》第 438 条的规定,质押财产折价或者拍卖、变卖后,其价款超过债权数额的部分归出质人所有,不足部分由债务人清偿。

> **关联知识点**
>
> ➤ **出质人在债务履行期限届满后,可以请求质权人及时行使质权**
>
> 在债务履行期限届满后,在质押财产所担保的债权未全部清偿前,质权人对其占有的质押财产有留置的权利。如果质权人在债务履行期限届满后不合理地拖延行使质权,可能会对出质人造成不利影响。
>
> 依据《民法典》第 437 条的规定,在债务履行期限届满,债务人不能偿还债务时,<u>出质人有权请求质权人及时行使质权</u>;质权人不行使的,出质人可以请求人民法院拍卖、变卖质押财产。出质人请求质权人及时行使质权,<u>因质权人怠于行使权利造成出质人损害的,由质权人承担赔偿责任</u>。

第二节

# 权利质权

# 133. 可以出质的权利范围包括什么？

> 要点解答

《民法典》第 440 条是关于<u>可以出质的权利范围</u>的相关规定，"债务人或者第三人有权处分的下列权利可以出质：

（一）汇票、本票、支票；

（二）债券、存款单；

（三）仓单、提单；

（四）可以转让的基金份额、股权；

（五）可以转让的注册商标专用权、专利权、著作权等知识产权中的财产权；

（六）现有的以及将有的应收账款；

（七）法律、行政法规规定可以出质的其他财产权利"。

**对比分析：" 可以抵押的财产范围 "和" 可以出质的权利范围 "。**

表 5－4　可抵押财产与可出质权利范围对比

| 可以抵押的财产范围 | 可以出质的权利范围 |
| --- | --- |
| 《民法典》第 395 条第 1 款<br>　　债务人或者第三人有权处分的下列财产可以抵押：<br>　　（一）建筑物和其他土地附着物；<br>　　（二）建设用地使用权；<br>　　（三）海域使用权；<br>　　（四）生产设备、原材料、半成品、产品；<br>　　（五）正在建造的建筑物、船舶、航空器；<br>　　（六）交通运输工具；<br>　　**（七）法律、行政法规未禁止抵押的其他财产。** | 《民法典》第 440 条<br>　　债务人或者第三人有权处分的下列权利可以出质：<br>　　（一）汇票、本票、支票；<br>　　（二）债券、存款单；<br>　　（三）仓单、提单；<br>　　（四）可以转让的基金份额、股权；<br>　　（五）可以转让的注册商标专用权、专利权、著作权等知识产权中的财产权；<br>　　（六）现有的以及将有的应收账款；<br>　　**（七）法律、行政法规规定可以出质的其他财产权利。** |

续表

| 可以抵押的财产范围 | 可以出质的权利范围 |
|---|---|
| **对比分析**<br>　　对于**可以出质的权利范围**,《民法典》第 440 条第 7 项规定,只有"法律、行政法规规定**可以出质的**其他财产权利",才允许用于权利质押。<br>　　然而,对于**可以抵押的财产范围**,《民法典》第 395 条第 1 款第 7 项规定的是"法律、行政法规**未禁止抵押的**其他财产",都可以抵押。<br>　　经对比可知,对于"可以质押的权利范围"与"可以抵押的财产范围"两者的立法模式是有区别的。<br>　　另外,《民法典担保制度解释》第 63 条规定:"债权人与担保人订立担保合同,约定以法律、行政法规**尚未规定**可以担保的**财产权利**设立担保,当事人主张合同无效的,人民法院不予支持。当事人未在法定的登记机构依法进行登记,主张该担保具有物权效力的,人民法院不予支持。"<br>　　因此,当出现以法律、行政法规尚未规定可以担保的财产权利设立担保的情形时,《民法典担保制度解释》第 63 条提供了新的思路,这对于创设新类型权利质权担保有着积极的意义。 ||

## 专题 4

# 有价证券质权

## 134. 可作为权利质权标的的"有价证券"包括什么？设立有价证券质权的一般规则是什么？

### ▲ 要点解答

依据《民法典》第441条的规定,可以作为权利质权标的的有价证券包括汇票、本票、支票、债券、存款单、仓单、提单。

以汇票、本票、支票、债券、存款单、仓单、提单出质的,质权自权利凭证交付质权人时设立;没有权利凭证的,质权自办理出质登记时设立。

另外,依据《民法典》第427条第1款的规定,"设立质权,当事人应当采用书面形式订立质押合同"。

因此,以汇票、本票、支票、债券、存款单、仓单、提单出质的,当事人应当采用书面形式订立质押合同。

### ▲ 相关规定

《民法典》第441条

以汇票、本票、支票、债券、存款单、仓单、提单出质的,质权自权利凭证交付质权人时设立;没有权利凭证的,质权自办理出质登记时设立。法律另有规定的,依照其规定。

## 135. 以汇票出质的法律要点是什么？

**要点解答**

依据《票据法》(2004年修正)第19条之规定，汇票是出票人签发的，委托付款人在见票时或者在指定日期无条件支付确定的金额给收款人或者持票人的票据。汇票分为银行汇票和商业汇票。

1. 以汇票出质的，应当采用书面形式订立质押合同。

《民法典》第427条第1款规定，"设立质权，当事人应当采用书面形式订立质押合同"。因此，以汇票出质的，当事人应当采用书面形式订立质押合同。

2. 以有权利凭证的汇票出质，不仅需要交付汇票，而且还应当通过背书记载"质押"字样并在汇票上签章。

依据《民法典》第441条的规定，以汇票出质的，质权自权利凭证交付质权人时设立。

依据《民法典担保制度解释》第58条的规定，以汇票出质，当事人以背书记载"质押"字样并在汇票上签章，汇票已经交付质权人的，人民法院应当认定质权自汇票交付质权人时设立。

《票据法》(2004年修正)第35条第2款规定，"汇票可以设定质押；质押时应当以背书记载'质押'字样。被背书人依法实现其质权时，可以行使汇票权利"。

《最高人民法院关于审理票据纠纷案件若干问题的规定》(2020年修正)第54条规定："依照票据法第三十五条第二款的规定，以汇票设定质押时，出质人在汇票上只记载了'质押'字样未在票据上签章的，或者出质人未在汇票、粘单上记载'质押'字样而另行签订质押合同、质押条款的，不构成票据质押。"

3. 以没有权利凭证的汇票出质,质权自办理出质登记时设立。

依据《民法典》第 441 条的规定,以汇票出质的,质权自权利凭证交付质权人时设立;没有权利凭证的,质权自办理出质登记时设立。法律另有规定的,依照其规定。

依据《电子商业汇票业务管理办法》第 2 条之规定,电子商业汇票是指出票人依托电子商业汇票系统,以数据电文形式制作的,委托付款人在指定日期无条件支付确定金额给收款人或者持票人的票据。电子商业汇票分为电子银行承兑汇票和电子商业承兑汇票。

依据《电子商业汇票业务管理办法》第 51 条之规定,电子商业汇票的质押,是指电子商业汇票持票人为了给债权提供担保,在票据到期日前在电子商业汇票系统中进行登记,以该票据为债权人设立质权的票据行为。

依据《票据交易管理办法》第 30 条之规定,电子商业汇票的质押信息应当通过电子商业汇票系统同步传送至票据市场基础设施。

因此,以电子商业汇票设立质权,应当在票据到期日前在电子商业汇票系统中心进行质押登记。

# 136. 以仓单出质的法律要点是什么?

### 要点解答

依据《民法典》第 910 条的规定,仓单是提取仓储物的凭证。存货人或者仓单持有人在仓单上背书并经保管人签名或者盖章的,可以转让提取仓储物的权利。

> 一、以仓单出质,应当订立质押合同

依据《民法典》第 427 条第 1 款的规定,"设立质权,当事人应当采用书面形式订立质押合同"。

因此,以仓单出质的,**当事人应当采用书面形式订立质押合同**。

> **二、以有权利凭证的仓单出质的**

依据《民法典》第441条的规定,以仓单出质的,质权自权利凭证交付质权人时设立。

另外,依据《民法典担保制度解释》第59条第1款的规定,存货人或者仓单持有人在仓单上以背书记载"质押"字样,并经保管人签章,仓单已经交付质权人的,人民法院应当认定质权自仓单交付质权人时设立。

> **三、以没有权利凭证的仓单出质**

依据《民法典》第441条的规定,以仓单出质,没有权利凭证的,质权自办理出质登记时设立。法律另有规定的,依照其规定。

依据《民法典担保制度解释》第59条第1款规定,没有权利凭证的仓单,依法可以办理出质登记的,仓单质权自办理出质登记时设立。

关于电子仓单的质押登记机构。2020年12月国务院发布的《国务院关于实施动产和权利担保统一登记的决定》,将仓单质押纳入动产和权利担保统一登记范围,由当事人通过中国人民银行征信中心动产融资统一登记公示系统自主办理登记,这是目前较为广泛使用的电子仓单质押统一登记平台(需要注意的是,对于一些特定的大宗商品电子仓单,相关的商品交易所或交易中心也可能承担部分登记或管理职能)。

> **四、仓单质押业务中,可能会出现的不同权利人之间的冲突问题**

依据《民法典担保制度解释》第59条第2款、第3款的规定,出质人既以仓单出质,又以仓储物设立担保,按照公示的先后确定清偿顺序;难以确定先后的,按照债权比例清偿。保管人为同一货物签发多份仓单,出质人在多份仓单上设立多个质权,按照公示的先后确定清偿顺序;难以确定先后的,按照债权比例受偿。

存在《民法典担保制度解释》第59条第2款、第3款规定的上述情形,如果债权人举证证明其损失系由出质人与保管人的共同行为所致,请求出质人与保管人承担连带赔偿责任的,人民法院应予支持。

## 137. 有价证券质权设立后,如果汇票、本票、支票、债券、存款单、仓单、提单的兑现日期或者提货日期先于主债权到期的,质权人如何行使权利?

**要点解答**

以汇票、本票、支票、债券、存款单、仓单、提单等权利凭证进行质押,如果权利凭证的兑现日期或提货日期①先于主债权到期,这会增加质权人在主债权到期时无法得到足额清偿的风险。

根据《民法典》第442条之规定,如果汇票、本票、支票、债券、存款单、仓单、提单的兑现日期或者提货日期先于主债权到期的,质权人有权行使下列权利:

1. 质权人可以不经过出质人同意,有权将汇票、本票、支票、债券或者存款单上所载款项兑现,有权将仓单或者提单上所载货物提货。

2. 如果质权人兑现款项或者提取货物后,应通知出质人,并与出质人进行协商,将兑现的价款或者提取的货物提前清偿债务或者提存。

3. 如果协商选择提前清偿债权的,则质权消灭;如果协商选择提存的,则质权继续存在于提存的款项或者货物上,在主债权到期时可以该提存的款项或者货物优先受偿。

4. 如果质权人兑现款项或者提取货物后,就提前清偿债务或者提存之事宜并没有与出质人达成一致意见,此时,质权人应将其兑现的款项或者提取的货物予以提存,在主债权到期时再以该提存的款项或者货物优先受偿。

---

① 其中,兑现日期,是指汇票、本票、支票、债券、存款单上所记载的权利得以实现的日期;提货日期,是指仓单、提单上记载的交付物品的日期。

## 专题 5

# 基金份额、股权质权

## 138. 以基金份额出质的法律要点是什么？

### 要点解答

> 一、以基金份额出质的一般规定

《民法典》第 427 条第 1 款规定,"设立质权,当事人应当采用书面形式订立质押合同"。第 443 条第 1 款规定,"以基金份额、股权出质的,质权自办理出质登记时设立"。

因此,以基金份额出质的,当事人应当采用书面形式订立质押合同。订立质押合同后,质权并不当然设立,还应当办理出质登记,质权自办理出质登记时设立。

> 二、基金份额出质后不得转让规则

依据《民法典》第 443 条第 2 款的规定,基金份额出质后,不得转让,但是出质人与质权人协商同意的除外。出质人转让基金份额所得的价款,应当向质权人提前清偿债务或者提存。

表 5-5　基金份额、股权出质有关规定对比

| 《民法典》 | 《物权法》(已废止) |
| --- | --- |
| 第 443 条第 1 款<br>　　以基金份额、股权出质的,<u>质权自办理出质登记时设立</u>。 | 第 226 条第 1 款<br>　　以基金份额、股权出质的,当事人应当订立书面合同。以基金份额、证券登记结算机构登记的股权出质的,质权自证券登记结算机构办理出质登记时设立;以其他股权出质的,质权自工商行政管理部门办理出质登记时设立。 |
| **对比分析**<br>　　《民法典》第 443 条第 1 款是在《物权法》第 226 条第 1 款基础上修改而成的。与《物权法》相比,《民法典》第 443 条第 1 款的主要修改之处:<br>　　删去了"当事人应当订立书面合同"。主要是因为《民法典》第 427 条第 1 款已经规定了设立质权,当事人应当采用书面形式订立质押合同。<br>　　将《物权法》第 226 条第 1 款中"以基金份额、证券登记结算机构登记的股权出质的,质权自证券登记结算机构办理出质登记时设立;以其他股权出质的,质权自工商行政管理部门办理出质登记时设立"的表述删除,代之以"质权自办理出质登记时设立"。 ||

## 相关规定

《证券投资基金法》(2015 年修正)第 102 条

基金份额登记机构以电子介质登记的数据,是基金份额持有人权利归属的根据。<u>**基金份额持有人以基金份额出质的,质权自基金份额登记机构办理出质登记时设立。**</u>

<u>基金份额登记机构</u>应当妥善保存登记数据,并将基金份额持有人名称、身份信息及基金份额明细等数据备份至国务院证券监督管理机构认定的机构。其保存期限自基金账户销户之日起不得少于二十年。

# 139. 以股权出质的法律要点是什么?

## 要点解答

### 一、以股权出质的一般规定

《民法典》第 440 条第 4 项规定,债务人或者第三人有权处分的"<u>可以转让的</u>

股权"可以出质。第 427 条第 1 款规定,设立质权,当事人应当采用书面形式订立质押合同。第 443 条第 1 款规定,以基金份额、股权出质的,质权自办理出质登记时设立。

因此,以股权出质的,当事人应当采用书面形式订立质押合同。在订立质押合同后,质权并不当然设立,还应当办理出质登记,股权质权自办理出质登记时设立。

> **二、在市场监督管理部门办理登记的股权出质**

《市场主体登记管理条例》①自 2022 年 3 月 1 日起施行,这是我国第一部整合了所有市场主体登记规范、管理规则的行政法规。该条例第 5 条规定:"国务院市场监督管理部门主管全国市场主体登记管理工作。县级以上地方人民政府市场监督管理部门主管本辖区市场主体登记管理工作,加强统筹指导和监督管理。"

《股权出质登记办法》②第 2 条规定:"以持有的有限责任公司和股份有限公司股权出质,办理出质登记的,适用本办法。已在证券登记结算机构登记的股份有限公司的股权除外。"第 3 条规定:"负责出质股权所在公司登记的市场监督管理部门是股权出质登记机关(以下简称登记机关)。各级工商行政管理机关的企业登记机构是股权出质登记机构。"

因此,有限责任公司以及非上市股份有限公司的股东以持有的公司股权出质,市场监督管理部门是股权出质登记机关。同时市场监督管理部门的股权出质登记信息具有公示效力,通过将股权出质登记信息向社会公开,这对于维护市场交易秩序、保护交易安全具有重要意义。

> **三、在证券登记结算机构办理登记的股权出质**

根据《股权出质登记办法》第 2 条的规定,以持有的有限责任公司和股份有限

---

① 2021 年 7 月 27 日,国务院公布《市场主体登记管理条例》,该条例自 2022 年 3 月 1 日起施行。该条例施行后,《公司登记管理条例》《企业法人登记管理条例》《合伙企业登记管理办法》《农民专业合作社登记管理条例》《企业法人法定代表人登记管理规定》同时废止。

② 2020 年 12 月 31 日,国家市场监督管理总局发布《关于修改和废止部分规章的决定》(国家市场监督管理总局令第 34 号),该决定自 2021 年 1 月 1 日起施行。该决定对《工商行政管理机关股权出质登记办法》作出修改,将《工商行政管理机关股权出质登记办法》修改为《股权出质登记办法》。

公司股权出质,办理出质登记的,适用本办法。但是已在证券登记结算机构登记的股份有限公司的股权除外。

因此,已在证券登记结算机构登记的股份公司的股权出质,在证券登记结算机构办理质押登记。这类公司主要是上市公司,以及在全国中小企业股份转让系统转让股权的股份公司以及退市公司。

> **关联法条**
>
> 《证券法》(2019 年修订)第九章是关于证券登记结算机构的规定。其中,第 145 条规定:"证券登记结算机构为证券交易提供集中登记、存管与结算服务,不以营利为目的,依法登记,取得法人资格。设立证券登记结算机构必须经国务院证券监督管理机构批准。"

银行机构不得接受本行的股权作为质押提供授信。《银行保险机构关联交易管理办法》[①](2022 年 3 月 1 日施行)第 28 条第 2 款规定:"银行机构不得接受本行的股权作为质押提供授信。银行机构不得为关联方的融资行为提供担保(含等同于担保的或有事项),但关联方以银行存单、国债提供足额反担保的除外。"

### ➤ 四、股权出质后不得转让规则

依据《民法典》第 443 条第 2 款的规定,股权出质后,不得转让,但是出质人与质权人协商同意的除外。出质人转让股权所得的价款,应当向质权人提前清偿债务或者提存。

---

① 银保监会于 2022 年 1 月 14 日正式发布了《银行保险机构关联交易管理办法》(中国银行保险监督管理委员会令〔2022〕1 号),该办法自 2022 年 3 月 1 日施行。该办法施行后,《商业银行与内部人和股东关联交易管理办法》(中国银行业监督管理委员会令 2004 年第 3 号)、《保险公司关联交易管理办法》(银保监发〔2019〕35 号)同时废止。

## 专题 6

# 知识产权质权

## 140. 以知识产权出质的一般规定是什么？

▎要点解答

➤ 一、可以转让的注册商标专用权、专利权、著作权等知识产权中的财产权可以出质

知识产权，是指人们对于自己的创造性智力活动成果和经营管理中的标记所依法享有的权利，包括注册商标专用权、专利权和著作权等。依据《民法典》第440条第5项的规定，债务人或者第三人有权处分的"可以转让的注册商标专用权、专利权、著作权等知识产权中的财产权"可以出质。因此，以知识产权出质，是指以知识产权中的**财产权**为标的设立质权。

➤ 二、以知识产权中的财产权出质：订立质押合同并办理登记

依据《民法典》第444条第1款之规定，"以注册商标专用权、专利权、著作权等知识产权中的财产权出质的，质权自办理出质登记时设立"。

另外，依据《民法典》第427条第1款的规定，"设立质权，当事人应当采用书面形式订立质押合同"。

因此，以注册商标专用权、专利权、著作权等知识产权中的财产权出质的，不仅需要采用书面形式订立质押合同，还应当到有关部门办理出质登记，质权自登记时设立。

### ▶ 三、出质人处分知识产权的限制规则

《民法典》第 444 条第 2 款是关于出质人处分知识产权的限制性规定,"知识产权中的财产权出质后,出质人不得转让或者许可他人使用,但是出质人与质权人协商同意的除外。出质人转让或者许可他人使用出质的知识产权中的财产权所得的价款,应当向质权人提前清偿债务或者提存"。

**我们将该条款整理出如下知识点:**

1. 以注册商标专用权、专利权、著作权等知识产权中的财产权出质的,出质人不得自由转让或者许可他人使用。

2. 如果经出质人与质权人协商同意,出质人可以转让或者许可他人使用出质的注册商标专用权、专利权、著作权等知识产权中的财产权。转让或者许可他人使用出质的注册商标专用权、专利权、著作权等知识产权中的财产权所得的价款,应当向质权人提前清偿债务或者提存。

表 5-6 知识产权中财产权出质有关规定对比

| 《民法典》 | 《物权法》(已废止) |
| --- | --- |
| 第 444 条<br>以注册商标专用权、专利权、著作权等知识产权中的财产权出质的,<u>质权自办理出质登记时设立</u>。<br>知识产权中的财产权出质后,出质人不得转让或者许可他人使用,但是出质人与质权人协商同意的除外。出质人转让或者许可他人使用出质的知识产权中的财产权所得的价款,应当向质权人提前清偿债务或者提存。 | 第 227 条<br>以注册商标专用权、专利权、著作权等知识产权中的财产权出质的,~~当事人应当订立书面合同。~~质权自有关主管部门办理出质登记时设立。<br>知识产权中的财产权出质后,出质人不得转让或者许可他人使用,但经出质人与质权人协商同意的除外。出质人转让或者许可他人使用出质的知识产权中的财产权所得的价款,应当向质权人提前清偿债务或者提存。 |
| **对比分析**<br>《民法典》第 444 条是在《物权法》第 227 条基础上修改而成的。与《物权法》相比,《民法典》第 444 条的主要修改之处:<br>删除了订立书面合同的要求;同时删除了登记部门的具体要求。 ||

## 141. 以"注册商标专用权"出质设立质权的法律要点是什么？

### ▲ 要点解答

依据《民法典》第440条第5项的规定，债务人或者第三人有权处分的"**可以转让的注册商标专用权的财产权**"可以出质。以"注册商标专用权"设立质权，是指以注册商标专用权中的**财产权**为标的设立质权。

1. 以注册商标专用权出质的，出质人与质权人应当采用书面形式订立质押合同。

《民法典》第427条规定了质押合同的一般条款内容，"设立质权，当事人应当采用书面形式订立质押合同。质押合同一般包括下列条款：（一）被担保债权的种类和数额；（二）债务人履行债务的期限；（三）质押财产的名称、数量等情况；（四）担保的范围；（五）质押财产交付的时间、方式"。

另外，《注册商标专用权质押登记程序规定》①对注册商标专用权质权合同的内容条款也作出了相应规定。其中第5条规定："注册商标专用权质权合同一般包括以下内容：（一）出质人、质权人的姓名（名称）及住址；（二）被担保的债权种类、数额；（三）债务人履行债务的期限；（四）出质注册商标的清单（列明注册商标的注册号、类别及专用期）；（五）担保的范围；（六）当事人约定的其他事项。"

2. 以注册商标专用权出质的，质权自办理出质登记时设立。

《民法典》第444条第1款规定："以注册商标专用权、专利权、著作权等知识产权中的财产权出质的，**质权自办理出质登记时设立**。"

《注册商标专用权质押登记程序规定》第2条规定："自然人、法人或者其他组

---

① 国家知识产权局于2020年4月22日发布《注册商标专用权质押登记程序规定》，该规定自2020年5月1日起施行。

织以其注册商标专用权出质的,出质人与质权人应当订立书面合同,并向国家知识产权局办理质权登记。质权登记申请应由质权人和出质人共同提出。质权人和出质人可以直接向国家知识产权局申请,也可以委托商标代理机构代理办理。在中国没有经常居所或者营业所的外国人或者外国企业应当委托代理机构办理。"

3. 申请注册商标专用权质权登记应提交的文件。

《注册商标专用权质押登记程序规定》第 4 条规定:"申请注册商标专用权质权登记的,应提交下列文件:

(一)申请人签字或者盖章的《商标专用权质权登记申请书》;

(二)主合同和注册商标专用权质权合同;

(三)申请人签署的承诺书;

(四)委托商标代理机构办理的,还应当提交商标代理委托书。

上述文件为外文的,应当同时提交其中文译文。中文译文应当由翻译单位和翻译人员签字盖章确认。"

# 142. 以"专利权"出质设立质权的法律要点是什么?

### ▶ 要点解答

依据《民法典》第 440 条第 5 项之规定,债务人或者第三人有权处分的"可以转让的专利权中的财产权"可以出质。因此,以专利权设立质权,是指以专利权中的**财产权**为标的设立质权。

> ▶▶ 关联知识点
>
> 专利权的客体分为三种:发明、实用新型和外观设计。

> 依据《专利法》(2020年修正)第2条之规定,"本法所称的发明创造是指发明、实用新型和外观设计。
>
> 发明,是指对产品、方法或者其改进所提出的新的技术方案。
>
> 实用新型,是指对产品的形状、构造或者其结合所提出的适于实用的新的技术方案。
>
> 外观设计,是指对产品的整体或者局部的形状、图案或者其结合以及色彩与形状、图案的结合所作出的富有美感并适于工业应用的新设计"。

1. 以专利权出质的,当事人应当采用书面形式订立质押合同。

《民法典》第427条规定了质押合同的一般条款内容,"设立质权,当事人应当采用书面形式订立质押合同。质押合同一般包括下列条款:(一)被担保债权的种类和数额;(二)债务人履行债务的期限;(三)质押财产的名称、数量等情况;(四)担保的范围;(五)质押财产交付的时间、方式"。

另外,《专利权质押登记办法》①(2021年版)也对专利权质押合同作出了相关规定。

第3条规定:"以专利权出质的,出质人与质权人应当订立书面合同。质押合同可以是单独订立的合同,也可以是主合同中的担保条款。"

第8条规定:"当事人提交的专利权质押合同应当包括以下与质押登记相关的内容:(一)当事人的姓名或名称、地址;(二)被担保债权的种类和数额;(三)债务人履行债务的期限;(四)专利权项数以及每项专利权的名称、专利号、申请日、授权公告日;(五)质押担保的范围。"

第9条规定:"除本办法第八条规定的事项外,当事人可以在专利权质押合同中约定下列事项:(一)质押期间专利权年费的缴纳;(二)质押期间专利权的转让、实施许可;(三)质押期间专利权被宣告无效或者专利权归属发生变更时的处理;

---

① 2010年,国家知识产权局制定发布了《专利权质押登记办法》(局令第56号)。2021年11月15日,国家知识产权局发布了修改后的《专利权质押登记办法》,自发布之日起施行。

(四)实现质权时,相关技术资料的交付;(五)已办理质押登记的同一申请人的实用新型有同样的发明创造于同日申请发明专利、质押期间该发明申请被授予专利权的情形处理。"

2.以专利权出质的,质权自办理出质登记时设立。

《民法典》第444条第1款规定:"以注册商标专用权、专利权、著作权等知识产权中的财产权出质的,质权自办理出质登记时设立。"

《专利权质押登记办法》第2条规定:"国家知识产权局负责专利权质押登记工作。"

《专利权质押登记办法》第3条第3款规定:"出质人和质权人应共同向国家知识产权局办理专利权质押登记,专利权质权自国家知识产权局登记时设立。"

3.申请专利权质押登记应提交的文件。

《专利权质押登记办法》第7条规定:"申请专利权质押登记的,当事人应当向国家知识产权局提交下列文件:

(一)出质人和质权人共同签字或盖章的专利权质押登记申请表;

(二)专利权质押合同;

(三)双方当事人的身份证明,或当事人签署的相关承诺书;

(四)委托代理的,注明委托权限的委托书;

(五)其他需要提供的材料。

专利权经过资产评估的,当事人还应当提交资产评估报告。

除身份证明外,当事人提交的其他各种文件应当使用中文。身份证明是外文的,当事人应当附送中文译文;未附送的,视为未提交。

当事人通过互联网在线办理专利权质押登记手续的,应当对所提交电子件与纸件原件的一致性作出承诺,并于事后补交纸件原件。"

## 143. 以"著作权"出质设立质权的法律要点是什么？

### 要点解答

著作权包括人身权和财产权。

依据《民法典》第 440 条第 5 项之规定，债务人或者第三人有权处分的"<u>可以转让的著作权中的财产权</u>"可以出质。

依据《著作权法》（2020 年修正）第 10 条的规定，著作权包括人身权和财产权。其中人身权主要包括发表权、署名权、修改权、保护作品完整权；财产权主要包括复制权、发行权、出租权、展览权、表演权、放映权、广播权、信息网络传播权、摄制权、改编权、翻译权、汇编权等，这些权利使作者能够通过对作品的各种利用方式获得经济利益。

以"著作权"设立质权，是指以著作权中的**财产权**为标的设立质权。

1. 以著作权出质的，当事人应当采用书面形式订立质押合同。

《民法典》第 427 条第 1 款规定："设立质权，当事人应当采用书面形式订立质押合同。"

《著作权质权登记办法》①也对著作权质押合同作出了相关规定。该办法第 7 条规定："著作权质权合同一般包括以下内容：（一）出质人和质权人的基本信息；（二）被担保债权的种类和数额；（三）债务人履行债务的期限；（四）出质著作权的内容和保护期；（五）质权担保的范围和期限；（六）当事人约定的其他事项。"

2. 以著作权出质的，质权自办理出质登记时设立。

《民法典》第 444 条第 1 款规定："以注册商标专用权、专利权、著作权等知识

---

① 国家版权局于 2010 年 11 月发布了《著作权质权登记办法》，该办法自 2011 年 1 月 1 日起施行。

产权中的财产权出质的,<u>质权自办理出质登记时设立</u>。"

《著作权质权登记办法》第 2 条规定:"<u>国家版权局负责著作权质权登记工作</u>。"

第 4 条规定:"以著作权出质的,出质人和质权人应当订立书面质权合同,<u>并由双方共同向登记机构办理著作权质权登记</u>。出质人和质权人可以自行办理,也可以委托代理人办理。"

第 5 条规定:"著作权质权的设立、变更、转让和消灭,<u>自记载于《著作权质权登记簿》</u>时发生效力。"

3.申请著作权质权登记应提交的文件。

《著作权质权登记办法》第 6 条规定:"<u>申请著作权质权登记的,应提交下列文件</u>:

(一)著作权质权登记申请表;

(二)出质人和质权人的身份证明;

(三)主合同和著作权质权合同;

(四)委托代理人办理的,提交委托书和受托人的身份证明;

(五)以共有的著作权出质的,提交共有人同意出质的书面文件;

(六)出质前授权他人使用的,提交授权合同;

(七)出质的著作权经过价值评估的、质权人要求价值评估的或相关法律法规要求价值评估的,提交有效的价值评估报告;

(八)其他需要提供的材料。

提交的文件是外文的,需同时附送中文译本。"

## 相关规定

《著作权法》(2020 年修正)第 10 条

<u>著作权包括下列人身权和财产权</u>:

(一)发表权,即决定作品是否公之于众的权利;

(二)署名权,即表明作者身份,在作品上署名的权利;

（三）修改权，即修改或者授权他人修改作品的权利；

（四）保护作品完整权，即保护作品不受歪曲、篡改的权利；

（五）复制权，即以印刷、复印、拓印、录音、录像、翻录、翻拍、数字化等方式将作品制作一份或者多份的权利；

（六）发行权，即以出售或者赠与方式向公众提供作品的原件或者复制件的权利；

（七）出租权，即有偿许可他人临时使用视听作品、计算机软件的原件或者复制件的权利，计算机软件不是出租的主要标的的除外；

（八）展览权，即公开陈列美术作品、摄影作品的原件或者复制件的权利；

（九）表演权，即公开表演作品，以及用各种手段公开播送作品的表演的权利；

（十）放映权，即通过放映机、幻灯机等技术设备公开再现美术、摄影、视听作品等的权利；

（十一）广播权，即以有线或者无线方式公开传播或者转播作品，以及通过扩音器或者其他传送符号、声音、图像的类似工具向公众传播广播的作品的权利，但不包括本款第十二项规定的权利；

（十二）信息网络传播权，即以有线或者无线方式向公众提供，使公众可以在其选定的时间和地点获得作品的权利；

（十三）摄制权，即以摄制视听作品的方法将作品固定在载体上的权利；

（十四）改编权，即改变作品，创作出具有独创性的新作品的权利；

（十五）翻译权，即将作品从一种语言文字转换成另一种语言文字的权利；

（十六）汇编权，即将作品或者作品的片段通过选择或者编排，汇集成新作品的权利；

（十七）应当由著作权人享有的其他权利。

著作权人可以许可他人行使前款第五项至第十七项规定的权利，并依照约定或者本法有关规定获得报酬。

著作权人可以全部或者部分转让本条第一款第五项至第十七项规定的权利，并依照约定或者本法有关规定获得报酬。

## 专题 7

# 应收账款质权

## 144. 关于应收账款质权的一般规定是什么？

▲ 要点解答

《民法典》第 440 条第 6 项规定，债务人或者第三人有权处分的"现有的以及将有的应收账款"可以出质。

在应收账款质押问题上，与《物权法》第 223 条相比，《民法典》第 440 条最大的变化是将可出质的应收账款由"现有的应收账款"扩及"现有的以及将有的应收账款"，扩张了可出质的应收账款的范围。

1. 什么是"应收账款"？

《动产和权利担保统一登记办法》[①]第 3 条规定：

"本办法所称**应收账款**是指应收账款债权人因提供一定的货物、服务或设施而获得的要求应收账款债务人付款的权利以及依法享有的其他付款请求权，包括现有的以及将有的金钱债权，但不包括因票据或其他有价证券而产生的付款请求权，以及法律、行政法规禁止转让的付款请求权。

本办法所称的**应收账款包括下列权利**：

---

[①] 2021 年 12 月，为贯彻落实国务院颁布的《关于实施动产和权利担保统一登记的决定》，规范动产和权利担保统一登记，中国人民银行正式发布了《动产和权利担保统一登记办法》(中国人民银行令〔2021〕第 7 号)。该办法自 2022 年 2 月 1 日起施行，《应收账款质押登记办法》同时废止。

（一）销售、出租产生的债权，包括销售货物，供应水、电、气、暖，知识产权的许可使用，出租动产或不动产等；

（二）提供医疗、教育、旅游等服务或劳务产生的债权；

（三）能源、交通运输、水利、环境保护、市政工程等基础设施和公用事业项目收益权；

（四）提供贷款或其他信用活动产生的债权；

（五）其他以合同为基础的具有金钱给付内容的债权。"

2. 以应收账款出质的，应当采用书面形式订立质押合同。

依据《民法典》第427条第1款之规定，"设立质权，当事人应当采用书面形式订立质押合同"。

因此，以应收账款出质的，**当事人应当采用书面形式订立应收账款质押合同**。

3. 以应收账款出质的，质权自办理出质登记时设立。

依据《民法典》第445条第1款之规定，"**以应收账款出质的，质权自办理出质登记时设立**"。

依据《国务院关于实施动产和权利担保统一登记的决定》（国发〔2020〕18号）的规定，自2021年1月1日起，在全国范围内实施动产和权利担保统一登记，并将应收账款质押纳入动产和权利担保统一登记范围，由当事人通过中国人民银行征信中心动产融资统一登记公示系统自主办理登记。

中国人民银行征信中心是应收账款质押的登记机构，该征信中心建立基于互联网的动产融资统一登记公示系统为社会公众提供应收账款质押登记和查询服务。

4. 应收账款出质后不得随意转让。

《民法典》第445条第2款规定的是应收账款出质后对出质人权利的限制，依据该条款的规定，应收账款出质后，不得转让，但是出质人与质权人协商同意的除外。出质人转让应收账款所得的价款，应当向质权人提前清偿债务或者提存。

表5-7 应收账款出质有关规定对比

| 《民法典》 | 《物权法》(已废止) |
|---|---|
| 第440条<br>　　债务人或者第三人有权处分的下列权利可以出质：<br>　　(一)汇票、本票、支票；<br>　　(二)债券、存款单；<br>　　(三)仓单、提单；<br>　　(四)可以转让的基金份额、股权；<br>　　(五)可以转让的注册商标专用权、专利权、著作权等知识产权中的财产权；<br>　　(六)<u>现有的以及将有的应收账款</u>；<br>　　(七)法律、行政法规规定可以出质的其他财产权利。 | 第223条<br>　　债务人或者第三人有权处分的下列权利可以出质：<br>　　(一)汇票、支票、本票；<br>　　(二)债券、存款单；<br>　　(三)仓单、提单；<br>　　(四)可以转让的基金份额、股权；<br>　　(五)可以转让的注册商标专用权、专利权、著作权等知识产权中的财产权；<br>　　(六)<u>应收账款</u>；<br>　　(七)法律、行政法规规定可以出质的其他财产权利。 |
| 第445条<br>　　以应收账款出质的，质权自办理出质登记时设立。<br>　　应收账款出质后，不得转让，但是出质人与质权人协商同意的除外。出质人转让应收账款所得的价款，应当向质权人提前清偿债务或者提存。 | 第228条<br>　　以应收账款出质的，~~当事人应当订立书面合同~~。质权自信贷征信机构办理出质登记时设立。<br>　　应收账款出质后，不得转让，但经出质人与质权人协商同意的除外。出质人转让应收账款所得的价款，应当向质权人提前清偿债务或者提存。 |
| **对比分析**<br>　　《民法典》第440条是在《物权法》第223条基础上修改而成的。与《物权法》相比，《民法典》第440条主要修改之处：在第6项应收账款之前增加定语"现有的以及将有的"，即将"应收账款"**修改为**"现有的以及将有的应收账款"。<br>　　《民法典》第445条是在《物权法》第228条基础上修改而成的。与《物权法》相比，《民法典》第445条的主要修改之处：<br>　　1. 删去了"当事人应当订立书面合同"这一表述，主要是因为《民法典》第427条第1款已经规定了设立质权，当事人应当采用书面形式订立质押合同。<br>　　2. 将办理质权登记的"信贷征信机构"删去。 ||

# 145. 以现有的应收账款出质，应收账款债务人确认应收账款真实性的法律责任是什么？

## 要点解答

现有的应收账款是指已经有合同基础的应收账款，至于履行期限是否已经届满或者能否实际请求履行则在所不问。在以现有的应收账款出质的情况下,存在质权人、出质人(应收账款债权人)以及应收账款债务人三方之间的利益关系。

### ➤ 一、应收账款债务人向质权人确认应收账款的真实性

依据《民法典担保制度解释》第 61 条第 1 款的规定,以现有的应收账款出质,如果应收账款债务人向质权人确认应收账款的真实性后,又以应收账款不存在或者已经消灭为由主张不承担责任的,人民法院不予支持。

### ➤ 二、应收账款债务人未确认应收账款的真实性

在应收账款质押业务中,如果质权人以书面方式询问应收账款债务人,请求其确认应收账款是否真实存在以及应收账款的具体数额时,应收账款债务人往往是不会给质权人作任何回复的,即应收账款债务人未向质权人确认应收账款的真实性。

依据《民法典担保制度解释》第 61 条第 2 款的规定,以现有的应收账款出质,如果应收账款债务人未确认应收账款的真实性,当出现债务人不履行到期债务或者发生当事人约定的实现质权的情形,质权人以应收账款债务人为被告,请求就应收账款优先受偿的,应区分不同情形:

1. 如果质权人能够举证证明办理出质登记时应收账款真实存在的,人民法院应予支持其优先受偿权。

2. 如果质权人不能举证证明办理出质登记时应收账款真实存在,仅以已经办理出质登记为由,请求就应收账款优先受偿的,人民法院不予支持。

### ➤ 三、应收账款质押的通知对抗制度

依据《民法典担保制度解释》第 61 条第 3 款的规定,以现有的应收账款出质,应收账款债务人已经向应收账款债权人履行了债务,质权人请求应收账款债务人履行债务的,人民法院不予支持,但是应收账款债务人接到质权人要求向其履行的通知后,仍然向应收账款债权人履行的除外。

因此,质权人将应收账款已经设立质权的事实通知应收账款债务人后,应收账款债务人就不得再向应收账款债权人履行;如果应收账款债务人仍然向债权人履行,就可能面临对质权人承担违约责任或其他法律后果的风险。

> **关联知识点**
>
> ➢ **债权转让的通知义务**
>
> 《民法典》第546条规定:"债权人转让债权,<u>未通知债务人的,该转让对债务人不发生效力</u>。债权转让的通知不得撤销,但是经受让人同意的除外。"

## 146. 以"将有的应收账款"设立质权的法律要点是什么?

**要点解答**

➢ **一、将有的应收账款可以出质**

《民法典》第440条第6项规定,债务人或者第三人有权处分的"现有的以及**将有的应收账款**"可以出质。

在应收账款质押问题上,与《物权法》第223条相比,《民法典》第440条最大的变化是将可出质的应收账款由"现有的应收账款"扩及"现有的以及**将有的应收账款**",扩张了可出质的应收账款的范围。

依据《民法典担保制度解释》第61条第4款的规定,将有的应收账款主要包括以下三种情形:以基础设施和公用事业项目收益权、提供服务或者劳务产生的债权以及其他将有的应收账款。

另外,《动产和权利担保统一登记办法》[①]第3条第2款规定:"本办法所称的

---

[①] 2021年12月,为贯彻落实国务院颁布的《关于实施动产和权利担保统一登记的决定》,规范动产和权利担保统一登记,中国人民银行正式发布了《动产和权利担保统一登记办法》(中国人民银行令〔2021〕第7号)。该办法自2022年2月1日起施行,《应收账款质押登记办法》同时废止。

应收账款包括下列权利：

（一）销售、出租产生的债权，包括销售货物，供应水、电、气、暖，知识产权的许可使用，出租动产或不动产等；

（二）提供医疗、教育、旅游等服务或劳务产生的债权；

（三）能源、交通运输、水利、环境保护、市政工程等基础设施和公用事业项目收益权；

（四）提供贷款或其他信用活动产生的债权；

（五）其他以合同为基础的具有金钱给付内容的债权。"

这里出现的"提供医疗、教育、旅游等服务或劳务产生的债权"以及"能源、交通运输、水利、环境保护、市政工程等基础设施和公用事业项目收益权"，主要是针对"**将有的应收账款**"的权利。

### ➢ 二、将有的应收账款出质与特定账户设立的关系

依据《民法典担保制度解释》第 61 条第 4 款之规定，以基础设施和公用事业项目收益权、提供服务或者劳务产生的债权以及其他将有的应收账款出质，**当事人为应收账款设立特定账户**，当发生法定或者约定的质权实现事由时：

1. 质权人请求就该特定账户内的款项优先受偿的，人民法院应予支持；

2. 如果特定账户内的款项不足以清偿债务或者未设立特定账户，质权人请求折价或者拍卖、变卖项目收益权等将有的应收账款，并以所得的价款优先受偿的，人民法院依法予以支持。

### 📂 相关规定

《民法典担保制度解释》第 61 条第 4 款

以基础设施和公用事业项目收益权、提供服务或者劳务产生的债权以及其他将有的应收账款出质，当事人为应收账款设立特定账户，发生法定或者约定的质权实现事由时，质权人请求就该特定账户内的款项优先受偿的，人民法院应予支持；特定账户内的款项不足以清偿债务或者未设立特定账户，质权人请求折价或者拍卖、变卖项目收益权等将有的应收账款，并以所得的价款优先受偿的，人民法院依法予以支持。

# 第六章

**CHAPTER 6**

# 与授信业务相关的犯罪行为的识别与防范

## 147. 违法发放贷款罪的相关规定有哪些？

### 要点解答

> 一、《刑法》关于违法发放贷款罪的规定

《刑法》(2023年修正)第186条规定:银行或者其他金融机构的工作人员违反国家规定发放贷款,数额巨大或者造成重大损失的,处5年以下有期徒刑或者拘役,并处1万元以上10万元以下罚金;数额特别巨大或者造成特别重大损失的,处5年以上有期徒刑,并处2万元以上20万元以下罚金。

银行或者其他金融机构的工作人员违反国家规定,向关系人发放贷款的,依照前款的规定从重处罚。

单位犯前两款罪的,对单位判处罚金,并对其直接负责的主管人员和其他直接责任人员,依照前两款的规定处罚。

关系人的范围,依照《商业银行法》和有关金融法规确定。

> 二、关于违法发放贷款罪的立案追诉标准

最高人民法院《全国法院审理金融犯罪案件工作座谈会纪要》(法〔2001〕8号)规定:

(二)关于破坏金融管理秩序罪

……

4.破坏金融管理秩序相关犯罪数额和情节的认定

关于违法发放贷款罪。银行或者其他金融机构工作人员违反法律、行政法规规定,向关系人以外的其他人发放贷款,造成50万~100万元以上损失的,可以认定为"造成重大损失";造成300万~500万元以上损失的,可以认定为"造成特别重大损失"。……

由于各地经济发展不平衡,各省、自治区、直辖市高级人民法院可参照上述数

额标准或幅度,根据本地的具体情况,确定在本地区掌握的具体标准。

《最高人民检察院、公安部关于公安机关管辖的刑事案件立案追诉标准的规定(二)》(公通字〔2022〕12号)第37条[违法发放贷款案(刑法第一百八十六条)]规定:

银行或者其他金融机构及其工作人员违反国家规定发放贷款,涉嫌下列情形之一的,应予立案追诉:

(一)违法发放贷款,数额在二百万元以上的;

(二)违法发放贷款,造成直接经济损失数额在五十万元以上的。

> **三、关于违法发放贷款罪的要点总结**

1. 关系人的范围。

根据《商业银行法》(2015年修正)第40条的规定:商业银行不得向关系人发放信用贷款;向关系人发放担保贷款的条件不得优于其他借款人同类贷款的条件。

前款所称关系人是指:

(1)商业银行的董事、监事、管理人员、信贷业务人员及其近亲属;

(2)前项所列人员投资或者担任高级管理职务的公司、企业和其他经济组织。

2. 如何理解违法发放贷款罪中的"国家规定"?

本罪构成犯罪的前提条件是行为人发放贷款的行为必须<u>违反国家规定</u>。

《刑法》第96条规定:"本法所称<u>违反国家规定,是指违反全国人民代表大会及其常务委员会制定的法律和决定,国务院制定的行政法规、规定的行政措施、发布的决定和命令</u>。"

《最高人民法院关于准确理解和适用刑法中"国家规定"的有关问题的通知》(法发〔2011〕155号)规定:"一、根据<u>刑法第九十六的规定,刑法中的'国家规定'是指</u>,全国人民代表大会及其常务委员会制定的法律和决定,国务院制定的行政法规、规定的行政措施、发布的决定和命令。其中,'国务院规定的行政措施'应当由国务院决定,通常以行政法规或者国务院制发文件的形式加以规定。以国务院办公厅名义制发的文件,符合以下条件的,亦应视为刑法中的'国家规定':(1)有明确的法律依据或者同相关行政法规不相抵触;(2)经国务院常务会议讨论通过或者经国务院批准;(3)在国务院公报上公开发布。"

如果严格按照上述规定,属于国家规定的规范性文件的制定主体只能是全国人大及其常委会和国务院,《中国人民银行法》《商业银行法》才属于国家规定,而国务院各部委制定的规章、地方人大及其常委会制定的地方性法规和地方政府制定的规章均不属于"国家规定"。

但是《商业银行法》对于贷款业务的规定多是原则性规定,如《商业银行法》(2015年修正)第35条第1款规定:"商业银行贷款,应当对借款人的借款用途、偿还能力、还款方式等情况<u>进行严格审查</u>。"第36条规定:"商业银行贷款,借款人应当提供担保。商业银行应当对保证人的偿还能力,抵押物、质物的权属和价值以及实现抵押权、质权的可行性<u>进行严格审查</u>。经商业银行审查、评估,确认借款人资信良好,确能偿还贷款的,可以不提供担保。"但是对于对借款人的借款用途、偿还能力、还款方式等情况进行严格审查的标准以及借款人资信良好的标准等,《商业银行法》并未作出明确规定。

由于贷款的发放具有较强的专业性和可操作性,一般是由中国人民银行、银保监会(现为国家金融监督管理总局)作为金融监管机构,根据全国人大或国务院颁布的原则性规定制定细则性规定或其他行业指导性规定。

在司法实践中,一些关于违法发放贷款罪的刑事案件中,确实存在有法院引用《贷款通则》、《流动资金贷款管理暂行办法》(已失效)、《个人贷款管理暂行办法》(已失效)、《固定资产贷款管理暂行办法》(已失效)的刑事判决书,这也对商业银行及其工作人员起到了强烈的警示作用。

因此,建议商业银行工作人员在发放贷款过程中,除遵守《商业银行法》外,还必须遵守国家金融监督管理总局下发的相关规定,如2024年7月1日起施行的三个办法,即《固定资产贷款管理办法》《流动资金贷款管理办法》《个人贷款管理办法》。

3. 存在违法发放贷款的行为,即便贷款全部收回,仍可能构成违规发放贷款罪。

很多银行从业人员向我们咨询过这个问题:"即便存在违法发放贷款的行为,如果贷款最终能全部收回且未给银行造成损失,是否就不会构成违规发放贷款罪?"

我们认为,如果存在违法发放贷款的行为,贷款最终能全部收回且未给银行造成损失,也可能会构成违法发放贷款罪。

关于违法发放贷款罪的立案追诉标准,《最高人民检察院、公安部关于公安机关管辖的刑事案件立案追诉标准的规定(二)》(公通字〔2022〕12号)第37条[违法发放贷款案(刑法第一百八十六条)]规定:"银行或者其他金融机构及其工作人员违反国家规定发放贷款,涉嫌下列情形之一的,应予立案追诉:

(一)违法发放贷款,数额在二百万元以上的;

(二)违法发放贷款,造成直接经济损失数额在五十万元以上的。"

按照上述规定,银行工作人员违反国家规定发放贷款,如果数额在200万元以上的,即便最后贷款本息全部收回且未造成损失,依然可能被认定为违法发放贷款罪。

4. 商业银行从业人员涉嫌违法发放贷款的主要表现形式。

(1)银行工作人员与借款人合谋,或协助借款人,通过虚构贷款项目、伪造虚假贷款资料等方式骗取贷款。

(2)对借款主体审查不严。比如银行工作人员没有仔细核实借款人的身份信息,导致冒名贷款等情况发生;比如在实际用款人与名义借款人不一致的情况,如果银行工作人员在明知这种情况或者应当有能力察觉的前提下,发放了借名贷款;比如向不具备完全民事行为能力的人(如未成年人或精神障碍者)发放贷款。

(3)对贷款用途、还款能力审查不实。

银行工作人员在办理贷款业务时,未按照规定的流程和要求对借款人的贷款用途进行任何实质性的调查和核实,没有深入调查贷款用途的真实性和合理性。比如,借款人在申请贷款时只是简单说明贷款用途为"企业经营周转",但银行工作人员既没有要求借款人提供详细的经营项目计划、资金使用安排等资料,也没有对借款人的企业实际经营状况进行了解。比如,借款人仅提供了一份购买原材料的合同作为贷款用途的证明,银行工作人员只是简单查看了合同的表面内容,没有进一步核实合同的签订方是否真实存在、合同的交易是否实际发生等。比如银行工作人员未全面评估借款人收入状况及支出情况,忽视负债情况,导致向还款能力不足的主体发放贷款等。

(4)没有对抵(质)押物的所有权进行认真核实,对抵(质)押物的价值评估不科学、不客观,没有充分考虑抵(质)押物变现的难易程度;没有认真审查评估保证人的资格条件和保证能力。

(5)明知借款人、担保人不符合相关条件,却故意隐瞒真相甚至虚假陈述。比如银行工作人员明知借款人的贷款用途违反规定或者与实际经营需求不符,或明知担保人不具备担保资格或担保能力,但银行工作人员故意隐瞒这些情况,甚至故意虚假陈述借款人或担保人的情况等。

(6)向关系人发放信用贷款,或向关系人发放担保贷款的条件优于其他借款人同类贷款条件,并造成较大损失的。

(7)其他违法发放贷款的行为。

> **关联知识点**
>
> ▶ **数罪并罚**
>
> 在银行工作人员违法发放贷款行为的背后,常常伴随着接受借款人贿赂的情况。
>
> 一旦银行工作人员在接受贿赂后,违反规定向不符合贷款条件的借款人发放贷款,那么其不仅可能涉嫌构成违法发放贷款罪,还可能涉嫌构成非国家工作人员受贿罪。在这种情况下,应当数罪并罚。人民法院会依据具体的犯罪情节、数额等因素,分别对这两种犯罪行为进行定罪量刑,进而按照数罪并罚的原则确定最终的刑罚。

## 相关规定

《商业银行法》第 52 条

商业银行的工作人员应当遵守法律、行政法规和其他各项业务管理的规定,不得有下列行为：(一)利用职务上的便利，索取、收受贿赂或者违反国家规定收受各种名义的回扣、手续费；(二)利用职务上的便利，贪污、挪用、侵占本行或者客户的资金；(三)违反规定徇私向亲属、朋友发放贷款或者提供担保；(四)在其他经济组织兼职；(五)违反法律、行政法规和业务管理规定的其他行为。

# 148. 非国家工作人员受贿罪的相关规定有哪些？

## 要点解答

### 一、《刑法》关于非国家工作人员受贿罪的规定

《刑法》(2023年修正)第163条规定："公司、企业或者其他单位的工作人员，利用职务上的便利，索取他人财物或者非法收受他人财物，为他人谋取利益，数额较大的，处三年以下有期徒刑或者拘役，并处罚金；数额巨大或者有其他严重情节的，处三年以上十年以下有期徒刑，并处罚金；数额特别巨大或者有其他特别严重情节的，处十年以上有期徒刑或者无期徒刑，并处罚金。

公司、企业或者其他单位的工作人员在经济往来中，利用职务上的便利，违反国家规定，收受各种名义的回扣、手续费，归个人所有的，依照前款的规定处罚。

国有公司、企业或者其他国有单位中从事公务的人员和国有公司、企业或者其他国有单位委派到非国有公司、企业以及其他单位从事公务的人员有前两款行为的，依照本法第三百八十五条、第三百八十六条的规定定罪处罚。"

### 二、关于非国家工作人员受贿罪的立案追诉标准

《最高人民法院、最高人民检察院关于办理贪污贿赂刑事案件适用法律若干问题的解释》(法释〔2016〕9号)第11条第1款规定：《刑法》第163条规定的**非国家工作人员受贿**、第271条规定的职务侵占罪中的"**数额较大**""数额巨大"的数额起点，按照本解释关于受贿罪、贪污罪相对应的**数额标准规定的二倍**、五倍

执行。

《最高人民检察院、公安部关于公安机关管辖的刑事案件立案追诉标准的规定(二)》(公通字〔2022〕12号)第10条［非国家工作人员受贿案(刑法第一百六十三条)］规定：公司、企业或者其他单位的工作人员利用职务上的便利，索取他人财物或者非法收受他人财物，为他人谋取利益，或者在经济往来中，利用职务上的便利，违反国家规定，收受各种名义的回扣、手续费，归个人所有，<u>数额在3万元以上的</u>，应予立案追诉。

> **三、关于非国家工作人员受贿罪的要点总结**

非国家工作人员受贿罪，是指公司、企业或者其他单位的工作人员利用职务上的便利，索取他人财物或者非法收受他人财物，为他人谋取利益，数额较大的行为。

本罪的构成要件：

1. 本罪的主体是特殊主体，即公司、企业或者其他单位的工作人员。

这里的"公司、企业或者其他单位"，既包括非国有公司、企业或者其他非国有单位，也包括国有公司、企业或者其他国有单位。但是，只有公司、企业或者其他单位中的<u>非国家工作人员</u>才能成为本罪的主体。

另外，国有公司、企业或者其他国有单位中<u>从事公务的人员</u>和国有公司、企业或者其他国有单位委派到非国有公司、企业或者其他非国有单位<u>从事公务的人员</u>利用职务上的便利受贿的，<u>应当依照受贿罪</u>追究刑事责任。

2. 本罪主观方面是故意，行为人明知自己索取、收受贿赂的行为会发生侵犯职务行为不可收买性的结果，并且希望或者放任这种结果发生。

3. 本罪侵犯的客体是公司、企业或者其他单位的正常管理秩序。

4. 本罪客观方面表现为行为人利用职务上的便利，索取他人财物或者非法收受他人财物，为他人谋取利益，数额较大的行为。构成本罪，必须在客观上具备以下要素：

第一，行为人实施了索取或者非法收受他人财物，为他人谋取利益的行为。

第二，行为人的上述行为系利用职务上的便利实施。其中，"利用职务上的便利"，是指公司、企业或者其他单位的工作人员利用自己职务上组织、领导、监管、主管、经管、负责某项工作的便利条件。

第三,行为人索取或者非法收受他人财物达到"数额较大"的标准。

另外应当注意,依照《刑法》第163条第2款的规定,公司、企业或其他单位的工作人员在经济往来中,利用职务上的便利,违反国家规定,<u>收受各种名义的回扣、手续费</u>,归个人所有的,应以<u>非国家工作人员受贿罪论处</u>。

## 149. 违规出具金融票证罪的相关规定有哪些?

### 要点解答

> **一、《刑法》关于违规出具金融票证罪的规定**

《刑法》(2023年修正)第188条规定:银行或者其他金融机构的工作人员违反规定,为他人出具信用证或者其他保函、票据、存单、资信证明,情节严重的,处5年以下有期徒刑或者拘役;情节特别严重的,处5年以上有期徒刑。

单位犯前款罪的,对单位判处罚金,并对其直接负责的主管人员和其他直接责任人员,依照前款的规定处罚。

> **二、关于违规出具金融票证罪的立案追诉标准**

《最高人民检察院、公安部关于公安机关管辖的刑事案件立案追诉标准的规定(二)》(公通字〔2022〕12号)第39条[违规出具金融票证案(刑法第一百八十八条)]规定:银行或者其他金融机构及其工作人员违反规定,为他人出具信用证或者其他保函、票据、存单、资信证明,涉嫌下列情形之一的,应予立案追诉:

(1)违反规定为他人出具信用证或者其他保函、票据、存单、资信证明,数额在200万元以上的;

(2)违反规定为他人出具信用证或者其他保函、票据、存单、资信证明,造成直接经济损失数额在50万元以上的;

(3)多次违规出具信用证或者其他保函、票据、存单、资信证明的;

(4)接受贿赂违规出具信用证或者其他保函、票据、存单、资信证明的;

(5)其他情节严重的情形。

### ▶ 三、关于违规出具金融票证罪的要点总结

违规出具金融票证罪,是指银行或者其他金融机构的工作人员违反规定,为他人出具信用证或者其他保函、票据、存单、资信证明,情节严重的行为。

1. 本罪的主体是银行或者其他金融机构及其工作人员。

2. 本罪在主观上表现为故意。

3. 本罪侵犯的客体是国家对金融票证的管理秩序和金融机构的信誉及资金安全。

4. 本罪在客观上表现为银行或者其他金融机构的工作人员违反规定,为他人出具信用证或者其他保函、票据、存单、资信证明,<u>情节严重的行为</u>。

关于"行为情节严重"的具体标准,《最高人民检察院、公安部关于公安机关管辖的刑事案件立案追诉标准的规定(二)》(公通字〔2022〕12号)第39条[违规出具金融票证案(刑法第一百八十八条)]有明确规定。

# 150. 违法票据承兑、付款、保证罪的相关规定有哪些?

## 🔲 要点解答

### ▶ 一、《刑法》关于对违法票据承兑、付款、保证罪的规定

《刑法》(2023年修正)第189条规定:银行或者其他金融机构的工作人员在票据业务中,对违反票据法规定的票据予以承兑、付款或者保证,造成重大损失的,处5年以下有期徒刑或者拘役;造成特别重大损失的,处5年以上有期徒刑。

单位犯前款罪的,对单位判处罚金,并对其直接负责的主管人员和其他直接责任人员,依照前款的规定处罚。

### ▶ 二、对违法票据承兑、付款、保证罪的立案追诉标准

《最高人民检察院、公安部关于公安机关管辖的刑事案件立案追诉标准的规

定(二)》(公通字〔2022〕12 号)第 40 条［对违法票据承兑、付款、保证案(刑法第一百八十九条)］规定：

银行或者其他金融机构及其工作人员在票据业务中,对违反票据法规定的票据予以承兑、付款或者保证,<u>造成直接经济损失数额在 50 万元以上的</u>,应予立案追诉。

> **三、关于对违法票据承兑、付款、保证罪的要点总结**

对违法票据承兑、付款、保证罪,是指银行或者其他金融机构的工作人员在票据业务中,对违反票据法规定的票据予以承兑、付款或者保证,造成重大损失的行为。

1. 本罪的主体是银行或者其他金融机构及其工作人员。

2. 本罪侵犯的是复杂客体,既包括国家对票据的管理制度,也包括金融机构资金的安全。

3. 关于本罪的罪过形式为故意还是过失,但实践中存在争议。

一般认为本罪在主观方面一般表现为过失,即行为人对于承兑、付款、保证、违反票据法规定的票据可能造成重大损失是出于过失,这种过失一般是过于自信的过失。但也有观点认为本罪在主观上为故意。

4. 本罪在客观上表现为银行或者其他金融机构的工作人员在票据业务中,对违反《票据法》规定的票据予以承兑、付款或者保证,造成重大损失的行为。

本罪的客观方面包括以下几个要素：

(1)在票据业务中,对违反票据法规定的票据予以承兑、付款或者保证。这里的"承兑、付款、保证"是票据业务的三种主要方式。

(2)行为造成重大损失。至于其具体标准,《最高人民检察院、公安部关于公安机关管辖的刑事案件立案追诉标准的规定(二)》(公通字〔2022〕12 号)第 40 条［对违法票据承兑、付款、保证案(刑法第一百八十九条)］有明确规定。

## ▲ 相关规定

《票据法》(2004 年修正)第 21 条

汇票的出票人必须与付款人具有真实的委托付款关系,并且具有支付汇票金额的可靠资金来源。

不得签发无对价的汇票用以骗取银行或者其他票据当事人的资金。

《票据法》(2004年修正)第104条

金融机构工作人员在票据业务中玩忽职守,对违反本法规定的票据予以承兑、付款或者保证的,给予处分;<u>造成重大损失,构成犯罪的,依法追究刑事责任</u>。

由于金融机构工作人员因前款行为给当事人造成损失的,由该金融机构和直接责任人员依法承担赔偿责任。

# 151. 洗钱罪的相关规定有哪些？

### 要点解答

> 一、《刑法》关于洗钱罪的规定

《刑法》(2023年修正)第191条规定:为掩饰、隐瞒毒品犯罪、黑社会性质的组织犯罪、恐怖活动犯罪、走私犯罪、贪污贿赂犯罪、破坏金融管理秩序犯罪、金融诈骗犯罪的所得及其产生的收益的来源和性质,有下列行为之一的,没收实施以上犯罪的所得及其产生的收益,处5年以下有期徒刑或者拘役,并处或者单处罚金;情节严重的,处5年以上10年以下有期徒刑,并处罚金:

(1) 提供资金账户的;

(2) 将财产转换为现金、金融票据、有价证券的;

(3) 通过转账或者其他支付结算方式转移资金的;

(4) 跨境转移资产的;

(5) 以其他方法掩饰、隐瞒犯罪所得及其收益的来源和性质的。

单位犯前款罪的,对单位判处罚金,并对其直接负责的主管人员和其他直接责任人员,依照前款的规定处罚。

> 二、关于洗钱罪的立案追诉标准

《最高人民检察院、公安部关于公安机关管辖的刑事案件立案追诉标准的规

定(二)》(公通字〔2022〕12号)第43条[洗钱案(刑法第一百九十一条)]规定:为掩饰、隐瞒毒品犯罪、黑社会性质的组织犯罪、恐怖活动犯罪、走私犯罪、贪污贿赂犯罪、破坏金融管理秩序犯罪、金融诈骗犯罪的所得及其产生的收益的来源和性质,涉嫌下列情形之一的,应予立案追诉:

(1)提供资金账户的;

(2)将财产转换为现金、金融票据、有价证券的;

(3)通过转账或者其他支付结算方式转移资金的;

(4)跨境转移资产的;

(5)以其他方法掩饰、隐瞒犯罪所得及其收益的来源和性质的。

### ➤ 三、关于洗钱罪的要点总结

1.关于洗钱罪的概念以及构成要件。

洗钱罪,是指为掩饰、隐瞒毒品犯罪、黑社会性质的组织犯罪、恐怖活动犯罪、走私犯罪、贪污贿赂犯罪、破坏金融管理秩序犯罪、金融诈骗犯罪的所得及其产生的收益的来源和性质的行为。

本罪的构成要件:

(1)本罪侵犯的客体是复杂客体,即国家正常的金融管理秩序和司法机关的正常活动。本罪的对象是毒品犯罪、黑社会性质的组织犯罪、恐怖活动犯罪、走私犯罪贪污贿赂犯罪、破坏金融管理秩序犯罪、金融诈骗犯罪的所得及其产生的收益。

(2)本罪在客观上表现为行为人对毒品犯罪、黑社会性质的组织犯罪、恐怖活动犯罪、走私犯罪、贪污贿赂犯罪、破坏金融管理秩序犯罪、金融诈骗犯罪的所得及其产生的收益,实施了掩饰、隐瞒其来源和性质的行为。这就是通常所谓的洗钱。

《刑法》将掩饰、隐瞒的行为方式规定为如下五种:(1)提供资金账户的;(2)将财产转换为现金、金融票据、有价证券的;(3)通过转账或者其他支付结算方式转移资金的;(4)跨境转移资产的;(5)以其他方法掩饰、隐瞒犯罪所得及其收益的来源和性质的。

（3）本罪的主体是一般主体，包括任何已满16周岁、具有刑事责任能力的自然人和单位。

（4）本罪在主观方面表现为故意。

（5）《最高人民法院、最高人民检察院关于办理洗钱刑事案件适用法律若干问题的解释》（法释〔2024〕10号）第2条、第3条规定："知道或者应当知道是他人实施刑法第一百九十一条规定的上游犯罪的所得及其产生的收益，为掩饰、隐瞒其来源和性质，实施该条第一款规定的洗钱行为的，依照刑法第一百九十一条的规定定罪处罚。

认定'知道或者应当知道'，应当根据行为人所接触、接收的信息，经手他人犯罪所得及其收益的情况，犯罪所得及其收益的种类、数额，犯罪所得及其收益的转移、转换方式，交易行为、资金账户等异常情况，结合行为人职业经历、与上游犯罪人员之间的关系以及其供述和辩解，同案人指证和证人证言等情况综合审查判断。有证据证明行为人确实不知道的除外。"

2.《关于办理洗钱刑事案件适用法律若干问题的解释》出台的意义。

2024年8月19日最高人民法院和最高人民检察院联合举行新闻发布会，正式发布了**《关于办理洗钱刑事案件适用法律若干问题的解释》**，该司法解释自2024年8月20日起施行，且《最高人民法院关于审理洗钱等刑事案件具体应用法律若干问题的解释》（法释〔2009〕15号）同时废止。这一司法解释的发布，旨在进一步明确洗钱罪的相关法律适用问题，加大反洗钱的工作力度，维护国家经济金融安全和社会稳定。

**《关于办理洗钱刑事案件适用法律若干问题的解释》详细规定了洗钱犯罪的认定标准、情节严重的界定、处罚原则等内容。比如：**

该司法解释第4条规定："洗钱数额在五百万元以上的，且具有下列情形之一的，应当认定为刑法第一百九十一条规定的'情节严重'：

（一）多次实施洗钱行为的；

（二）拒不配合财物追缴，致使赃款赃物无法追缴的；

（三）造成损失二百五十万元以上的；

(四)造成其他严重后果的。

二次以上实施洗钱犯罪行为,依法应予刑事处理而未经处理的,洗钱数额累计计算。"

该司法解释第5条规定:"为掩饰、隐瞒实施刑法第一百九十一条规定的上游犯罪的所得及其产生的收益的来源和性质,**实施下列行为之一的**,可以认定为刑法第一百九十一条第一款第五项规定的'以其他方法掩饰、隐瞒犯罪所得及其收益的来源和性质':

(一)通过典当、租赁、买卖、投资、拍卖、购买金融产品等方式,转移、转换犯罪所得及其收益的;

(二)通过与商场、饭店、娱乐场所等现金密集型场所的经营收入相混合的方式,转移、转换犯罪所得及其收益的;

(三)通过虚构交易、虚设债权债务、虚假担保、虚报收入等方式,转移、转换犯罪所得及其收益的;

(四)通过买卖彩票、奖券、储值卡、黄金等贵金属等方式,转换犯罪所得及其收益的;

(五)通过赌博方式,将犯罪所得及其收益转换为赌博收益的;

(六)通过'虚拟资产'交易、金融资产兑换方式,转移、转换犯罪所得及其收益的;

(七)以其他方式转移、转换犯罪所得及其收益的。"

该司法解释第7条规定:"认定洗钱罪应当以上游犯罪事实成立为前提。有下列情形的,不影响洗钱罪的认定:

(一)上游犯罪尚未依法裁判,但有证据证明确实存在的;

(二)有证据证明上游犯罪确实存在,因行为人逃匿未到案的;

(三)有证据证明上游犯罪确实存在,因行为人死亡等原因依法不予追究刑事责任的;

(四)有证据证明上游犯罪确实存在,但同时构成其他犯罪而以其他罪名定罪处罚的。"

因此,建议商业银行从业人员应认真学习该司法解释,了解哪些行为属于洗钱犯罪以及相应的法律后果,从而在日常工作中严格遵守法律规定,避免触犯法律红线。另外,商业银行应根据该司法解释的要求及时修订和完善企业的反洗钱合规手册,确保政策内容与新法规保持一致。

## 152. 挪用资金罪的相关规定有哪些?

### 要点解答

> 一、《刑法》关于挪用资金罪的规定

《刑法》(2023年修正)第272条规定:公司、企业或者其他单位的工作人员,利用职务上的便利,挪用本单位资金归个人使用或者借贷给他人,数额较大、超过3个月未还的,或者虽未超过3个月,但数额较大、进行营利活动的,或者进行非法活动的,处3年以下有期徒刑或者拘役;挪用本单位资金数额巨大的,处3年以上7年以下有期徒刑;数额特别巨大的,处7年以上有期徒刑。

国有公司、企业或者其他国有单位中从事公务的人员和国有公司、企业或者其他国有单位委派到非国有公司、企业以及其他单位从事公务的人员有前款行为的,依照本法第384条的规定定罪处罚。

有第1款行为,在提起公诉前将挪用的资金退还的,可以从轻或者减轻处罚。其中,犯罪较轻的,可以减轻或者免除处罚。

> 二、关于挪用资金罪的立案追诉标准

《最高人民检察院、公安部关于公安机关管辖的刑事案件立案追诉标准的规定(二)》(公通字〔2022〕12号)第77条〔挪用资金案(刑法第二百七十二条第一款)〕第1款规定:

公司、企业或者其他单位的工作人员,利用职务上的便利,挪用本单位资金归个人使用或者借贷给他人,涉嫌下列情形之一的,应予立案追诉:

(1)挪用本单位资金数额在5万元以上,超过3个月未还的;

（2）挪用本单位资金数额在 5 万元以上，进行营利活动的；

（3）挪用本单位资金数额在 3 万元以上，进行非法活动的。

### ➤ 三、关于挪用资金罪的要点总结

挪用资金罪，是指公司、企业或者其他单位的人员，利用职务上的便利，挪用本单位资金归个人使用或者借贷给他人，数额较大、超过 3 个月未还的，或者虽未超过 3 个月，但数额较大、进行营利活动的，或者进行非法活动的行为。

1. 挪用资金罪的构成要件：

（1）本罪的客体是公司、企业或其他单位的财产权，具体侵犯的是单位对财产的占有权、使用权和收益权。犯罪对象限于本单位的资金。

（2）本罪的主体是公司、企业或者其他单位的工作人员。

国有公司、企业或者其他国有单位中从事公务的人员和国有公司、企业或者其他国有单位委派到非国有公司、企业以及其他单位的从事公务的人员不能构成本款规定的犯罪。对于上述人员挪用本单位资金的，应该按照第 2 款规定，即按照挪用公款罪定罪处罚。

另外，《最高人民法院关于对受委托管理、经营国有财产人员挪用国有资金行为如何定罪问题的批复》（法释〔2000〕5 号）规定，"对于受国家机关、国有公司、企业、事业单位、人民团体委托，管理、经营国有财产的非国家工作人员，利用职务上的便利，挪用国有资金归个人使用构成犯罪的，应当依照刑法第二百七十二条第一款的规定定罪处罚"。

（3）本罪的主观方面是直接故意。

（4）本罪的客观方面表现为利用职务上的便利，挪用单位资金归个人使用或者借贷给他人使用。

其中"利用职务上的便利"，是指利用本人在职务上主管、经管或经手单位资金的方便条件；"挪用"，是指利用职务上的便利，非法擅自动用单位资金归本人或他人使用，但准备日后退还。

2. 挪用资金的具体表现形式包括：

（1）挪用本单位资金归个人使用或者借贷给他人，数额较大、超过 3 个月未还的。

（2）挪用本单位资金，虽未超过 3 个月，但数额较大、进行营利活动的。

(3)挪用本单位资金,进行非法活动的。

### 相关规定

《最高人民法院关于如何理解刑法第二百七十二条规定的"挪用本单位资金归个人使用或者借贷给他人"问题的批复》(法释〔2000〕22号)

公司、企业或者其他单位的非国家工作人员,利用职务上的便利,挪用本单位资金归本人或者其他自然人使用,或者挪用人以个人名义将所挪用的资金借给其他自然人和单位,构成犯罪的,应当依照刑法第二百七十二条第一款的规定定罪处罚。

《最高人民检察院、公安部关于公安机关管辖的刑事案件立案追诉标准的规定(二)》(公通字〔2022〕12号)第77条第2款

具有下列情形之一的,属于本条规定的"归个人使用":

(一)将本单位资金供本人、亲友或者其他自然人使用的;

(二)以个人名义将本单位资金供其他单位使用的;

(三)个人决定以单位名义将本单位资金供其他单位使用,谋取个人利益的。

## 153. 职务侵占罪的相关规定有哪些?

### 要点解答

#### 一、《刑法》关于职务侵占罪的规定

《刑法》(2023年修正)第271条规定:公司、企业或者其他单位的工作人员,利用职务上的便利,将本单位财物非法占为己有,数额较大的,处3年以下有期徒刑或者拘役,并处罚金;数额巨大的,处3年以上10年以下有期徒刑,并处罚金;数额特别巨大的,处10年以上有期徒刑或者无期徒刑,并处罚金。

国有公司、企业或者其他国有单位中从事公务的人员和国有公司、企业或者其他国有单位委派到非国有公司、企业以及其他单位从事公务的人员有前款行为

的,依照本法第 382 条、第 383 条的规定定罪处罚。

## ➢ 二、关于职务侵占罪的立案追诉标准

《最高人民检察院、公安部关于公安机关管辖的刑事案件立案追诉标准的规定(二)》(公通字〔2022〕12 号)第 76 条[职务侵占案(刑法第二百七十一条第一款)]规定:公司、企业或者其他单位的人员,利用职务上的便利,将本单位财物非法占为己有,数额在 3 万元以上的,应予立案追诉。

## ➢ 三、关于职务侵占罪的要点总结

职务侵占罪,是指公司、企业或者其他单位的人员,利用职务上的便利,将本单位的财物非法占为己有,数额较大的行为。

本罪的构成要件:

1. 本罪的客体,是公司、企业或其他单位的财物所有权。

2. 本罪的客观方面,表现为利用职务上的便利,将本单位的财物非法占为己有,数额较大的行为。利用职务上的便利,是构成职务侵占罪的必要条件。这里"职务上的便利",是指本人的职权范围内或者因执行职务而产生的主管、经手、管理单位财物的便利条件。

3. 本罪的主体是特殊主体,即限于公司、企业或者其他单位的人员。

对于国有公司、企业或者其他国有单位中从事公务的人员和国有公司、企业或者其他国有单位委派到非国有公司、企业以及其他单位从事公务的人员,利用职务便利侵占单位财物的,应当按照《刑法》第 382 条认定为贪污罪。

另外,2001 年《最高人民法院关于在国有资本控股、参股的股份有限公司中从事管理工作的人员利用职务便利非法占有本公司财物如何定罪问题的批复》规定:"在国有资本控股、参股的股份有限公司中从事管理工作的人员,除受国家机关、国有公司、企业、事业单位委派从事公务的以外,不属于国家工作人员。对其利用职务上的便利,将本单位财物非法占为己有,数额较大的,应当依照刑法第二百七十一条第一款的规定,以职务侵占罪定罪处罚。"

《最高人民法院关于村民小组组长利用职务便利非法占有公共财物行为如何定性问题的批复》(法释〔1999〕12 号)规定:"对村民小组组长利用职务上的便利,

将村民小组集体财产非法占为己有,数额较大的行为,应当依照刑法第二百七十一条第一款的规定,以职务侵占罪定罪处罚。"

4. 本罪的主观方面为直接故意,即明知是本单位所有的财物,而希望利用职务之便非法占为己有的心理态度。

# 154. 吸收客户资金不入帐罪的相关规定有哪些?

## 要点解答

### 一、《刑法》关于吸收客户资金不入帐罪的规定

《刑法》(2023年修正)第187条规定:银行或者其他金融机构的工作人员吸收客户资金不入帐,数额巨大或者造成重大损失的,处5年以下有期徒刑或者拘役,并处2万元以上20万元以下罚金;数额特别巨大或者造成特别重大损失的,处5年以上有期徒刑,并处5万元以上50万元以下罚金。

单位犯前款罪的,对单位判处罚金,并对其直接负责的主管人员和其他直接责任人员,依照前款的规定处罚。

### 二、关于吸收客户资金不入帐罪的立案追诉标准

《最高人民检察院、公安部关于公安机关管辖的刑事案件立案追诉标准的规定(二)》(公通字〔2022〕12号)第38条〔吸收客户资金不入账案(刑法第一百八十七条)〕规定:银行或者其他金融机构及其工作人员吸收客户资金不入账,涉嫌下列情形之一的,应予立案追诉:

(1)吸收客户资金不入账,数额在200万元以上的;

(2)吸收客户资金不入账,造成直接经济损失数额在50万元以上的。

### 三、关于吸收客户资金不入帐罪的要点总结

吸收客户资金不入帐罪,是指银行或者其他金融机构的工作人员吸收客户资

金不入帐，数额巨大或者造成重大损失的行为。

吸收客户资金不入帐罪的构成要件如下：

1. 本罪的主体是特殊主体，只能是银行或者其他金融机构及其工作人员。

2. 本罪在主观方面表现为故意，即明知自己的行为会违反国家金融管理法规，将客户资金不入帐，而故意实施该行为。

3. 本罪侵犯的客体是国家对信贷资金的管理秩序和客户资金的安全。

4. 本罪的客观方面包括以下两个要素：

（1）行为人实行了吸收客户资金不入帐的行为。这里的"不入帐"，是指不按照国家金融机构的财务会计制度规定将吸收的客户资金如实记入金融机构的法定帐目，比如帐目上反映不出这笔新增款项业务，或者帐目上的记载与出具给储户的存单、存折上的记载不相符。

（2）必须达到"数额巨大或者造成重大损失"的程度。至于其具体标准，《最高人民检察院、公安部关于公安机关管辖的刑事案件立案追诉标准的规定（二）》第38条[吸收客户资金不入账案（刑法第一百八十七条）]有明确规定。

## 155. 贷款诈骗罪的相关规定有哪些？

▌ 要点解答

➤ 一、《刑法》关于贷款诈骗罪的规定

《刑法》(2023年修正)第193条规定：有下列情形之一，以非法占有为目的，诈骗银行或者其他金融机构的贷款，数额较大的，处5年以下有期徒刑或者拘役，并处2万元以上20万元以下罚金；数额巨大或者有其他严重情节的，处5年以上10年以下有期徒刑，并处5万元以上50万元以下罚金；数额特别巨大或者有其他特别严重情节的，处10年以上有期徒刑或者无期徒刑，并处5万元以上50万元以下罚金或者没收财产：

(1)编造引进资金、项目等虚假理由的;

(2)使用虚假的经济合同的;

(3)使用虚假的证明文件的;

(4)使用虚假的产权证明作担保或者超出抵押物价值重复担保的;

(5)以其他方法诈骗贷款的。

> 二、关于贷款诈骗罪的立案追诉标准

《最高人民检察院、公安部关于公安机关管辖的刑事案件立案追诉标准的规定(二)》(公通字〔2022〕12号)第45条[贷款诈骗案(刑法第一百九十三条)]规定:以非法占有为目的,诈骗银行或者其他金融机构的贷款,数额在5万元以上的,应予立案追诉。

> 三、如何认定是否具有非法占有的目的

《全国法院审理金融犯罪案件工作座谈会纪要》(法〔2001〕8号)规定,在司法实践中,认定是否具有非法占有为目的,应当坚持主客观相一致的原则,既要避免单纯根据损失结果客观归罪,也不能仅凭被告人自己的供述,而应当根据案件具体情况具体分析。根据司法实践,对于行为人通过诈骗的方法非法获取资金,造成数额较大资金不能归还,并具有下列情形之一的,可以认定为具有非法占有的目的:

(1)明知没有归还能力而大量骗取资金的;

(2)非法获取资金后逃跑的;

(3)肆意挥霍骗取资金的;

(4)使用骗取的资金进行违法犯罪活动的;

(5)抽逃、转移资金、隐匿财产,以逃避返还资金的;

(6)隐匿、销毁账目,或者搞假破产、假倒闭,以逃避返还资金的;

(7)其他非法占有资金、拒不返还的行为。但是,在处理具体案件的时候,对于有证据证明行为人不具有非法占有目的的,不能单纯以财产不能归还就按金融诈骗罪处罚。

> 四、关于贷款诈骗罪的构成要件

贷款诈骗罪是指以非法占有为目的,诈骗银行或者其他金融机构的贷款,数额较大的行为。贷款诈骗罪的构成要件如下：

1. 客体要件。

本罪侵犯的客体是双重客体，既侵犯了银行或者其他金融机构对贷款的所有权，也侵犯了国家金融管理制度。

2. 客观要件。

本罪在客观方面表现为采用虚构事实、隐瞒真相的方法诈骗银行或者其他金融机构的贷款，数额较大的行为。

3. 主体要件。

本罪的主体是一般主体，任何达到刑事责任年龄、具有刑事责任能力的自然人均可构成，单位不能成为本罪的主体。如果银行或其他金融机构的工作人员与诈骗贷款的犯罪分子串通并为之提供诈骗贷款帮助的，应以贷款诈骗罪的共犯论处。

4. 主观要件。

本罪在主观上由故意构成，且以非法占有为目的。如果行为人不具有非法占有的目的，虽然其在申请贷款时使用了欺骗手段，也不构成本罪。

# 156. 骗取贷款、票据承兑、金融票证罪的相关规定有哪些？

## 要点解答

### 一、《刑法》关于骗取贷款、票据承兑、金融票证罪的规定

《刑法》（2023年修正）第175条之一规定：以欺骗手段取得银行或者其他金融机构贷款、票据承兑、信用证、保函等，给银行或者其他金融机构造成重大损失的，处3年以下有期徒刑或者拘役，并处或者单处罚金；给银行或者其他金融机构造成特别重大损失或者有其他特别严重情节的，处3年以上7年以下有期徒刑，并处罚金。

单位犯前款罪的，对单位判处罚金，并对其直接负责的主管人员和其他直接

责任人员,依照前款的规定处罚。

> **二、关于骗取贷款、票据承兑、金融票证罪的立案追诉标准**

《最高人民检察院、公安部关于公安机关管辖的刑事案件立案追诉标准的规定(二)》(公通字〔2022〕12 号)第 22 条[骗取贷款、票据承兑、金融票证案(刑法第一百七十五条之一)]规定:以欺骗手段取得银行或者其他金融机构贷款、票据承兑、信用证、保函等,给银行或者其他金融机构造成直接经济损失数额在 50 万元以上的,应予立案追诉。

> **三、骗取贷款、票据承兑、金融票证罪与贷款诈骗罪的主要区别**

1. 主观目的不同。

贷款诈骗罪要求以非法占有为目的,而骗取贷款、票据承兑、金融票证罪不要求具有这一目的。贷款诈骗罪在骗取贷款的时候已经明确不想偿还贷款,具有非法占有贷款的目的,而骗取贷款在诈骗的时候是想要还贷款的,行为人在犯罪时想要得到的利益是贷款所滋生的获益,行为人想要获得的是贷款本身。

2. 犯罪的主体不同。

骗取贷款、票据承兑、金融票证罪的主体是一般主体,包括个人和单位,任何达到刑事责任年龄、具有刑事责任能力的自然人均可构成,而贷款诈骗罪的主体只能是自然人,单位不能成为贷款诈骗罪的主体。

3. 侵害的客体不同。

骗取贷款、票据承兑、金融票证罪的客体是金融信用制度和金融机构资金使用权,而贷款诈骗罪的客体是银行等金融机构的财产所有权以及国家有关金融管理的制度。

4. 犯罪对象不同。

骗取贷款、票据承兑、金融票证罪的犯罪对象既包括银行或者其他金融机构的贷款,也包括票据承兑、信用证、保函等贷款,而诈骗罪的犯罪对象仅限于银行或者其他金融机构的贷款。

5. 成立犯罪的条件不同。

骗取贷款、票据承兑、金融票证罪必须是给银行或者其他金融机构造成重大损失或者其他严重情节的,才能成立犯罪;而贷款诈骗罪只要是诈骗银行或者其他金融机构的贷款,数额较大就可以成立犯罪,并未要求造成重大损失或其他严重情节。

## 157. 票据诈骗罪、金融凭证诈骗罪的相关规定有哪些?

**要点解答**

> 一、《刑法》关于票据诈骗罪、金融凭证诈骗罪的规定

《刑法》(2023年修正)第194条规定:有下列情形之一,进行金融票据诈骗活动,数额较大的,处5年以下有期徒刑或者拘役,并处2万元以上20万元以下罚金;数额巨大或者有其他严重情节的,处5年以上10年以下有期徒刑,并处5万元以上50万元以下罚金;数额特别巨大或者有其他特别严重情节的,处10年以上有期徒刑或者无期徒刑,并处5万元以上50万元以下罚金或者没收财产:

(1)明知是伪造、变造的汇票、本票、支票而使用的;

(2)明知是作废的汇票、本票、支票而使用的;

(3)冒用他人的汇票、本票、支票的;

(4)签发空头支票或者与其预留印鉴不符的支票,骗取财物的;

(5)汇票、本票的出票人签发无资金保证的汇票、本票或者在出票时作虚假记载,骗取财物的。

使用伪造、变造的委托收款凭证、汇款凭证、银行存单等其他银行结算凭证的,依照前款的规定处罚。

> 二、关于票据诈骗罪、金融凭证诈骗罪的立案追诉标准

《最高人民检察院、公安部关于公安机关管辖的刑事案件立案追诉标准的规定(二)》(公通字〔2022〕12号)第46条〔票据诈骗案(刑法第一百九十四条第一款)〕规定:"进行金融票据诈骗活动,数额在5万元以上的,应予立案追诉。"

第 47 条[金融凭证诈骗案(刑法第一百九十四条第二款)]规定:使用伪造、变造的委托收款凭证、汇款凭证、银行存单等其他银行结算凭证进行诈骗活动,数额在 5 万元以上的,应予立案追诉。

> 三、关于票据诈骗罪、金融凭证诈骗罪的要点总结

票据诈骗罪是指以非法占有为目的,利用金融票据诈骗银行或者其他金融机构,数额较大的行为;金融凭证诈骗罪是指以非法占有为目的,使用伪造、变造的委托收款凭证、汇款凭证、银行存单等其他银行结算凭证进行诈骗活动,骗取财物数额较大的行为。

(一)票据诈骗罪的构成要件

1. 客体要件。

本罪侵犯双重客体,既侵犯他人的财物所有权,又侵犯国家的金融管理制度。

2. 客观要件。

本罪客观方面表现为利用金融票据进行诈骗活动,骗取财物数额较大的行为。一般表现为以下几种行为方式:

(1)明知是伪造、变造的汇票、本票、支票而使用的;

(2)明知是作废的汇票、本票、支票而使用的;

(3)冒用他人的汇票、本票、支票的;

这里所说的"冒用"通常表现为:行为人以欺诈、偷盗等非法手段获取的票据,或者明知是以上述手段取得的票据,而使用进行诈骗活动;没有代理权而以代理人名义或者超越代理权限的行为;用他人委托代为保管的或者捡拾他人遗失的票据进行使用,骗取财物的行为。

(4)签发空头支票或者与其预留印鉴不符的支票,骗取财物的;

(5)汇票、本票的出票人签发无资金保证的汇票、本票或者在出票时作虚假记载,骗取财物的。

3. 主体要件。

本罪的主体是一般主体,自然人和单位均可构成。

4. 主观要件。

本罪须由故意构成,且以非法占有为目的。如果行为人出于过失而使用金融

票据,则不构成犯罪。

(二)金融凭证诈骗罪的构成要件

1. 客体要件。

本罪侵犯的客体是复杂客体,既侵犯国家有关金融凭证的管理制度,又侵犯公私财产的所有权。

2. 客观要件。

本罪客观要件表现为使用伪造、变造的委托收款凭证、汇款凭证、银行存单等其他银行结算凭证进行诈骗活动,数额较大的行为。

3. 主体要件。

本罪的主体是一般主体,包括个人和单位。如果银行或其他金融机构的工作人员与金融凭证诈骗的犯罪分子串通,为诈骗犯罪分子提供诈骗帮助的,应以金融凭证诈骗罪共犯论处。

4. 主观要件。

本罪的主观方面必须出于故意,过失不能构成本罪。如果持有金融凭证的人所持有的金融凭证是其前手诈骗、盗窃、抢劫、抢夺而来自己却不知情的,就因为不是出于故意而不构成本罪。

## 158. 信用证诈骗罪的相关规定有哪些？

**要点解答**

> 一、《刑法》关于信用证诈骗罪的规定

《刑法》(2023 年修正)第 195 条规定:有下列情形之一,进行信用证诈骗活动的,处 5 年以下有期徒刑或者拘役,并处 2 万元以上 20 万元以下罚金;数额巨大或者有其他严重情节的,处 5 年以上 10 年以下有期徒刑,并处 5 万元以上 50 万元以下罚金;数额特别巨大或者有其他特别严重情节的,处 10 年以上有期徒刑或者无

期徒刑,并处 5 万元以上 50 万元以下罚金或者没收财产:

(1)使用伪造、变造的信用证或者附随的单据、文件的;

(2)使用作废的信用证的;

(3)骗取信用证的;

(4)以其他方法进行信用证诈骗活动的。

### ▶ 二、关于信用证诈骗罪的立案追诉标准

《最高人民检察院、公安部关于公安机关管辖的刑事案件立案追诉标准的规定(二)》(公通字〔2022〕12 号)第 48 条[信用证诈骗案(刑法第一百九十五条)]规定:进行信用证诈骗活动,涉嫌下列情形之一的,应予立案追诉:

(1)使用伪造、变造的信用证或者附随的单据、文件的;

(2)使用作废的信用证的;

(3)骗取信用证的;

(4)以其他方法进行信用证诈骗活动的。

### ▶ 三、关于信用证诈骗罪的要点总结

信用证诈骗罪是指以非法占有为目的,利用信用证诈骗财物,数额较大的行为。信用证诈骗罪的构成要件如下:

1. 客体要件。

本罪侵犯的客体是复杂客体,包括国家的信用证管理制度和公私财产所有权。

2. 客观要件。

本罪在客观方面表现为使用伪造、变造的信用证或附随的单据、文件,使用作废的信用证,骗取信用证,以及以其他方法进行信用证诈骗活动的行为。

3. 主体要件。

本罪的主体是一般主体,包括达到刑事责任年龄、具有刑事责任能力的自然人和单位。

4. 主观要件。

本罪在主观方面必须出于故意,并且必须具有非法占有公私财物的目的,过失不能构成本罪。构成本罪必须以行为人明知所使用的信用证属于伪造、变造或是作

废的，如果行为人确实不知道是伪造、变造、作废的，如对于可转让的信用证通过转让而来，自己不知道原始来源的，则因不具有本罪故意而不构成信用证诈骗罪。

## 159. 信用卡诈骗罪的相关规定有哪些？

### 要点解答

> 一、《刑法》关于信用卡诈骗罪的规定

《刑法》（2023年修正）第196条规定：有下列情形之一，进行信用卡诈骗活动，数额较大的，处5年以下有期徒刑或者拘役，并处2万元以上20万元以下罚金；数额巨大或者有其他严重情节的，处5年以上10年以下有期徒刑，并处5万元以上50万元以下罚金；数额特别巨大或者有其他特别严重情节的，处10年以上有期徒刑或者无期徒刑，并处5万元以上50万元以下罚金或者没收财产：

（1）使用伪造的信用卡，或者使用以虚假的身份证明骗领的信用卡的；

（2）使用作废的信用卡的；

（3）冒用他人信用卡的；

（4）恶意透支的。

前款所称恶意透支，是指持卡人以非法占有为目的，超过规定限额或者规定期限透支，并且经发卡银行催收后仍不归还的行为。

盗窃信用卡并使用的，依照本法第264条的规定定罪处罚。

> 二、关于信用卡诈骗罪的立案追诉标准

按照《最高人民检察院、公安部关于公安机关管辖的刑事案件立案追诉标准的规定（二）》（公通字〔2022〕12号）第49条［信用卡诈骗案（刑法第一百九十六条）］规定：进行信用卡诈骗活动，涉嫌下列情形之一的，应予立案追诉：

（1）使用伪造的信用卡、以虚假的身份证明骗领的信用卡、作废的信用卡或者冒用他人信用卡，进行诈骗活动，数额在5000元以上的；

(2)恶意透支,数额在5万元以上的。

本条规定的"恶意透支",是指持卡人以非法占有为目的,超过规定限额或者规定期限透支,经发卡银行两次有效催收后超过3个月仍不归还的。

恶意透支的数额,是指公安机关刑事立案时尚未归还的实际透支的本金数额,不包括利息、复利、滞纳金、手续费等发卡银行收取的费用。归还或者支付的数额,应当认定为归还实际透支的本金。

恶意透支,数额在5万元以上不满50万元的,在提起公诉前全部归还或者具有其他情节轻微情形的,可以不起诉。但是,因信用卡诈骗受过两次以上处罚的除外。

### ➤ 三、关于信用卡诈骗罪的要点总结

信用卡诈骗罪是指以非法占有为目的,违反信用卡管理法规,利用信用卡进行诈骗活动,骗取财物数额较大的行为。信用卡诈骗罪的构成要件如下:

1. 客体要件。

本罪侵害的客体是复杂客体,既对国家的信用卡管理制度造成侵害,同时也给银行以及信用卡相关人的公私财物所有权产生损害。

2. 客观要件。

本罪客观要件表现为使用伪造、变造的信用卡,或者冒用他人信用卡,或者利用信用卡恶意透支,诈骗公私财物,数额较大的行为。其具体行为主要表现:

(1)使用伪造的信用卡进行诈骗。对伪造的信用卡,有的是伪造者自己使用进行诈骗,有的是伪造者将伪造的信用卡出售给他人或送给他人,由他人使用,进行诈骗活动。无论是自己使用还是他人使用,对使用者而言,都属于"使用伪造的信用卡"的情形。

(2)使用作废的信用卡进行诈骗。作废的信用卡是指超过有效使用期限而自动失效、因挂失信用卡而使信用卡失效等使信用卡作废的情况。

(3)冒用他人的信用卡进行诈骗。所谓冒用他人的信用卡,是指非持卡人以持卡人的名义使用持卡人的信用卡而骗取财物的行为。

(4)使用信用卡进行恶意透支。利用银行信用卡可以透支的特点,以非法占有为目的,经发卡银行催收后仍不归还透支款项或者在大量透支后潜逃隐藏身份

以逃避还款责任,这种行为就是利用信用卡恶意透支的诈骗行为。

3. 主体要件。

本罪的主体是一般主体,自然人可成为本罪的犯罪主体,单位亦能成为本罪的主体。

4. 主观要件。

本罪在主观上只能由故意构成,并且必须具有非法占有公私财物的目的。间接故意和过失犯罪不能构成本罪。

# 160. 高利转贷罪的相关规定有哪些?

## 要点解答

### 一、《刑法》关于高利转贷罪的规定

《刑法》(2023 年修正)第 175 条规定:以转贷牟利为目的,套取金融机构信贷资金高利转贷他人,违法所得数额较大的,处 3 年以下有期徒刑或者拘役,并处违法所得 1 倍以上 5 倍以下罚金;数额巨大的,处 3 年以上 7 年以下有期徒刑,并处违法所得 1 倍以上 5 倍以下罚金。

单位犯前款罪的,对单位判处罚金,并对其直接负责的主管人员和其他直接责任人员,处 3 年以下有期徒刑或者拘役。

### 二、关于高利转贷罪的立案追诉标准

《最高人民检察院、公安部关于公安机关管辖的刑事案件立案追诉标准的规定(二)》(公通字〔2022〕12 号)第 21 条[高利转贷案(刑法第一百七十五条)]规定:以转贷牟利为目的,套取金融机构信贷资金高利转贷他人,违法所得数额在 50 万元以上的,应予立案追诉。

### 三、关于高利转贷罪的要点总结

高利转贷罪是指以转贷牟利为目的,套取金融机构信贷资金高利转贷他人,

获取非法利益,违法所得数额较大的行为。该罪的构成要件:

1. 客体要件。

高利转贷罪所侵犯的直接客体是国家对贷款的管理制度,而非仅仅是信贷资金的发放及利率管理秩序。

2. 客观要件。

高利转贷罪的客观要件表现为以转贷牟利为目的,套取金融机构信贷资金高利转贷他人数额较大的行为。

本罪所规定的"高利"与民间借贷"高利贷"中的"高利率"不同,不要求转贷利率必须达到一定的倍数。在民间借贷中,如果行为人将自己所有的闲置资金直接借贷给他人使用,只是略高于银行贷款利率,有利于社会资金的正常流转,并未侵害金融秩序,属于法律允许的资金融通行为。但是,就套取银行信贷资金而高利转贷他人的行为而言,利率不要求必须达到银行贷款利率 LPR 的四倍,只要转借他人的利率高于该信贷资金的贷款利率,就符合本罪规定的"高利"。

3. 主体要件。

本罪主体为特殊主体,即借款人,即经工商行政管理机关或主管机关核准登记的企(事)业法人、其他经济组织、个体工商户或具有中华人民共和国国籍的具有完全民事行为能力的自然人。

4. 主观要件。

本罪主观上只能由故意构成,而且以转贷牟利为目的,过失不构成本罪。

## 161. 虚假诉讼罪的相关规定有哪些?

**要点解答**

1.《刑法》关于虚假诉讼罪的规定。

《刑法》(2023年修正)第307条之一规定:以捏造的事实提起民事诉讼,妨害司法秩序或者严重侵害他人合法权益的,处 3 年以下有期徒刑、拘役或者管制,并处或者单处罚金;情节严重的,处 3 年以上 7 年以下有期徒刑,并处罚金。

单位犯前款罪的,对单位判处罚金,并对其直接负责的主管人员和其他直接责任人员,依照前款的规定处罚。

有第 1 款行为,非法占有他人财产或者逃避合法债务,又构成其他犯罪的,依照处罚较重的规定定罪从重处罚。

司法工作人员利用职权,与他人共同实施前三款行为的,从重处罚;同时构成其他犯罪的,依照处罚较重的规定定罪从重处罚。

2. 如何认定"以捏造的事实提起民事诉讼"?

《最高人民法院、最高人民检察院关于办理虚假诉讼刑事案件适用法律若干问题的解释》(法释〔2018〕17 号)第 1 条规定:采取伪造证据、虚假陈述等手段,实施下列行为之一,捏造民事法律关系,虚构民事纠纷,向人民法院提起民事诉讼的,应当认定为《刑法》第 307 条之一第 1 款规定的"以捏造的事实提起民事诉讼":

(1)与夫妻一方恶意串通,捏造夫妻共同债务的;

(2)与他人恶意串通,捏造债权债务关系和以物抵债协议的;

(3)与公司、企业的法定代表人、董事、监事、经理或者其他管理人员恶意串通,捏造公司、企业债务或者担保义务的;

(4)捏造知识产权侵权关系或者不正当竞争关系的;

(5)在破产案件审理过程中申报捏造的债权的;

(6)与被执行人恶意串通,捏造债权或者对查封、扣押、冻结财产的优先权、担保物权的;

(7)单方或者与他人恶意串通,捏造身份、合同、侵权、继承等民事法律关系的其他行为。

隐瞒债务已经全部清偿的事实,向人民法院提起民事诉讼,要求他人履行债务的,以"以捏造的事实提起民事诉讼"论。

向人民法院申请执行基于捏造的事实作出的仲裁裁决、公证债权文书,或者在民事执行过程中以捏造的事实对执行标的提出异议、申请参与执行财产分配的,属于《刑法》第 307 条之一第 1 款规定的"以捏造的事实提起民事诉讼"。

3. 以捏造的事实提起民事诉讼,如何认定"妨害司法秩序或者严重侵害他人合法权益"?

《最高人民法院、最高人民检察院关于办理虚假诉讼刑事案件适用法律若干问题的解释》(法释〔2018〕17 号)第 2 条规定:以捏造的事实提起民事诉讼,有下列情形之一的,应当认定为《刑法》第 307 条之一第 1 款规定的"妨害司法秩序或者严重侵害他人合法权益":

(1)致使人民法院基于捏造的事实采取财产保全或者行为保全措施的;

(2)致使人民法院开庭审理,干扰正常司法活动的;

(3)致使人民法院基于捏造的事实作出裁判文书、制作财产分配方案,或者立案执行基于捏造的事实作出的仲裁裁决、公证债权文书的;

(4)多次以捏造的事实提起民事诉讼的;

(5)曾因以捏造的事实提起民事诉讼被采取民事诉讼强制措施或者受过刑事追究的;

(6)其他妨害司法秩序或者严重侵害他人合法权益的情形。

4. 以捏造的事实提起民事诉讼,如何认定"情节严重"?

《最高人民法院、最高人民检察院关于办理虚假诉讼刑事案件适用法律若干问题的解释》(法释〔2018〕17 号)第 3 条规定:以捏造的事实提起民事诉讼,有下列情形之一的,应当认定为《刑法》第 307 条之一第 1 款规定的"情节严重":

(1)有本解释第 2 条第 1 项情形,造成他人经济损失 100 万元以上的;

(2)有本解释第 2 条第 2 项至第 4 项情形之一,严重干扰正常司法活动或者严重损害司法公信力的;

(3)致使义务人自动履行生效裁判文书确定的财产给付义务或者人民法院强制执行财产权益,数额达到 100 万元以上的;

(4)致使他人债权无法实现,数额达到 100 万元以上的;

(5)非法占有他人财产,数额达到 10 万元以上的;

(6)致使他人因为不执行人民法院基于捏造的事实作出的判决、裁定,被采取刑事拘留、逮捕措施或者受到刑事追究的；

（7）其他情节严重的情形。

5.关于虚假诉讼罪的立案追诉标准。

《最高人民检察院、公安部关于公安机关管辖的刑事案件立案追诉标准的规定（二）》（公通字〔2022〕12号）第78条［虚假诉讼案（刑法第三百零七条之一）］规定：单独或者与他人恶意串通，以捏造的事实提起民事诉讼，涉嫌下列情形之一的，应予立案追诉：

（1）致使人民法院基于捏造的事实采取财产保全或者行为保全措施的；

（2）致使人民法院开庭审理，干扰正常司法活动的；

（3）致使人民法院基于捏造的事实作出裁判文书、制作财产分配方案，或者立案执行基于捏造的事实作出的仲裁裁决、公证债权文书的；

（4）多次以捏造的事实提起民事诉讼的；

（5）因以捏造的事实提起民事诉讼被采取民事诉讼强制措施或者受过刑事追究的；

（6）其他妨害司法秩序或者严重侵害他人合法权益的情形。

## 162.虚假破产罪的相关规定有哪些？

### 要点解答

> 一、《刑法》关于虚假破产罪的规定

《刑法》（2023年修正）第162条之二规定：公司、企业通过隐匿财产、承担虚构的债务或者以其他方法转移、处分财产，实施虚假破产，严重损害债权人或者其他人利益的，对其直接负责的主管人员和其他直接责任人员，处5年以下有期徒刑或者拘役，并处或者单处2万元以上20万元以下罚金。

> 二、关于虚假破产罪的立案追诉标准

《最高人民检察院、公安部关于公安机关管辖的刑事案件立案追诉标准的规

定(二)》(公通字〔2022〕12号)第9条[虚假破产案(刑法第一百六十二条之二)]规定:公司、企业通过隐匿财产、承担虚构的债务或者以其他方法转移、处分财产,实施虚假破产,涉嫌下列情形之一的,应予立案追诉:

(1)隐匿财产价值在50万元以上的;

(2)承担虚构的债务涉及金额在50万元以上的;

(3)以其他方法转移、处分财产价值在50万元以上的;

(4)造成债权人或者其他人直接经济损失数额累计在10万元以上的;

(5)虽未达到上述数额标准,但应清偿的职工的工资、社会保险费用和法定补偿金得不到及时清偿,造成恶劣社会影响的;

(6)其他严重损害债权人或者其他人利益的情形。

### ➢ 三、关于虚假破产罪的要点总结

虚假破产罪是指公司、企业通过隐匿财产、承担虚构的债务或以其他方法转移、处分财产,实施虚假破产,严重损害债权人或其他人利益的行为。该罪的构成要件:

1. 客体要件。

本罪侵犯的客体是公司、企业的破产制度和债权人或其他人的合法权益。破产制度主要是指《企业破产法》所保护的破产秩序;债权人或其他人的合法权益主要是指财产权利。

2. 客观要件。

本罪客观方面表现为公司、企业通过隐匿财产、承担虚构的债务或者以其他方法转移、处分财产,实施虚假破产,严重损害债权人或者其他人利益的行为。具体而言包括三个方面的内容:

(1)必须实施了隐匿财产、承担虚构的债务或者其他转移、处分财产的行为。"其他转移、处分财产的行为"是指《企业破产法》第31条无偿转让财产、以明显不合理的价格进行交易、对没有财产担保的债务提供财产担保、对未到期的债务提前清偿、放弃债权等的行为。行为人只要实施了上述情形中任何一种转移或处分财产的行为,就符合了这一客观的行为要件。

(2)必须实施了虚假破产。即债务人在未发生破产原因的情况下,通过隐匿

或转移财产等手段,虚构伪造破产原因,申请宣告破产以逃避债务,从而达到侵占他人财产的目的。此处的破产并非真实破产。

(3)严重损害了债权人和其他人的利益。即必须是给债权人和其他人造成重大财产损失的行为,才构成本罪。

3. 主体要件。

本罪的主体是一般主体,可以由任何公司、企业构成。

4. 主观要件。

本罪在主观方面是故意,行为人必须具有损害债权人利益的直接故意。过失不构成本罪。

## 163. 妨害清算罪的相关规定有哪些?

### 要点解答

> 一、《刑法》关于妨害清算罪的规定

《刑法》(2023 年修正)第 162 条规定:公司、企业进行清算时,隐匿财产,对资产负债表或者财产清单作虚伪记载或者在未清偿债务前分配公司、企业财产,严重损害债权人或者其他人利益的,对其直接负责的主管人员和其他直接责任人员,处 5 年以下有期徒刑或者拘役,并处或者单处 2 万元以上 20 万元以下罚金。

> 二、关于妨害清算罪的立案追诉标准

《最高人民检察院、公安部关于公安机关管辖的刑事案件立案追诉标准的规定(二)》(公通字〔2022〕12 号)第 7 条[妨害清算案(刑法第一百六十二条)]规定:

公司、企业进行清算时,隐匿财产,对资产负债表或者财产清单作虚伪记载或者在未清偿债务前分配公司、企业财产,涉嫌下列情形之一的,应予立案追诉:

(1)隐匿财产价值在 50 万元以上的;

(2)对资产负债表或者财产清单作虚伪记载涉及金额在 50 万元以上的;

（3）在未清偿债务前分配公司、企业财产价值在 50 万元以上的；

（4）造成债权人或者其他人直接经济损失数额累计在 10 万元以上的；

（5）虽未达到上述数额标准，但应清偿的职工的工资、社会保险费用和法定补偿金得不到及时清偿，造成恶劣社会影响的；

（6）其他严重损害债权人或者其他人利益的情形。

> **三、关于妨害清算罪的要点总结**

妨害清算罪是指公司、企业在清算时实施特定行为，严重损害债权人或他人利益的行为。具体表现形式包括：

1. 隐匿财产：将公司财产隐藏，不使债权人或其他权利人知晓。

2. 虚假记载：对资产负债表或财产清单作虚伪记载，如虚构债务、隐瞒债权。

3. 擅自分配财产：在未清偿债务前分配公司、企业财产。

**妨害清算罪的构成要件：**

1. 客体要件。

妨害清算罪侵犯的客体是国家公司、企业管理制度以及债权人或其他人的合法权益。行为人如果在清算组进行清算期间，为了隐匿财产而制作虚假的资产负债表或财产清单，或者在公司、企业债务尚未清偿之前私自分配公司、企业财产，这种行为不仅会造成公司、企业清算工作失去真实、客观的依据，给公司、企业清算工作增加难度，更为严重的是妨害了对公司、企业财产的清理，侵害了债权人或其他人的合法权益。

2. 客观要件。

妨害清算罪的客观方面是指在公司、企业清算时，隐匿财产、对资产负债表或者财产清单作虚假记载或者在未清偿债务前分配公司、企业财产，严重损害债权人或者其他人利益的行为。本罪必须发生在公司、企业清算过程中。所谓公司、企业清算，是指因公司、企业解散或者破产，法律规定公司、企业应当清理公司、企业的债权、债务的活动。

3. 主体要件。

妨害清算罪的主体是进行清算的公司、企业。由于公司、企业已依法解散、被责令关闭或被宣告破产,已经停止对外进行经营活动,公司、企业原来的代表人已不能进行有法律意义的活动,而应由清算组代表公司、企业清理财产、处理未了解的业务等,因此构成本罪的犯罪行为实际上是由清算组代表公司、企业所实施的,承担刑事责任的也就是清算组成员中直接负责的主管人员和其他直接责任人员。

4. 主观要件。

妨害清算罪的主观方面表现为故意,即明知隐匿公司财产、对资产负债表或者财产清单作虚假记载,或者清偿债务前分配公司财产会损害债权人或者其他人的利益,而故意实施。过失如因疏忽大意造成资产负债表或财产清单的记载不符合实际情况的不构成本罪。

本罪的构成还要以行为造成严重后果为必要。如果只有隐匿财产,对资产负债表或者财产清单作虚伪记载或者在未清偿债务前分配公司、企业财产的行为,而没有造成后果或者虽有后果却不那么严重,没有达到上述立案追诉标准,则不能构成本罪。

## 164. 合同诈骗罪的相关规定有哪些?

### 要点解答

> 一、《刑法》关于合同诈骗罪的规定

《刑法》(2023年修正)第224条规定:有下列情形之一,以非法占有为目的,在签订、履行合同过程中,骗取对方当事人财物,数额较大的,处3年以下有期徒刑或者拘役,并处或者单处罚金;数额巨大或者有其他严重情节的,处3年以上10年以下有期徒刑,并处罚金;数额特别巨大或者有其他特别严重情节的,处10年以上有期徒刑或者无期徒刑,并处罚金或者没收财产:

(1)以虚构的单位或者冒用他人名义签订合同的;

(2)以伪造、变造、作废的票据或者其他虚假的产权证明作担保的;

(3)没有实际履行能力,以先履行小额合同或者部分履行合同的方法,诱骗对方当事人继续签订和履行合同的;

(4)收受对方当事人给付的货物、货款、预付款或者担保财产后逃匿的;

(5)以其他方法骗取对方当事人财物的。

### ➤ 二、关于合同诈骗罪的立案追诉标准

《最高人民检察院、公安部关于公安机关管辖的刑事案件立案追诉标准的规定(二)》(公通字〔2022〕12号)第69条[合同诈骗案(刑法第二百二十四条)]规定:以非法占有为目的,在签订、履行合同过程中,骗取对方当事人财物,数额在2万元以上的,应予立案追诉。

### ➤ 三、关于合同诈骗罪的要点总结

合同诈骗罪是指以非法占有为目的,在签订、履行合同过程中,通过虚构事实或隐瞒真相等欺骗手段,骗取对方当事人的财物,数额较大的行为。

判断一个行为是否成立合同诈骗罪,关键要从客观要件和主观要件两方面把握。

一是客观要件方面,行为人是否属于《刑法》第224条规定的下述几种情形之一:

(1)以虚构的单位或者冒用他人名义签订合同的;

(2)以伪造、变造、作废的票据或者其他虚假的产权证明作担保的;

(3)没有实际履行能力,以先履行小额合同或者部分履行合同的方法,诱骗对方当事人继续签订和履行合同的;

(4)收受对方当事人给付的货物、货款、预付款或者担保财产后逃匿的;

(5)以其他方法骗取对方当事人财物的。

至于何为第五种情形中的"其他方法",在评价上应当与前四种情形具有手段上的相当性、性质上的同质性和目的上的同一性。需要说明的是,符合该条规定的五种情形之一,行为人并不一定就构成合同诈骗罪,还要看行为人主观上具有非法占有为目的。

二是主观要件方面,行为人具有非法占有为目的,在签订、履行合同过程中,

骗取对方当事人财物,数额较大的,才构成合同诈骗罪。

判断行为人是否有以非法占有为目的应该把握两个原则:一是行为人客观上不具备偿债能力,通常在签订和履行合同过程中就已经出现资不抵债的情况。二是行为人没有还款意愿,实际没有履行合同。满足前述两个原则之一的,大致可以判断行为人具有非法占有目的。

## 丛书总主编简介

# 李 华

盈科律师事务所创始合伙人、副主任、盈科全国业务指导委员会主任。

李华律师作为盈科全国业务指导委员会主任，负责盈科体系内的专业化建设，带领盈科律师，构建出完整的专业化法律服务体系，包括研究院、律师学院、专业委员会及专业化建设法律中心，推动盈科律师专业化的法律服务，以适应法律服务市场不断细分的需要。在此基础上，通过集成各专业委员会纵深化的法律服务能力为客户提供综合性的法律服务。

全国律师行业优秀党员律师、北京市优秀律师、北京市律师行业优秀党务工作者，最高人民检察院第六和第七检察厅民事行政检察专家咨询网专家，中国人民大学法学院法律硕士专业学位研究生实务导师，《钱伯斯大中华区指南2023/2024》TMT：数据保护&隐私领域上榜律师，2024 The Legal 500亚太地区中国法域榜单金融科技领域推荐律师。

本书主编简介

## 张志伟

北京市盈科律师事务律师，法学硕士，拥有十年以上律师执业经验，长期专注于金融业务领域的法律服务，曾为多家金融机构提供法律顾问服务。张志伟律师每年会接受担保行业协会、典当行业协会、省联社等机构之邀请为会员单位讲授信贷法律实务课程。张志伟律师已为工商银行、民生银行、渤海银行、中原银行、鄂尔多斯银行、宁夏银行、威海银行、长沙银行、浏阳农商行等数十家金融机构的从业人员进行了信贷法律实务培训课程的讲授。

本书副主编简介

## 孟晓娟

北京市盈科律师事务律师，法学硕士，拥有十年以上律师执业经验，长期专注于金融业务、劳动用工领域的法律服务，曾为国内多家银行业金融机构以及消费金融公司、小额贷款公司等非银行业金融机构提供法律服务。